汇集中华玄学之菁华，展示中华五千年文化的博大

驭文石三◎著

揭秘中华异文化

解读周易八卦、阴阳五行、奇门遁甲、卜筮占星、图谶风水等内中奥秘

品味伏羲、黄帝、周公、管辂、李淳风、刘伯温等傲视千古的奇人异事

台海出版社

图书在版编目(CIP)数据

中华异文化揭秘 / 驭文石三编著. –北京：台海出版社，2011.2

ISBN 978-7-80141-724-4

Ⅰ. ①中… Ⅱ. ①驭… Ⅲ. ①传统文化–中国–通俗读物 Ⅳ. ①G12-49

中国版本图书馆 CIP 数据核字(2010)第 221928 号

中华异文化揭秘

编　著：驭文石三

责任编辑：王　艳

装帧设计：天下书装　　版式设计：通联图文

责任校对：韩　海　　责任印制：蔡　旭

出版发行：台海出版社

地　址：北京市景山东街 20 号，邮政编码：100009

电　话：010-64041652(发行，邮购)

传　真：010-84045799(总编室)

网　址：www.taimeng.org.cn/thcbs/defauit.htm

E-mail：th-cbs@163.com

经　销：全国各地新华书店

印　刷：北京高岭印刷有限公司

本书如有破损、缺页、装订错误，请与本社联系调换

开　本：710×1000　1/16

字　数：170 千字　　印　张：16

版　次：2011 年 2 月第 1 次　　印　次：2011 年 2 月第 1 次印刷

书　号：ISBN 978-7-80141-724-4

定　价：32.00 元

目 录

ZHONGHUA YIWENHUA JIEMI

目 录

ZHONGHUA YIWENHUA JIEMI

第一谈 究竟什么是“鬼”?

中国传统里,提到非人的异物,一般不脱离八个字,即:神、鬼、妖、佛、道、魔、仙、怪。这其中,“神佛道仙”往往都是正义的,善的,帮助人的;而“妖魔鬼怪”则是非正义的,恶的,害人的。鬼,在人们心目中,是首当其冲的邪祟。

如今,网络资讯发达,专门的灵异恐怖网站层出不穷,网络文学中更是波涛汹涌,惊悚诡异之文盛行,描绘了许多诸如“吊死鬼”、“冤死鬼”、“吸血鬼”等形象,这一切更加剧了“鬼”这一形态在人们心目中的恶劣形象。

事实上,鬼分善恶。在中国传统观念里,鬼并不全都是坏的、恶的。

墨家的创始人墨翟(即墨子),在其《明鬼》篇中列举了大量例子来证明鬼是真实存在的。墨子认为鬼是必然有的,而且它具有惩恶扬善的超凡神力,是一种正义的化身,它的赏善罚恶是谁也无法阻挡的。在墨子心中,鬼就是一种“善鬼”。在笔者看来,墨子所言的鬼已经和后世的神仙、菩萨几乎是一样的了。

这种善鬼之说的流传演变,在后来清朝蒲松龄的《聊斋志异》里到达了顶峰,《婴宁》、《小倩》都是其中的千古名篇。在我们当今的日常用语里,含鬼的词汇里也有褒义的,例如毛主席就喜欢喊聪明可爱的年轻小战士为“小鬼”。此外，还有如“机灵鬼”、“淘气鬼”之类的善意词汇。

善鬼之外就是恶鬼了。

《左传·昭公七年》里记载一事：“郑人相惊以伯有，曰‘伯有至矣。’则皆走，不知所往。铸刑书之岁二月，或梦伯有介而行，曰：‘壬子，余将杀带也。明年壬寅，余又将杀段也。’及壬子，驷带卒，国人益惧。齐、燕平之月，壬寅，公孙段卒，国人愈惧。其明月，子产立公孙泄及良止以抚之，乃止。子大叔问其故，子产曰：‘鬼有所归，乃不为厉，吾为之归也。’”大意就是说，驷带、公孙段等人帮助子皙杀了伯有，伯有因为冤死而变成了厉鬼，遂在夜晚作祟报仇，杀了驷带等人。

伯有死后变成的这种鬼，就是恶鬼、厉鬼，是害人的、对人有敌意的鬼。不过，上述故事也说明，这种鬼生前应是冤死或寿数不到不该死的。而且，它们害的人都是特定的，并不任意祸害无辜，即“鬼有所归”。所以俗语说“不做亏心事，不怕鬼叫门”。

至于鬼的产生原因，《左传》中有论述：“及子产适晋，赵景子问焉，曰：‘伯有犹能为鬼乎？’子产曰：‘能。人生始化曰魄，既生魄，阳曰魂。用物精多，则魂魄强。是以有精爽，至于神明。’”这种表述就说明古人是确信有鬼的，并把鬼的产生和“魂魄”理论结合了起来。

魂魄，是“魂”和“魄”两者的合称。传统中有“三魂七魄”之说，元曲戏剧大师关汉卿的著名散曲《一枝花·不伏老》里就有“三魂归地府，七魄丧冥幽”之语。所谓“三魂”，即胎光、爽灵、幽精；所谓“七魄”，即尸狗、伏矢、雀阴、吞贼、非毒、除秽、鼻肺。魂和魄是有区别的。“魂”大略是指人精神层面上的东西，而“魄”大略是指人形体层面上的东西。《礼记·效特性》说：“魂气归于天，形魄归于地”。按照这种理论，人死亡以后，“魄”会随着肉体的消亡而消失，“魂”则可以不灭，转化为“鬼”，所以我们有时也把鬼叫做“鬼魂”，而非“鬼魄”。

说到这里，究竟什么是鬼呢？

《周礼》有云："众生必死，死必归土，此之谓鬼。"用现代的解释来说：鬼，即我国传统里认为的人死后存在的一种形态，通常和"魂"相关。

那为何称其为"鬼"呢？笔者所知有两种说法。

第一种说法，"鬼"字是和人的死亡联系在一起的，从殷墟出土的甲骨文中，专家发现，"鬼"字是一个象形字，样子是一个脸上盖着东西的死人。在《礼记》里，有这样的文字："大凡生于天地之间者皆曰'命'，其万物死皆曰'折'，人死曰'鬼'，此五代之所不变也。"到了汉代，在许慎所著的《说文解字》中，对"鬼"字的释义是："人所归为鬼"。

综上，"鬼"即"归"也。"归"就是"回"的意思，所以我们有时把人死也称作"回老家"。由此，可以明白古人盛行隆重昂贵的土葬，是因为人死就是"归"，就是回去了，地下就是鬼的居所，所以必需要把好东西带过去继续享用。

第二种说法，是由沈兼士先生提出来的。沈兼士先生认为，"鬼"字的原始意义并非"归"，也不是"人死曰鬼"，而是一种像人的真实存在过的动物（比如说"夔"），而且其他后来的"神、妖、怪"，都是由"鬼"字的这一本义引申生发而来的。

郭沫若先生就支持沈兼士先生的这一观点，而且还提出"魑魅魍魉"一词中，"魑魅"是马来语狒狒的对译，"魍魉"是猩猩的对译。（上述均见于《沈兼士学术论文集》）

笔者个人认为，还是第一种说法比较正确。

那么，鬼究竟存在不存在？

上古时期，由于生产力有限，人们对自然的认知力很低，所以普遍相信鬼神，商代尤甚，《礼记》里就明确写出了"殷人尚鬼"之语。直到汉代，汉武帝确立了"罢黜百家，独尊儒术"的政策后，儒家学说成为中国封建社会的正统学说，导致了鬼的观念逐步淡化。因为儒家学说重"人"，对鬼神是持怀疑否定态度的。

《论语》里耳熟能详的季路问事鬼神一节，至圣先师孔子给出了“未能事人，焉能事鬼”和“未知生，焉知死”两句千古名言，明显对鬼神持有怀疑的态度。儒家另外一位大神级人物荀子在其《荀子·解蔽》篇中，更是表明了对鬼的否定态度，他说人们认为有鬼，完全是人们在心神不定、意识不清、恐惧甚至醉酒的情况下对事物留下的错觉假象而已，是“此人之所以无有而有无之时也”，就是以有当无，无中生有。

由于儒家对鬼神观念的排斥，在知识分子阶层中，鬼神之说便逐渐没有了市场。当然，生产力的发展和对自然界了解的深入，也都加剧了鬼神观念的淡化。

但是在民间，鬼神观念长期影响着人们。尤其是随着佛教的传入和本土道教的产生，更加重了鬼神存在的砝码。佛能镇鬼，六道轮回，金刚降魔，礼佛怎能不信鬼？仙能降妖，阎罗十殿，符箓通天，崇道怎能不信妖？于是乎，鬼神这东西在民间代代相传，历久不衰，各种版本的鬼故事与时俱进。

有人说，鬼完全是胡说八道。除了儒家，法家大神韩非子著名的“画鬼最易，画犬马难”的寓言也告诉我们，没有人见过鬼。

有人却说，不可妄言。没有人见过鬼有两种可能：一是鬼确实不存在；第二种可能就是，见过鬼的人都死了，都成了鬼，再也无法告诉世人鬼的存在了。

笔者本人不信鬼，但是确实存在一些目前科学无法解释的现象，民间认为和鬼有关，比如说“撞科”。

“撞科”这两字是不是这么写笔者不敢肯定，但发音就是这样，是一种奇怪的现象。

“撞科”一般发生在农村，村中某户有人过世，期间村中有他人突然昏厥倒地，有时还伴有眼往上翻、口角流涎的症状，待其苏醒后（昏厥时间很短），会以去世之人的身份、口吻、语气、情态、动作与人交流，而且其头脑记忆也是去世之人的头脑记忆，如同被去世之人附体一般。举个例子，假如去世之人是住在村东的一位妇人，被“撞科”的是住在村西的一个女子，那么在村西女子被“撞科”后，其言谈举止完全如死去的村东女子一般，即便是死者的丈夫向其询问详情，村西女子也能对答如流，连生前两人的私房话语、生活细节都能描绘得丝毫不差。而且，多数情况下，被“撞科”之人与死者生前并不相识，甚至连面都没有见过。

“撞科”发生后，被“撞科”之人的身体等于被死者暂时借来一用，他们一般会急匆匆地赶往死者的家，见到家人后会交代一些事情心愿。完毕之后，被“撞科”之人又会再次昏厥，苏醒后茫然不知为何身在别处，也不知发生了什么事情。在少数情况下，被“撞科”之人会一直被“借”用，死者迟迟不会离开，甚至还试图和家人继续生活在一起。这时便要请巫婆、神汉之类的人来作法，将死者的“鬼魂”从被“撞科”之人的身上驱走，被“撞科”之人才能恢复如常。

“撞科”还有两个显著特点，一是被“撞科”之人通常都是妇女；二是被“撞科”之后医药是无效的，中医对这种现象有过记载，认为是“癔症”的一种，但没有治愈之法。西医至今也没有合理的解释。

笔者的父母当年上山下乡，去农村插队，在山西和河南的农村里都曾亲眼目睹过“撞科”以及神婆驱鬼解除“撞科”的现象，所以绝非凭空杜撰。

另外，西方关于濒死体验的研究也表明，魂魄之说似乎也不是完全虚妄。

这一切说明真的有鬼魂吗？每个人都有自己的看法，至今仍不能不愿妄下断语。

最后，再简单介绍一些我国传统的所谓“驱鬼”之法。

其实，我们过年放鞭炮、贴门神、贴对联本义都是用来“驱鬼”的。此外，还有腰间佩玉，古人认为玉含天地之精气，有玉在身自可驱鬼防邪；佩古钱，因为古钱历经久远，经过万人之手，集了众人的“阳气”，可

泰山石敢当

起到驱鬼的效果，古钱穿红线挂在孩子的脖子上好像效果最好；自家院中埋一块镇石，一般不能太小，泰山石尤佳（因为传说管理鬼的神是泰山神），号称"石敢当"或"泰山石敢当"，据说可保鬼怪不侵。

至于像挂钟馗像、天师图，肩后抛盐，泼洒鸡狗血之类的，笔者在此节就不赘述了。

第二谈 我们身体里的神仙

在中华异文化里,我们每个人的身体里都住着神仙,而且数量还不少,且有等级之分。要说这个问题,还得先介绍一些传统文化里的基本概念。

首先是“宇宙”,这个词在我国传统里,早期是一个包括时间和空间在内的总体形态观念。

战国时期,鲁国有一个名佼的人,他的姓很牛——姓尸,是一个了不起的大才,后来成了一位著名的杂家,于是也有了“子”的称号,他的文集就叫《尸子》。在此书里,他就给“宇宙”一词进行了释义:“天地四方曰宇,往古来今曰宙”,前一句指空间,后一句指时间。所以,宇宙一词便是时间空间的总和。

后来,又有一个叫扬雄的人,此人可不是《水浒》里那位绰号“病关索”的好汉扬雄,而是西汉时期著名的学者、词赋家、语言学家,后世的《三字经》把他列为了“五子”之一:“五子者,有荀扬,文中子,及老庄”,其中的“扬”就是指这位扬雄。在著作《太玄》里,扬雄说:“合天谓之宇,辟宇谓之宙。”译成白话,就是说天界之下的空间叫宇,天界之上的空间叫宙。所以“宇宙”加一块,就是所有物质世界的全部。

就“宇宙”这个本体观念而言,没有什么神秘之处,古代西方的定义也大概如此。但是它在中国还对应了一种理论，即：天地是一个大宇宙，人体是一个小宇宙。

喜欢日本漫画圣斗士的朋友请注意了，这可不是打不死的“五小强”动不动就爆发的那个小宇宙。这里所指的宇宙其实是指一个天地，即道家所谓“天地一人身，人身小天地”。

说完了“宇宙”的概念，接下来说说“三界”。

简而言之，所谓“三界”，就是把“宇宙”划分为三层：上中下。上界就是天堂，住的都是神、仙和他们的手下，称之为“天界”；中界就是我们人和其他一切生物居住的地方，按现在的话说就是自然界，称之为“人界”；下届就是地狱、阴曹地府，妖魔鬼怪都在此界待着，称之为“地界”。

这个三界的划分和佛教的三界划分是完全不同的，佛教的三界是按照佛家因果报应理论构造的。在佛教看来，最低一层叫“欲界”，就是因为凡人都有食欲和色欲；中间一层叫“色界”，是一些已经脱离了食色二欲，但尚不能完全脱离物质的天人居住所在；最高一层叫“无色界”，在这里面的天人已经脱离了肉体凡胎这样的物质躯壳。

既然“天地一人身，人身小天地”，我们人身也被相应分成了上、中、下三个层次，每个层次中都有一位“体内神”坐镇，它们其实是三种虫神，被称作“三尸”。

第一个层次是人的头部，里面的神是上尸。上尸名叫彭琚，能让人爱吃甜的东西，并能使人头晕眼花，精神疲乏。

第二个层次是人的心腹部，里面的神是中尸。中尸名叫彭踬，能让人易怒贪财，还能蛊惑人心，扰乱心智。

第三个层次在人的肾脏，肾乃先天精气之源，里面的神是下尸。下尸名叫彭娇，能引起人的性欲，耗损精气，使人生百病。

在古代，驱除“三尸”是让生病的人恢复健康的重要条件之一。驱除的方法很简单，就是辟谷绝食，另外就是请道士画符写咒。

另外，除了“三尸”，人体的五脏里面也有神明，而且比“三尸”要高级得多。

五脏者，即心、肝、脾、肺、肾。

心里的神仙，名叫丹元，字守灵；

肝里的神仙，名叫龙烟，字含明；

脾里的神仙，名叫常在，字魂庭；

肺里的神仙，名叫皓华，字虚成；

肾里的神仙，名叫玄冥，字育婴。

传说，针对五脏的病患，只要念诵相应脏器的神仙名字，病痛就会消失。由此可见，这五位大仙都是良善助人的神明。

此外，人身又可分为上、中、下三个丹田，每个丹田也都有一个神明，分别是护脑真人、护心赤子、护脏虚人三位，它们也都是善神，是保护人体这三个丹田不受外邪侵犯的坚强卫士。

道家关于这方面的说法很多，最夸张的一种说法是：人体内神明共有36000位，以对应人体内的360个关节，据说还都有名有姓。

最后，还有一个常见的“九虫”说法。就是说人体内有“九虫”，即：伏虫、拍虫、蛔虫、蛲虫、肉虫、胃虫、肺虫、膈虫、赤虫。它们寄生于人体的不同部位，都是些害人之虫，它们算不上“体内神”，主要是被看作寄生虫而已。

第三谈 陵墓里的金井

金井，是封建社会大型陵墓里最为重要而神秘的一个组成部分。当然，必须是有一定规模的陵墓，比如说皇室贵胄、大官显要的陵墓。一般穷苦老百姓随便找坑一埋，连个陪葬物都没有，就谈不上什么金井了。

古时建造陵墓，第一步，也是最重要的一步就是要确定金井的位置，因为金井的位置就是墓主人地宫的所在，即停放墓主棺椁的地方。这个程序在风水术士的行话里，就叫做“点穴”。很多小说里都描绘过。

在风水行里，有一句俗话叫做“三年寻龙，十年点穴”。可见，寻找龙脉比之“点穴”要容易得多。因为龙脉绵亘连长，发现它相对简单。但是，龙脉之中的穴场大不过十数丈，小则一两丈，要从中找到一块八尺之穴，岂是易事？

而且“点穴”是风水相地术中最关键的一环。即便是选准了龙脉，看好了明堂朝案，理清了水气砂泉，一旦点穴失误，一切就都前功尽弃了。在一本名为《玄女青囊海角经》风水著作里，有这样一段话：“定穴之法如人之有窍，当细审阴阳，熟辨形势，若差毫厘，谬诸千里，非惟无福荫佑，抑且酿祸立至，可不慎欤！”“点穴”的重要性可见一斑。

由是，“点穴”在封建社会是非同寻常的，充满了神秘色彩，而皇家陵寝的地宫金井又是神秘色彩最浓重的。长期以来,金井引起了许多人的遐想,产生了许多离奇古怪的传说,甚至在正史上都有记载。

以明显陵为例。明显陵是明世宗朱厚熜(即嘉靖皇帝)的父亲朱祐杬的陵墓,他的金井葬地就号称是"天意素定",并且有传奇记于史册。

据《兴都志》记载:"初,山中居民方聪尝梦幸其家,坐于堂上,羽卫甚肃,既觉而莫得其故。久之,其家渐富。及升遐前岁,时见有物,蜿蜒如蛟虬然,绕其屋梁,至是帝崩。及卜得地,即其梦中帝坐之处。识者莫不惊喜有天数焉。"译成白话,就是说松林山中有一居民名叫方聪,不知什么原因,经常梦见兴献帝坐在他家大堂之上。兴献帝驾崩之后,方士们卜地点穴时,正点中此地。明白人都惊喜地说这真是天数啊。

这件事后来让嘉靖帝知道了,十分欣喜,于是召方聪入王府,赐其三百两黄金,让其迁往东桥的方口,方聪所住之处就成了显陵的墓穴地宫所在之处。

至于"点穴"的过程,是风水行业秘密,而且要靠风水师自身的修为悟性。事实上,在点完穴之后,金井本身就没有什么神秘玄奇之处了,它的真正价值体现在陵墓的修建方面。

从形制上来看,金井即是地宫中央挖掘出的一个中心探井;从建筑学角度来看,它决定着地宫及整座陵墓具体方位和墓上建筑的布局,不仅是地宫的核心,也是全陵的核心。实际上它更具备了地质勘探、设计标尺的功能,足见金井的位置对于陵墓的整体建设的重要性。所以,在营建陵寝时,首先要通过"点穴"确定金井的位置。

吉地相好,金井确定后,工部官员会将陵寝建筑设计呈览给皇帝。皇帝批准后,由礼部选择良辰吉日,再经皇帝批准定下兴工动土时日。届时,要先行典礼,祭告三位神仙,即:山神、后土之神、司工之神,然后才能破土开挖地宫基槽。基槽开挖之前,先搭起一座双层罩棚荫护整个大槽,在穴中正下方,自基槽原有土层中留下一个土墩,立于大槽中,土墩的土称"原山吉土",这是整个陵寝建筑中轴线上留下的唯一标志墩。相传“原山吉土”不能见“三光”，否则会流失“龙气、龙颜”。所谓“三光者，日、月、星”。所以必须先搭起双层罩棚，遮住“原山吉土”。待陵寝竣工后，陆续把一些珍贵的珠宝、对墓主人有特殊意义的物品放入金井内，以求得神灵庇佑。（见于《清史陵工档案》）

另外，金井是在墓主的棺椁之下的。换句话说，就是墓主的棺椁挡住了金井口，在不移开棺椁的情况下是看不到金井的，当然也就拿不走里面的宝物。

1980年，国家组织有关部门发掘整理清西陵崇陵，即光绪帝和隆裕皇后的陵寝。工作人员在光绪帝梓宫（帝后的棺材称之为梓宫，因系用梓木制做，故得名）下的金井中出土金质、银质、珐琅质怀表，珠宝以及光绪帝生前脱落的一枚臼齿；还出土大葬时用黄绫布包着置入金井的黄土（即“原山吉土”）约半斤，证实了清档案关于金井方面的记载。

风水之术不同于幽冥之事，并非完全虚妄。随着现代地球科学的发展，以及对地球磁场的进一步研究都表明，中国传统风水术的部分内容是有一定科学性的。

另外，中国传统相地术在实用上一般来说分为两部分，即阳宅篇和阴宅篇，既卜死人的坟，也相活人的屋。尤其在阳宅方面，有很多内容都是符合现代居住科学和环境规律的。所以说，风水并不完全是招摇撞骗，希望大家能以客观的态度看待这门古老的文化。

第四谈 《红楼梦》和《金瓶梅》里的方术

曹雪芹的不朽巨著《红楼梦》中第二十五回“魇魔法叔嫂逢五鬼，通灵玉蒙蔽遇双真”里，有一个著名的桥段，就是赵姨娘买通宝玉的寄名师父马道婆，用邪法来害宝玉和王熙凤。

书中有这样的描写：马道婆“向赵姨娘要了张纸，拿剪子铰了两个纸人儿，问了他二人年庚，写在上面；又找了一张蓝纸，铰了五个青面鬼，叫他并在一处，拿针钉了：‘回去我再作法，自有效验的。’”后来，“宝玉大叫一声，将身一跳，离地有三四尺高，口内乱嚷，尽是胡话”、“一发拿刀弄杖、寻死觅活的，闹得天翻地覆。”

凤辣子的反应就更牛了：“只见凤姐手持一把明晃晃的刀砍进园来，见鸡杀鸡，见犬杀犬，见了人瞪着眼就要杀人。”

这两位这么一闹，贾府就乱套了，又是请神又是送医，结果还是没用，眼看二位就要呜呼哀哉了。终于高人现身了，癞和尚和跛道士到访，这才把宝玉和凤姐救下了。

这个马道婆使用的方术，在我国流传极广。它在中华异文化里，被称作——魇胜，也可以作厌胜、厌殃。

魇胜，如果用现代的话来解释，就是不与对方直接接触，而是通过对对方的象征指代物（比如说生辰、姓名、头发、指甲、体液等）施加某种影响，进而达到影响对方的目的的方术。

以《红楼梦》中的故事为例，就是马道婆在不接触宝玉和凤姐的情况下，通过对宝玉和凤姐的象征指代物——二人的年庚，施加了某种影响——铰纸鬼，用针钉，再作法，从而达到了影响宝玉和凤姐的目的——使他们疯癫。这就是一种魇胜。当然，这个定义是对人，对物也可以施魇胜之法。

魇胜作为一种流传最为普遍的方术，可以说是害人之法中最为简便易行的。它由来已久，在《史记·苏秦列传》里就写有“宋王无道，为木人以像寡人，射其面。”可见在那个时候，秦王就以此作为发动战争的借口了。

还有，在《晋书·顾恺之传》里也记载了一个故事，说顾恺之“尝悦一邻女，挑之弗从，乃图其形于壁，以棘针钉其心，女遂患心痛。恺之因致其情，女从之，遂密去针而愈。”译成白话，就是说顾恺之喜欢上了邻家一个女子，向人家表白后却被拒绝了。于是顾恺之便把这姑娘的形象画在了墙上，用针扎心脏的部位，结果姑娘心脏便疼痛了起来。然后，顾恺之就趁人家危难之际又去表白，姑娘应允以后，他偷偷地把画像上的针拔了下来，结果姑娘很快就痊愈了。

到了后来，由于用的人太多，魇胜的形式也就越来越简化。既不用请道婆法师，也不用写什么符咒，就拿布做个人偶，或者干脆拿纸剪个纸人，上面写上对方的名字，然后用针扎就行了。

当然，再简便也不能乱来，魇胜之法是有一定讲究的。

一般，人偶需要用布来制作，大小无所谓，但不能是新布。在缝制人偶时，要在人偶内部放入对方的指甲（或头发、皮肤）。缝制完成后，在人偶的背上贴一张黄纸，上书对方姓名和生辰八字。

然后把人偶供起来，每天至少拜祭一次。按照传统做法，需要拜祭七七四十九天。

到了第四十九天，要焚香沐浴，拜祭完最后一次后将人偶取下，取三根银针,第一根先扎人偶的左眼,第二根再扎人偶的右眼,最后一根扎心口。据说如此,对方便会双眼流血,心口疼痛而死。

除中国外,日韩和东南亚都有各自的魇胜之法,均是大同小异,万变不离其宗。

读者看到这里,可能认为魇胜完全是一个用来害人的东西。但事实并非如此。《方术大辞典》里这样解释魇胜:"古代民间流行的一种巫术,用诅咒或其他法术来厌服人或物。"

厌服人或物并不全是干坏事,中国古典名著《金瓶梅》中,就有相关的内容。

《金瓶梅》第十二回,"潘金莲私仆受辱,刘理星魇胜求财"里,写潘金莲为获得西门庆的独宠,便请了一位贼瞎来"回背"。

什么是"回背"呢?书中有位刘婆子进行了解释:"比如有父子不和,兄弟不睦,大妻小妻争斗,教了俺老公去说了,替他用镇物安镇,画些符水与他吃了,不消三日,教他父子亲热,兄弟和睦,妻妾不争。若人家买卖不顺溜,田宅不兴旺者,常与人开财门发利市。治病洒扫,禳星告斗都会。因此人都叫他做刘理星。也是一家子,新娶个媳妇儿是小人家女儿,有些手脚儿不稳,常偷盗婆婆家东西往娘家去。丈夫知道,常被责打。俺老公与他回背,画了一道符,烧灰放在水缸下埋着,合家大小吃了缸内水,眼看媳妇偷盗,只象没看见一般。又放一件镇物在枕头内,男子汉睡了那枕头,好似手封住了的,再不打他了。"

那贼瞎又如何"回背",来让潘金莲得到西门庆的专宠呢?贼瞎道:"既要小人回背,用柳木一块,刻两个男女人形,书着娘子与夫主生辰八字,用七七四十九根红线扎在一处。上用红纱一片,蒙在男子眼中,用艾塞其心,用针钉其手,下用胶粘其足,暗暗埋在睡的枕头内。又朱砂书符一道烧灰,暗暗搅茶内。若得夫主吃了茶,到晚夕睡了枕头,不过三日,自然有验。"

这怎么讲呢?原来"用纱蒙眼,使夫主见你一似西施娇艳;用艾塞心，使他心爱到你；用针钉手，随你怎的不是，使他再不敢动手打你；用胶粘足者，使他再不往那里胡行。”

看来，这“回背”其实也是魇胜之法，不过不是用来害人的了，而是为了求情、求财、求和睦的。用西方人的说法，魇胜是一个中性的魔法，即可害人也能助人。

据家里的长辈说，旧社会做学徒，在店里学本事，学做生意，也要吃住在东家店里。去之前，要在自己家里贴身藏一小包盐。等到了店里，要趁无人看见之时把这包盐混入店内原本的盐罐里，或者直接混在菜里。这样，让所有人都吃到你所放的盐。据说只要如此，店内的人就会和你结“缘”，就不会再欺负你，能和你和睦共处了。

现在想来，这也是魇胜之法的一种表现形式。

魇胜之术是比较荒诞，不太靠谱的，绝不可能起到什么作用，唯一可能就是有点心理影响而已。

第五谈 看得见的灵物(上)

中华传统文化里,自古便存在灵物的说法,最广为人知的就是龙、凤、麒麟和龟。《礼记·礼运》篇里写到:“麟凤龟龙,谓之四灵”。它们一般都被看作祥瑞,至于是否真实存在过,不敢妄言。

有朋友说,龙、凤、麒麟没见过,龟可是见过啊!

现在见到的龟是普通的龟鳖,到处都有。但“四灵”里说的龟是灵龟,在清朝人梅之珩编著的《渊鉴类涵》一书中,引《述异记》里的解释:“龟一千年生毛,寿五千岁谓之神龟,寿万年曰灵龟”。所以,活了一万年的龟才叫灵龟,所以说这“四灵”都是我们没有见过的。

但是,另外四种灵物,却是可以看到的。它们在民间都已经上升到“仙”的级别,谓之“四仙”即——狐、黄、柳、艾四者。

狐——四仙之首,就是俗称的狐狸。不过要说明一点,狐和狸是两种动物,我们通常指的是狐,而不是狸。

狐

狐在中国传统里一直是比较神的,在《吴越春秋·越王无余外传》里记述到:禹三十未娶,行到涂山,恐时之暮,失其制度。乃辞云:“吾娶也,必有应矣。”乃有九尾白狐，造于禹。禹曰：“白者吾之服也，其九尾者，王之证也。”译成白话，就是说大禹到了三十岁还没有娶妻，到了涂山，看见了一只九尾白狐。于是大禹认为这就是他即将成为王的象征，结果就娶了涂山女。

所以一开始，狐是被看作一种德兽、瑞兽的。

可后来，狐的形象一落千丈。尤其是传说凡是狐狸都能修炼成精，还能变成美女，以媚术引诱人，祸害良善。东晋的郭璞著有一本《玄中记》，里面就说：“五十岁之狐为淫妇，百岁之狐为美女，又为巫神”。还有一本作者不详的书叫《名山记》，直接就说：“狐者，先古之淫妇也。”

现在一提“狐狸精”就是指抱着害人目的去勾引男性的妖媚女子。《封神演义》里的妲己，就是典型代表。不过幸好还有个《聊斋志异》，总算给狐狸精稍微翻了翻身。

无论是好是坏，狐有神灵性这一点民间是一致肯定的，以致于到了宋朝时，中国大地上便有了很多“狐大仙庙”；明朝时许多人家还在自家宅院里供起了“狐仙堂”；到了清代，连衙门里都有供奉狐仙的现象。不过时至今日，祭拜狐仙已经十分鲜见了。

黄——“黄”就是黄鼬，即俗称的黄鼠狼，东北叫黄皮子。

据说黄鼠狼聪明异常，关于它的种种异象，全国各地都有发生，东北地区尤甚，而且都言之凿凿。此处摘录几个网上的例子，以飨读者。

例一：引自吉林省人民政府网站，题为：长白山传说——黄鼬“迷人”之谜。

黄鼠狼

长白山人都知道黄鼬“迷人”之事，被迷之人身不由己，一言一行皆按黄鼬的“指示”办，得采取特殊的手段医治。这种“迷人”现象并非迷信，而是客观存在，且看以下事例：

1970年，长白山下某学校正在上课，一位女学生突然胡言乱语、手舞足蹈起来，将全班学生吓呆了。班主任见状，当下心中明白几分，忙跑出教室，捡起半截木棒，在房前屋后寻找黄鼬的踪迹，但没有发现。他想了想，又爬到教室的天棚顶上，只见一只黄鼬蹲在棚角，两只前爪抱在一起正忙活呢！班主任迅速将木棒扔过去，黄鼬掉头逃之夭夭。与此同时，那位女同学大叫一声，恢复了平静。

长白山区有一位猎人，打死过许多黄鼬。有一天，他老婆被黄鼬"迷"住了，躺在炕上，将猎人捕杀黄鼬的情形详细地说了出来。猎人很吃惊，因为打猎的细节他从来不跟老婆讲。他找民间巫医治老婆的病，不见效；找村卫生所医生治也不管用。时间一长，猎人受不了啦，决定搬家。于是全家人搬到几千公里外的山东老家，猎人老婆的病不治而愈。谁知第三年的一天，猎人老婆突然旧病复发，所说的话，完全是黄鼬的口气："你们让我找得好苦呀！以为搬家我就找不到了？我非报仇不可……"猎人慌了，找来医术最高的大夫，诊断之后，按照黄鼬的要求还了愿。不久，他老婆的病好了，从此，猎人不再打猎，更不敢动黄鼬一根毫毛了。

像上述黄鼬"迷人"的事例，可以举出几十桩、上百桩，这是不用置疑的。但是，黄鼬凭什么功能迷人，却是个谜。老百姓只知道一点，人不伤害黄鼬，黄鼬也不"迷"人。

例二：引自百度贴吧，张洪德吧。题目为：黄鼠狼的传说

村里有几位八十多岁的老人。他们都说黄鼠狼能预知吉凶，说只要看见黄鼠狼到打谷场地，到粮仓偷粮食，第二年必定要起大灾荒，不是旱，就是涝。虽说不会颗粒无收，起码也得挨半年的饿。三五天，人还可以对付，可半年谁受得了。所以，人们都很恐慌。

老人们说，黄鼠狼来偷粮食的时候，身上背着一个红布口袋，就烟荷包那么大，它也不多偷，只往小口袋里装二三十粒粮食。有玉米是玉米，有高粱是粱，不挑不拣，碰到啥是啥。黄鼠狼把粮食装进红布口袋

之后，就背到一个任谁也发现不了的地角儿，倒出来，一粒一粒地含在嘴里用唾沫洗。都洗净之后，再装进红布口袋。然后，就背着走，背着绕，累得浑身冒汗，直到它觉得任谁也看不见了，才藏在一个十分隐蔽的地方。这个红布口袋是个宝物，谁要有幸得到它，不但在饥荒之年饿不死，而且还能发财。那红布口袋里虽然只装了几十粒粮食，可总倒总有。一倒，是二三十粒，再倒，还是二三十粒，总倒总是二三十粒，时间不长，就能倒一瓢。如果倒上十天半个月的，就能倒出一缸两缸的粮食。从那红布口袋里倒出的粮食，如珠似玉，存放多少年也不坏，做出的饭喷喷儿香。

黄鼠狼的红布口袋是能救人活命，还能使人发财的宝贝。可是，这个宝贝不是什么人都能得到的，能得到它的人得有那个命，没有那个命的人就是翻遍天，挖遍地，就是踏破铁鞋，也找不到。有那个命的人，费不了多大的劲儿，就碰到了，见到了。宝物嘛，只能是可遇不可求。

老人们还说，这么多年了，四邻八庄的任谁也没有得到过。只有在光绪年间，九百户村一户姓朱的人得到过。那姓朱的人老实厚道，为人仗义，还特别孝敬父母。那年闹大饥荒，他几天没吃一口东西，饿得东倒西歪，把挖来的草根树皮都只给爹妈吃了。他想喝几口凉水充饥，走到水缸边，还没有抓到瓢，就发现了黄鼠狼的红布口袋。因此那姓朱的人不仅没有饿死，还慢慢地富了起来。到了快解放的时候，他的儿孙已经都成了地主。

民间传说黄鼠狼是不能轻易招惹的，否则会倒霉，因为黄鼠狼是有灵气的，所以很多地方还在供奉黄鼠狼。

事情是我认识的一个司机讲给我听的。他姓杨，小的时候在沈阳的农村居住。他家和邻居的家是紧紧连着的，早先的时候是一户人家，后来邻居分给他家几间，就成了两户，但院子还是一个。

邻居也姓杨，有一次，这个邻居姓杨的男主人在院子里叉稻草垛，快把一整垛稻草叉光的时候，在下面发现一只黄鼠狼（东北俗称黄皮子)。他下意识地去打,结果打伤了黄鼠狼,跑掉了。他也不以为意,继续又剩下的稻草。就在他快干完的时候,突然犯了病,像是羊癫疯,一条腿不停地抽动,口不能言,五官挪位。家里人把他抬进屋子,也不晓得如何诊治,就请来村子里一个有名的,据说见多识广的老头儿。

老头儿一看,就命令他们家人去院子里找那个受伤逃跑的黄鼠狼,大家找了一圈也没看见。老头儿很生气,说一定在附近,一定可以找到。然后大家又院里院外的一顿找,还是没有。后来,姓杨的媳妇突然发现在屋子里面,架梁的墙洞里蹲着一只黄鼠狼。奇怪的是,那只黄鼠狼被人发现也不逃跑,它从屋子上方正对着床上的杨姓男主人,眼睛一动不动地看着他。更奇怪的是,黄鼠狼的一条腿也在不停地一下下抽动,而且是每抽动一下,那个杨姓男主人也随着抽动一下。

大家发现了黄鼠狼,就招呼老头儿。老人家就亲自上去,把那只黄鼠狼抓住,杀死,皮剥了,那个男主人的病就好了。

老人家的见识大,胆量也大。不过据说他后来死的时候也很惨,得了一种病,什么医院都看不明白,很痛苦放地去世了。(这位老人家做过的事情太多,也不一定是因为这个黄鼠狼)。

现代科学研究表明,黄鼬在一定距离内,可以释放一种能够影响人或者使人致幻的信息素。即便如此,应该也不会有如此大的力量。

另外,有朋友(包括网上一些说法)以为港台地区供奉的黄大仙就是指黄鼬,这可大错特错了。港台地区香火鼎盛的黄大仙是一位成仙得道的高人,姓黄名初平,因在赤松山修炼成仙故又号赤松子,是一位得道后白日飞升的著名道人。

第六谈 看得见的灵物(下)

蛇

我们来接着说剩下的两位大仙。

柳——“柳”就是蛇。

为什么把蛇称之为“柳”呢？一般有两种解释。

第一种说法是，因为蛇的样子、爬行时的形态像柳枝，所以称其为“柳”。

第二种说法比较讲究，在《山海经·海外北经》里有记载：“共工之臣曰相柳氏，九首，以食于九山。相柳之所抵，厥为泽溪。禹杀相柳，其血腥，不可以树五谷种。禹厥之，三仞三沮，乃以为众帝之台，在昆仑之北，柔利之东。相柳者，九首人面，蛇身面青。”大意就是说水神共工有个手下叫“相柳”，是主管洪水的神仙，它是一条长有九个脑袋，面孔似人的青蛇，后来被大禹杀了。由于这个传说，加之古时一般把蛇视为水神，所以慢慢地就把蛇称之为“柳仙”，简称“柳”。

传统文化中，蛇的神性来源比狐狸还要早，是祖宗级的神物。开天辟地的盘古，造人的女娲娘娘，以及女娲的哥哥兼爱人伏羲，他们的远古形象都是人面蛇身。世称“小司马”的唐朝史学家司马贞在其《补史

伏羲女娲图

记·三皇本纪》里说:“女娲氏,亦风姓,蛇身人首。”东汉王廷寿的《鲁灵光殿赋》中也说:“伏羲鳞身,女娲蛇躯。”(见右图) 还有一种说法,龙的前身就是蛇,或者说是古代先人以蛇为蓝本创造了龙这一形象。

蛇一开始也被视为瑞兽吉兆,《诗经·羔羊》里说:“羔羊之皮,素丝五紽;退食自公,委蛇委蛇。羔羊之革,素丝五緎;委蛇委蛇,自公退食。羔羊之缝,素丝五总;委蛇委蛇,退食自公。”这里就提到了“委蛇”。“委蛇”本义是指“弯弯曲曲的蛇”,是以蛇的某一特性来比喻有蛇之类似特点的某一事物性状的。蛇性好曲,故“委蛇”表示“婉转曲折貌”,引申表示“曲线摆动貌”、“曲线优美貌”等;蛇行随弯就弯,故“委蛇”可表示“邪行貌”,引申表示“从容自得貌”、“姿态优美貌”等。“虚与委蛇”,无疑也是从“弯曲虫蛇”的特性演绎而来的,因为《羔羊》这首诗是写贵族们安闲生活的,所以就被诠释为“大摇大摆、洋洋自得”。

由此可见,早在《诗经》中,“委蛇”就从“表象”完成了到“意象”诗意的过程,这至少说明,蛇早在《诗经》时代就被披上了文化的外衣——蛇,不只是动物界的一类爬虫,还是与先人和谐共处、烙有文化印痕的朋友。(以上见于论文《“淇河、西湖‘对话’白蛇传说”系列之一——女娲神话蝶变白蛇传说》)

和狐一样,蛇的地位在秦后开始大幅下降,变成了不祥之兆,而且屡见于正史。最有名的莫过于司马迁《史记》里汉高祖刘邦斩白蛇的事了。《史记·卷八·高祖本纪第八》里写:“高祖以亭长为县送徒郦山,徒多道亡,自度比至皆亡之。到丰西泽中,止饮,夜乃解纵所送徒。曰:‘公等皆去,吾亦从此逝矣!’中壮士愿从者十余人。高祖被酒,夜径泽中,令一人行前。行前者还报曰:‘前有大蛇当径,愿还。’高祖醉,曰:‘壮士行,何畏!’乃前,拔剑击斩蛇。蛇遂分为两,径开。行数里,醉,因卧。后人来至蛇所,有一老妪夜哭。人问何哭,妪曰:‘人杀吾子,故哭之。’人曰:“妪子何为见杀?”妪曰:‘吾子,白帝子也,化为蛇,当道,今为赤帝子斩之,故哭。’人乃以妪为不诚,欲告之。妪因忽不见。后人至,高祖觉。后人告高祖,高祖乃心独喜,自负。诸从者日益畏之。”

译成白话,就是高祖以亭长的身份为沛县押送徒役去郦山,徒役们有很多在半路逃走了。高祖估计等到了郦山徒役们就差不多逃光了,所以走到丰西大泽中时,就停下来饮酒,趁着夜晚把所有的役徒都放了。高祖说:“你们都逃命去吧,从此我也要远走了!”徒役中有十多个壮士愿意跟随他一块走。高祖乘着酒意,夜里抄小路通过沼泽地,让一个在前边先走。走在前边的人回来报告说:“前边有条大蛇挡在路上,还是回去罢。”高祖已醉,说:“大丈夫走路,有什么可怕的!”于是赶到前面,拔剑去斩大蛇。大蛇被斩成两截,道路打通了,继续往前走了几里,醉得厉害了,就躺倒在地上。后边的人来到斩蛇的地方,看见有一老妇在暗夜中哭泣。有人问她为什么哭,老妇人说:“有人杀了我的孩子,我在哭他。”有人问:“你的孩子为什么被杀呢?”老妇说:“我的孩子是白帝之子,变化成蛇,挡在道路中间,如今被赤帝之子杀了,我就是为这个哭啊。”众人以为老妇人是在说谎,正要打她,老妇人却忽然不见了。后面的人赶上了高祖,把刚才的事告诉了高祖,高祖心中暗暗高兴,更加自负。那些追随他的人也渐渐地畏惧他了。

刘邦跟蛇还真是有不解之缘,他反秦起义后还有一个芒砀山斩蛇的传说,虽未被收于正史,却流传甚广。传说刘邦带领一班贫苦农民,举起反秦的义旗,来到芒砀山,看见一条身如大梁的白蛇。白蛇一见刘邦,变得像筷子一样大小,刘邦可不管,一剑下去把白蛇斩为两段。夜里白蛇给刘邦托梦说:“主公,你今天杀了我,何时还命呢?”刘邦随口推说:“这里高山陡岭哪有命还?平地(帝)还命罢。”白蛇说:“你今天欠下的账总有一天要还的。你斩了我的头,我就篡你的头,斩我的尾巴我就篡你的尾,现在你把我腰断两截,我就在中间平帝时,篡你的朝。所以西汉传到平帝，白蛇转为王莽，杀了汉平帝，篡了汉朝。后经光武中兴，平灭了王莽，才又恢复了汉室，建立了刘氏东汉王朝。这都是因为刘邦引起的。

上述就是蛇地位急剧下降的有力佐证。其他还有类似隋末瓦岗寨，翟让看见李密的腰带化为赤蛇，其后果然被李密害死。这类传说都大同小异，都说明了一个观点：蛇已经不是什么好东西了。

更为有趣的是，在传说中，蛇和狐有了相通之处，即蛇也能变做人形去害人，而且也多是变成美女，施妖媚引诱祸害良善。这种说法流传至今，所以我们有了“美女蛇”之说。至于为什么有这样的传说，一般解释为“相传蛇性极淫”。

蛇这种动物，大多数种类交配时间极长。据成都动物园介绍：“饲养的黑眉锦蛇，在1965年4月初发生一次交配，从上午8时继续到下午7时，交配时间为11小时。我们在1975年5月17日，也观察到蛇笼里的一对黑眉锦蛇在交配，从午后3时半到第二天凌晨4时半才交配完毕，长达13小时之久。交配时间还有更长的，例如红点锦蛇，可长达20小时以上。”

可能古时之人也注意到了这一点，随即展开了联想，最终形成了“蛇性极淫”的观念。

就在蛇的形象跌入谷底之时，一个伟大的民间爱情传说出现了，给蛇仙大人扬眉吐气了一次，这就是妇孺皆知的《白蛇传》。就说“盗仙草”那一节，白蛇不顾自身安危去救丈夫许仙，这么美丽善良的蛇仙谁不喜欢？

不管好坏，蛇是有灵性的这一点，在民间绝对是得到了肯定的。

到了宋代，全国很多地方都建起了蛇王庙，或叫蛇王祠、蛇仙祠，香火都很旺盛。尤其是在阴历四月十二日那天——相传此日是蛇的生日，大批信奉蛇仙的人会群集于蛇王庙，进行大型祭祀活动。祭祀时不能直呼其为“蛇”，要唤作“柳仙”、“蛇王”或者“柳七爷”。

和“狐仙”不同，“柳仙”的牌位一般在家庭里是不供奉的，据说只有在勾栏戏院里、养蚕的地方等一些特定场所才会供奉“柳仙”的牌位。最后顺便提一句，在印度佛教传说里，释迦牟尼在菩提树下静思顿悟成佛的过程中，身后也是有一条巨大无比的眼镜王蛇在保护他。

艾——“艾”即虎，就是老虎。

虎为什么会被称作“艾”呢？这个问题还没有确凿的书面证据，可能和一种民间的风俗“挂艾虎”有关。

虎

“艾虎”，学名叫艾鼬，肉可以入药。它跟老虎风马牛不相及，也和“挂艾虎”没有任何关系。

“挂艾虎”是我国端午节(农历五月五日)的一种传统风俗，即用艾草(一种草本植物)编成老虎的形状，或是用艾叶剪成老虎的形状，佩戴于发际身畔，用来镇祟辟邪、保佑安宁。这种习俗已有千年以上的历史。宋代陈元规写的《岁时广记》一书里面引《岁时杂记》说道：“端午以艾为虎形，至有如黑豆大者，或剪彩为小虎，粘艾叶以戴之。”

后来，“艾虎”的形式又有了发展，弄成一串，即在“艾虎”之下再系一串“五毒”形象，象征五毒踩在虎的脚下。此时，制作“艾虎”的原料也不仅限于艾草、艾叶，多用绫罗绸缎，“五毒”形象也用布来制作，而且一般是给孩子作魇胜之物。但无论制作材质是什么，人们还是约定俗成地称之为“艾虎”。

清代人富察敦崇在《燕京岁时记》里写道：“每至端阳，闺阁中之巧者，用绫罗制成小虎及粽子……以彩线穿之，悬于钗头，或系于小儿之背，古诗云：‘玉燕钗头艾虎轻’，即此意也。”

20世纪70年代末，在街上还时常能看到卖这种串状“艾虎”的商贩。这种“挂艾虎”的传统延续上千年，可能正是民间把虎称为“艾”的主因。

那虎有灵性之说从何而来，或者说为何要佩戴“艾虎”呢？

东汉时有一位“牛人”，名叫应劭，此人著有一本《风俗通》，里面记录了大量的奇闻异事，成为研究我国古代风俗和幽冥鬼神的重要文本。在这本书里，应劭说：“虎者阳物，百兽之长也。能噬食鬼魅，……亦辟恶。”

另外，他还说五月是个“恶月”，“阴阳争，血气散”，甚至指出：“俗说五月五日生子，男害父，女害母”。由是，我国自古便有了端午节避恶去毒的风俗。

《山海经·海内北经》记载了一种凶物，名为穷奇，外貌像老虎，长有一双翅膀，喜欢吃人。郭璞在注《山海经》时，写道“穷奇之兽，厥形甚丑；驰逐妖邪，莫不奔走”，指出穷奇会作出驱逐妖邪的行为。由此可见，老虎确实不凡。

不过，老虎也不完全是正面形象，在《增广虞初新志·卷十九》里收录了一个清代人黄之隽写的故事，叫《虎媪传》(原文见附注)。现代作家郑振铎先生把这个故事译作《老虎婆婆》：

从前，有一个姐姐领着小弟弟，拎上一筐枣，走山路去看外婆。走啊走，天快黑的时候，孩子们迷路了。

这时，忽然出现一个老婆婆问他们：你们去哪里呀？

“去外婆家”

“我就是你们的外婆啊。”

于是，他们跟外婆进了家，随便吃了点东西，就睡下了。躺下时姐姐蹭着外婆身上厚厚的毛，说：“外婆，这是什么？”

“唔唔，这是你外公的破羊皮袄呀，天冷了穿暖和点睡。”

半夜，姐姐醒来，听见外婆在黑暗中咯嚓咯嚓嚼着什么：“外婆，你在吃什么？”

“我在吃枣脯啊,夜长又冷,我年岁大了不抗饿啊。”

“外婆,我也饿……”

接过外婆递过来的枣脯……啊,哪是什么枣脯,明明是又白又胖的一节手指!姐姐腾地坐起来:“我要上厕所!!!”

“孩子,山里有老虎,看吃了你!可别起来。”

“外婆,你用大粗绳绑住我的脚,遇险的话一拽就回来啦。”

姐姐出了门,赶紧把绳子解开,爬上树躲起来。

外婆久等不来,喊也不应,哭着出门来找,模模糊糊看见小孩在树上,吓唬说:“树上有虎!”

“树上比床上安全多了!你才真是老虎呢!怎么忍心吃我弟弟!”

老虎婆婆听了大怒,转身就走了。

不一会,天亮了,有个挑担的路过,小女孩急忙呼救,挑担的把自己的衣服脱下来蒙在树上,抱起小女孩逃走了。

一转眼,老虎婆婆带着俩虎来了……

俩虎弄倒了树,可哪有什么人,只不过是件衣服!俩虎以为受骗了,于是扑上去,把老虎婆婆咬死了。

这不就是小红帽故事的东方版嘛,只是把狼外婆换成虎外婆罢了。

虎在民间传说中最大的灵性就是能和人交流沟通,有人性。具体到实际,就是虎能够找人类寻求帮助并报恩,尤其体现在找人治病上。

比如“虎撑”的传说:

古时候,一些医生到处采集并实验各种药物的功效,他们通常会手拿一个铃铛,作为护身符。铃铛看起来就像是一个铜环,人们称之为“虎撑”或“虎衔”。(见右图)

传说药王孙思邈在去山中采药的路上,突然被一只老虎拦住了。想要逃走已是不可能的了,药王随身只带着一条用来挑草药的长扁担。他一无所措,只是恐惧地盯着老虎。奇怪的是,这只老虎并没有向他扑来,正相反,张大着嘴蹲在地上,以一种忧伤的眼神注视着药王,似乎是在乞求什么，并不停地轻轻摆动着脑袋。药王惊呆了,他缓缓地接近眼前这庞然大物，看见一块硕大的动物骨头深深地扎入了这只老虎的咽喉。善良的药王想要替它去除这块骨头，但他担心老虎因为疼痛而突然闭嘴的话,他的胳膊一定会被咬断,正在这时他想起扁担上的一个铜环，于是取下铜环并将它放入老虎的口中，这样他就不必再为自己的安全担心了。他将手从铜环中央穿过,伸入血盆大口中迅速地拔出骨头并麻利地在伤口抹上药膏。当药王取走老虎口中的铜环后,老虎不住地点头,似乎是在答谢他。从那以后,铜环慢慢被改造成一个手摇铃,成为采药的标志,所有的医生出门采药时都会带上它,用于显示他们都是药王的弟子,能够为老虎看病并且不会受到攻击。(故事引于搜搜问问网)

护身符——虎衔

还有一个白云山老虎的传说：

在莆田县新县镇境内有座山,因为高入云霄,所以人称白云山,山顶有一岩石形状似白鹤,又名白鹤山。在白云山中的坑仔里有一姓朱的人家,当家的名衡,母亲双目失明,母子二人相依为命,朱衡以屠猪卖肉为生。

一日,朱衡身背裘袋外出买生猪,路过白鹤岭时,看到一只老虎被三个猎人捕获关在铁笼里。老虎看到朱衡时,连连点头三下,流出眼泪来,似乎是求朱衡救救它。朱衡动了恻隐之心。可是,三个猎人却一个说,这只老虎的虎皮好看,把它铺在床上睡觉该多好;第二个说,虎肉吃了滋补身体,可以长生不老;第三个说,虎骨浸酒可治百病。朱衡看到老虎流泪,又听着猎人的话,心里更加怜悯这只老虎了。于是,就同三个猎人商量,要用三头大猪的钱买下老虎,并要把老虎放回走。可是,三个猎人嫌钱太少,朱衡无奈只得对猎人说:这只老虎能通人性,看到我会流泪，说不定是白云山上的那只老虎。说起白云山上的老虎，附近一带的百姓都知道是一只神虎，是白云山顶白鹤仙驯化的，不伤人畜，专食野兔之类的小动物。三个猎人听后，就把虎卖给朱衡，朱衡打开铁栅门，老虎呼啸而去，跃向白云山林中。

朱衡空手回家，把买虎放山之事禀告母亲。母亲赞叹说："你平时杀猪，已经是违背杀生戒律，今日买虎放生也可减轻罪孽。"这天夜半，朱家响起敲门声，朱衡起身开门一看，一只猪倒在门外，仔细一看，猪身上有伤痕但尚存一息。朱母命儿子赶紧把猪杀掉，猪尾留下，猪肉明日挑去卖掉。第二天，朱衡卖完肉回家，朱母对儿子说："把卖肉的钱清点一下，数额记在墙壁上，连同猪尾都挂在墙壁上。"原来，朱母认为这只猪可能是被野兽所伤失落在此，等有人来寻找就把猪尾和肉钱还给人家。接下来，一连九个晚上都发生了同样地事情，朱家一样如上处理。

一日、两日、三日之后，朱氏母子断定是白云山老虎送来的生猪。第十天晚上，朱氏母子把门虚掩守候在屋中，半夜白云山老虎果然再送生猪而来。老虎一敲门，门扇被推开，老虎就在朱氏母子面前蹲在门外，两眼望着朱氏母子，似乎是在报答救命之恩。朱母就对老虎说："你不要再送生猪来了！这样做，有损老虎的名声，你要去咬十只野猪还给人家。"老虎点头呼啸而去，从此朱衡不再宰猪为生，老虎再也没有送猪给朱家。

这个故事在白云山一带，一传十，十传百，广泛流传开来，不知怎么逐渐变成了一句口头禅——白云山老虎。(引自百度贴吧·老虎吧)

"艾大仙"不同于"狐仙"、"柳仙"，它和黄鼬一样，没有专门的祭祀场所。民间一般只用它来镇邪辟祟，就像一开始说的"挂艾虎"，还有给孩子穿虎头鞋、戴虎头帽、家里挂虎图，悬"一笔虎"的虎字书法等等，均是取其驱鬼驱邪之意。

最后说一句，关于"四仙"还有不同的说法，有人说有刺猬而没有虎、有人说有老鼠而没有黄鼬等等，但最传统的说法就是“狐、黄、柳、艾”。

附注《虎媪传》原文：

歙居万山中，多虎，其老而牝者，或为人以害人。有山甿，使其女携一筐枣，问遗其外母。外母家去六里所，其稚弟从，年皆十余，双双而往。日暮迷道，遇一媪问曰：“若安往？”曰：“将谒外祖母家也。”媪曰：“吾是矣。”二孺子曰：“儿忆母言，母面有黑子七，婆不类也。”曰：“然。适簸糠蒙于尘，我将沐之。”遂往涧边拾螺者七，傅于面。走谓二孺子曰：“见黑子乎？”信之，从媪行。自黑林穿窄径入，至一室如穴。媪曰：“而公方鸠工择木，别构为堂，今暂栖于此，不期两儿来，老人多慢也。”草具夕餐。餐已，命之寝，媪曰：“两儿谁肥，肥者枕我而抚于怀。”弟曰：“余肥。”遂枕媪而寝，女寝于足，既寝，女觉其体有毛，曰：“何也？”媪曰：“而公敝羊裘也，天寒，衣以寝耳。”夜半，闻食声，女曰：“何也？”媪曰：“食汝枣脯也，夜寒而永，吾年老不忍饥。”女曰：“儿亦饥。”与一枣，则冷然人指也。女大骇，起曰：“儿如厕。”媪曰：“山深多虎，恐遭虎口，慎勿起。”女曰：“婆以大绳系儿足，有急则曳以归。”媪诺，遂绳其足，而操其末，女遂起，曳绳走，月下视之，则肠也。急解去，缘树上避之。媪俟久，呼女不应，又呼曰：“儿来听老人言，毋使寒风中肤，明日以病归，而母谓我不善顾尔也。”遂曳其肠，肠至而女不至。媪哭而起，走且呼，彷佛见女树上，呼之下，不应。媪恐之曰：“树上有虎。”女曰：“树上胜席上也，尔真虎也，忍啖吾弟乎！”媪大怒去。无何，曙，有荷担过者，女号曰：“救我，有虎！”担者乃蒙其衣于树，而载之疾走去。俄而媪率二虎来，指树上曰：“人也。”二虎折树，则衣也，以媪为欺己，怒，共咋杀媪而去。

第七谈
中国人的序列符号——天干地支(上)

世间的一切都需要秩序,有了秩序才有条理,有了条理才有系统。正是由于有了数不清的内在或外在的系统,自然界和人类社会才能够延续和发展,而这一切的基础就是排序。

用什么来排序呢?一般是用文字来表示数目。比如汉字里有从一到十以及百、千万、亿、兆、京、垓、秭、穰、沟、涧、正、载等表示数目的汉字(见于《孙子算经》记载:“凡大数之法,万万曰亿,万万亿曰兆,万万兆曰京,万万京曰垓,万万垓曰秭,万万秭曰穰,万万穰曰沟,万万沟曰涧,万万涧曰正,万万正曰载”);英语里有从ONE到TEN,以及HUNDRED、THOUSAND、MILLION、BILLION等表示数目的单词。至于数字使用的符号,今天的人类统一使用阿拉伯数字。阿拉伯数字是由印度人发明,阿拉伯人传向欧洲,并由欧洲人将其现代化的一种科学记数法。

那么在统一使用阿拉伯数字之前,或在排定某些特殊顺序的时候,除了文字还有没有什么特殊的表示顺序的符号呢?西方各国以其拼音文字的字母符号顺序来表序,比如英语里的从A到Z。中国的汉字是世界上最伟大而独特的文字,我们伟大的祖先在很早的上古时期就创制了一套完善的特定汉字符号表序组合法,并赋予了它极为深刻的人文内涵,一直沿用至今。这就是伟大的“天干地支”符号系统。

天干的符号有十个,即“十天干”,依次为:甲、乙、丙、丁、戊、己、庚、辛、壬、癸。

地支的符号有十二个,即“十二地支”,依次为:子、丑、寅、卯、辰、巳、午、未、申、酉、戌、亥。

它们通常也被简称为“干支”,根据《辞源》里的解释,“干支”取义于树木的“干枝”,传说是黄帝的大臣大挠氏创制的。隋朝萧吉撰的《五行大义》一书中说大挠“采五行之情,占斗机所建,始作甲乙以名日,谓之干,作子丑以名月,谓之枝。有事于天则用日,有事于地则用月。阴阳之别,故有枝干名也。”相传为战国时赵国史官所著的《世本》里也说:“容成作历,大桡作甲子”,“二人皆黄帝之臣,盖自黄帝以来,始用甲子纪日,每六十日而甲子一周。”这种说法是真是假姑且不论,反正干支很早就出现了。据《史记·殷本纪》记载,殷商自商王上甲微之后,每一位商王均用天干为谥号,比如说商太祖商汤就谥“天乙”,最后一位暴君商纣王就谥为“帝辛”。另外,殷墟出土了甲骨卜辞数万片,几乎每片上都刻有干支。这些都说明起码早在商代,干支就已经被祖先广泛使用了。

从表面上来看,就能发现天干和地支不仅符号和内容不同,而且基数也是不一样的:天干是十进位的,地支是十二进位的,它们不是一一对应的。

而且,天干和地支既可以单独使用,也可以相互组合使用。但组合不是任意的,须天干在前,地支在后。干支配合,天干每循环六次,地支每循环五次,可完成一个周期。一个周期即从第一个地支“子”去配第一个天干“甲”成为“甲子”始,两两递进相配,至最后一个地支“亥”去配最后一个天干“癸”成为“癸亥”终。具体如下:

01 甲子	11 甲戌	21 甲申	31 甲午	41 甲辰	51 甲寅
02 乙丑	12 乙亥	22 乙酉	32 乙未	42 乙巳	52 乙卯

03 丙寅	13 丙子	23 丙戌	33 丙申	43 丙午	53 丙辰
04 丁卯	14 丁丑	24 丁亥	34 丁酉	44 丁未	54 丁巳
05 戊辰	15 戊寅	25 戊子	35 戊戌	45 戊申	55 戊午
06 己巳	16 己卯	26 己丑	36 己亥	46 己酉	56 己未
07 庚午	17 庚辰	27 庚寅	37 庚子	47 庚戌	57 庚申
08 辛未	18 辛巳	28 辛卯	38 辛丑	48 辛亥	58 辛酉
09 壬申	19 壬午	29 壬辰	39 壬寅	49 壬子	59 壬戌
10 癸酉	20 癸未	30 癸巳	40 癸卯	50 癸丑	60 癸亥

从“甲子”始到“癸亥”终，一共六十种。

另外，干支是分阴阳的，天干为阳，地支为阴。它们按各自排列所在序数的奇偶来分阴阳，即奇数位为阳，偶数位为阴。这和后来的八卦《周易》等蕴涵的阴阳理念是完全一致的。具体而言就是：

阳干：甲、丙、戊、庚、壬

阴干：乙、丁、己、辛、癸

阳支：子、寅、辰、午、申、戌

阴支：丑、卯、巳、未、酉、亥

在干支组合的时候，要遵循阳干和阳支相配，阴干和阴支相配的原则。

由于天干和地支的排列顺序是恒定的，所以它们可以用来表序。“桂林山水甲天下”里的“甲”就取其“第一”的意思。还有中国的小说、剧本里也经常把一些群众角色按照出场顺序称呼为“甲、乙、丙、丁”，笑称“路人甲”。最有代表性的，就是我们使用的有机物分子名称。比如说我们把含有1~10个碳原子的醇类，分别叫做甲醇、乙醇……癸醇，其他如烷烃、醛、烯等都是如此命名的。

更重要的是，这套系统不仅可以来标明次序，还可以用来表示时间和空间。如果用干支组合来纪年，六十种即为六十年，为一循环周期。所以我们有时也把六十年称为“一甲子”。

干支用于纪年，传说始于黄帝。公元前2697年，黄帝命大桡以干支纪年，定此年为黄帝元年，以“甲子”为始元。往后每六十年为一甲子周期，俗称为“六十花甲”。元运由此开始计，第一个甲子年即公元前2697年。据说，这种说法来源于早已亡佚的《归藏》一书，应为可信之说。另外，天文家李式先先生也发表过论文，从旁证明了公元前2697年确实为甲子年。

有史可查的最早干支纪年是公元前841年，源于《史记·周本纪》。

这一年，因不满西周周厉王的暴政，镐京的平民集结起来发动了“国人暴动”，周厉王带领亲信逃离镐京，一直跑到彘(今山西省霍州市)。此时宗周无主，周公和召公根据贵族们的推举，暂时代理政事，重要政务由六卿合议。这种政体，称为共和，史称“周召共和”或“共和行政”。

司马迁在《史记·十二诸侯年表》说：“太史公曰：儒者断其义，驰说者骋其辞，不务综其终始；历人取其年月，数家隆于神运，谱谍独记世谥，其辞略，欲一观诸要难。于是谱十二诸侯，自共和讫孔子，表见春秋、国语学者所讥盛衰大指著于篇，为成学治古文者要删焉。”大意就是说“共和”以前的纪年模糊混乱，所以都只记谱系不记年代，而从“共和元年”开始，历史事件才纪年。司马迁还说在编纂史书时查阅了大量的文献资料，关于纪年的书籍很多，但是他们在“共和元年”之后的记载才是一致的。也就是说，“共和元年”以后的历史可为信史，其确切纪年是可以确定的。而且，在《十二诸侯年表》里就给出了“共和元年”的干支，这一年是“庚申”，推算后可知其为公元前841年。由于《十二诸侯年表》是我国流传下来的最早年表，所以取公元前841年庚申年，作为中国有确切纪年的历史的开始。南宋学者吕祖谦在《大事记解题》也评价《十二诸侯年表》道：“首年标岁名，其后唯以六甲纪之，简而易见”。到了东汉元和二年，即公元85年乙酉年，汉章帝以命令的形式将干支纪年法正式确定为官方纪年方法之一。

干支用于纪月的起源是"斗纲月建"。

斗纲月建，即根据北斗七星在一年里绕北极星旋转，出现在不同的方位来划分月份，也就是《史记·历书集解》里所说的"随斗杓所指建十二月"。古人发现不同季节的黄昏时，北斗斗柄的指向是不同的，因此把斗柄的指向作为定季节的标准。先秦著作《鹖冠子》云："斗柄东指，天下皆春；斗柄南指，天下皆夏；斗柄西指，天下皆秋；斗柄北指，天下皆冬。"

为了使斗柄指示的方向与月份更密切配合，祖先将地面分成十二个方位，分别以十二地支表示。具体为：

北方：正北为子；偏东为丑；偏西为亥

南方：正南为午；偏东为巳；偏西为未

东方：正东为卯；偏北为寅；偏南为辰

西方：正西为酉；偏北为戌；偏南为申

斗柄从一个地支方位移动到下一个地支位时，就说明月已经变换了，这就是"斗纲月建"，简称"月建"。祖先将北斗斗柄在冬至日黄昏时所指的方向（农历十一月）定位为子位，为什么会如此呢？《尔雅·释天》有云："十一月为辜"。清人郝懿行进行了解释："辜者，故也。十一月阳生，欲革故取新也。十月建亥，亥者根荄也。至建子之月，而孳孳然生矣。"

用"斗纲月建"来确定一年的第一个月从哪个位置开始，起初历朝并不统一。历史上，汉代以前的统治者在即位时，都要对每年的第一个月作改正，所以至今仍把第一个月叫做"正月"。如《史记·历书》说："夏正以正月，殷正以十二月，周正以十一月"，即：夏正建寅，殷正建丑，周正建子。就是说夏朝以斗柄指向寅位为正月；商朝以斗柄指向丑位为正月；周朝以斗柄指向子位为正月。

到了西汉初年，汉武帝下令修改历法，改用天文学家落下闳、邓平等人制订的《太初历》，重新启用了夏朝以正月建寅为标准的做法。自此,后世均以正月建寅为标准,所以我们现在的农历(或叫阴历)也常常被称作“夏历”。具体一点,就是:正月寅月、二月卯月、三月辰月、四月巳月、五月午月、六月未月、七月申月、八月酉月、九月戌月、十月亥月、十一月为子月、十二月为丑月。这里需要强调一点,干支纪月时,每个地支对应二十四节气自某节气(非中气)至下一个节气,以交节时间决定起始的一个月期间,不是农历某月初一至月底。许多历书注明某农历月对应某干支,只是近似而非全等对应。举个例子来说,正月寅月就是从立春到惊蛰(雨水节气为中气),二月卯月就是从惊蛰到清明(春分节气为中气),以此类推。

至于纪月的天干需要从当年的天干中推算得出,传统里有一个“五虎遁法”,口诀为:“甲己之年丙作首,乙庚之年戊为头。丙辛之年庚上立,丁壬之年壬来游。戊癸之年在何方,甲寅之上好追求。”就是说年的天干里有甲或己的,正月天干就用丙,即正月为丙寅月,其余类推,如二月就为丁卯月;年的天干里有乙或庚的,正月天干就用戊,即正月为戊寅月,其余类推,如二月就为己卯月;年的天干里有丙或辛的,正月天干就用庚;年的天干里有丁或壬的,正月天干就用壬;年的天干里有戊或癸的,正月天干就用甲。

干支纪日出现的比较早,夏朝就开始使用了,在甲骨卜辞上可以看到大量的天象记录,世界上最早的日蚀、月蚀等记录都是用干支记录的,大多都类似于“三日乙酉,夕,月有食”这样的记录方式。

春秋战国时期,干支纪日已经成为史家的正式纪日方法。如《左传》里就有很多类似“冬十二月丙子朔,晋灭虢,虢公丑奔京师”、“夏四月己丑,孔丘卒,公诔之”这样的干支纪日记录。根据专家学者对中国古代历史典籍《春秋》中记载的日食的研究,鲁隐公三年二月己巳日可推定为公元前720年2月10日。我国的干支纪日,已经连续不间断的进行了2700多年。

干支还可以纪时。现在我们时常会使用“子夜”、“子午觉”等类似的词汇，这就是应用了干支纪时。我们祖先把一天分为十二个时辰，分别对应一个地支，一个时辰就是现在的两个小时。具体如下：

子时 23时—1时；丑时 1时—3时；寅时 3时—5时；卯时 5时—7时；辰时 7时—9时；巳时 9时—11时；午时 11时—13时；未时 13时—15 时；申时 15时—17时；酉时 17时—19时；戌时 19时—21时；亥时 21 时—23时

那每个时辰的天干是什么呢？这个需要推算一下，最常见的传统方法就是“五鼠遁法”，此法可以通过日干求得时干。

年、月、日、时都可以用干支来记录表达，都用全的话，就是“年干，年支”、“月干，月支”、“日干，日支”、“时干，时支”，四套干支组合，一共八个干支。它们在中国传统术数里是经常要用到的。

另外，如果把一个人出生的年、月、日、时用干支记录，四个干支组合就叫做“四柱”，即“年柱”、“月柱”、“日柱”、“时柱”，这八个干支就叫做“八字”。“四柱八字”是中国传统命理学的重要组成部分，不知道“四柱八字”，再高明的命理师也是无法给人算命的。

第八谈
中国人的序列符号——天干地支(下)

干支不但可以表示时间,还可以用来表示空间。

为了便于“斗纲月建”,祖先将地面分成十二个方位,分别以十二地支表示。这就是用地支来表示地面方位的方法,直到我们仍在部分使用。比如说由于正北为子,正南为午,所以我们把经线也称为子午线,把零度经线称为本初子午线。

天干也可以表示地面方位。具体如下:

东:甲乙

南:丙丁

西:庚辛

北:壬癸

中央:戊己

不仅如此,天干还能表示天空黄道上一周的方位。所谓黄道,就是太阳在地球上的周年视运动轨迹,即太阳在天空中穿行的视路径的大圆。用天干代表黄道的东南西北四方和其标注地面四方是一样的,不同之处在于戊和己。在标注地面时,戊己代表中央。但是在标注天空黄道时,戊代表西北方,称为“天门”;己代表东南方,称为“地户”。《素问·五运行大论》有云:“所谓戊己分者,奎壁角轸,则天地之门户也。”这里的“奎壁角轸”是二十八星宿里的四宿。

我国古代天文学家以北极星为中心，把南中天沿黄道或天球赤道(地球赤道延伸到天上)所分布的一圈肉眼可见的恒星分成二十八组，叫做二十八星宿，东西南北四方各七宿。东方青龙七宿是角、亢、氐、房、心、尾、箕；北方玄武七宿是斗、牛、女、虚、危、室、壁；西方白虎七宿是奎、娄、胃、昴、毕、觜(音同“资”)、参(读“深”)；南方朱雀七宿是井、鬼、柳、星、张、翼、轸(音同“诊”)。

其中，“奎”是西方七宿里最靠北的，“壁”是北方七宿里最靠西的，二者之间就是天干里“戊”所代表的西北向，即“天门”；“角”是东方七宿里最靠南的，“轸” 是南方七宿里最靠东的，二者之间就是天干里“己”所代表的东南向，即“地户”。“天门地户”的概念在传统里使用的很广泛，八卦、遁甲、中医、风水、武术、星相等理论里都可以见到。

地支也可以表示天空黄道上一周的方位，而且更加简单，即把黄道十二等份，每一等份各三十度均用地支来命名。不过各自表示的方位与地面不同，是依子、丑、寅、卯的顺序由东至西排布的，与日、月、五星的实际运行轨道是相反的。十二地支在表示天空方位时，被天文家称作“十二辰”。

用天干地支来表示时间和空间，是它们比较实际的用途，亦是祖先创制这套序列符号系统的初衷。然而随着中国传统异文化，或者说神秘文化的领导理论——阴阳五行理论的确立，干支又被赋予了阴阳和五行的属性。

现在就来说说干支所配的五行及衍生概念。

先来看看天干。

甲为栋梁之木，乙为花果之木，均属木。

丙为太阳之火，丁为灯烛之火，均属火。

戊为城墙之土，己为田园之土，均属土。

庚为斧钺之金，辛为首饰之金，均属金。

壬为江河之水,癸为雨露之水,均属水。

之所以这样划分,一般有两种说法。

第一种观点是按方位来解释的。

由于甲乙代表东方,所以其象为春。五行中木旺于春,所以甲乙属木;

丙丁代表南方,所以其象为夏。五行中火旺于夏,所以丙丁属火;

戊己代表中央,所以其象为长夏。五行中土旺于长夏,所以戊己属土;

庚辛代表西方,所以其象为秋。五行中金旺于秋,所以庚辛属金;

壬癸代表北方,所以其象为冬。五行中水旺于冬,所以壬癸属水。

第二种观点认为是按照自然规律的顺序来解释的。这里的自然规律是指阳气的生、长、化、收、藏。这一说法源于《黄帝内经》,生、长、收、藏即生发、生长、收敛、收藏四象,四象全都有就叫“化”。按照这个顺序,十天干也正好两个一组。

甲乙为生,应春应木,所以甲乙属木;丙丁为长,应夏应火,所以丙丁属火;戊己为化,应长夏应土,所以戊己属土;庚辛为收,应秋应金,所以庚辛属金;壬癸为藏,应冬应水,所以壬癸属水。

夏季之后有一个长夏,一般是指从立秋到秋分的时段,就是俗称为“秋老虎”的那段时期。这个概念在中医里广泛使用,明代大医学家张景岳在其《景岳全书》里就说:“春应肝而养生,夏应心而养长,长夏应脾而变化,秋应肺而养收,冬应肾而养藏。”

天干除了配五行,还有“化五运”的衍生概念。化五运,即:甲己化土,乙庚化金,丙辛化水,丁壬化木,戊癸化火。对于此说法,通常都认为是根据“正月建寅”而来。

由于甲己两年的正月是丙寅月,丙属火,而火生土,所以甲己化土;

乙庚两年的正月是戊寅月,戊属土,而土生金,所以乙庚化金;

丙辛两年的正月是庚寅月,庚属金,而金生水,所以丙辛化水;

丁壬两年的正月是壬寅月，壬属水，而水生木，所以丁壬化木；

戊癸两年的正月是甲寅月，甲属木，而木生火，所以戊癸化火。

下面再来看看地支配五行。

寅卯属木，寅为阳木，卯为阴木；

巳午属火，巳为阳火，午为阴火；

申酉属金，申为阳金，酉为阴金；

子亥属水，子为阳水，亥为阴水；

辰戌丑未均属土，辰戌为阳土，丑未为阴土；其中未戌为干土，丑辰为湿土，干土者其中藏火，湿土者其中藏水。

这种地支配五行是源于“斗纲月建”。

斗纲(即北斗斗柄)指向寅、卯位时为春季，木旺于春，所以寅卯属木；

斗纲指向巳、午位时为夏季，火旺于夏，所以巳午属火；

斗纲指向申、酉位时为秋季，金旺于秋，所以申酉属金；

斗纲指向子、亥位时为冬季，水旺于冬，所以子亥属水；

土生万物，旺于四季。所以取四季之末辰、戌、丑、未为土旺之月，故而此四支属土。

同天干一样，地支除了配五行也有衍生概念，即所谓的“地支化六气”。这一说法源于《素问·天元纪大论》。

所谓六气，是指在金、木、水、火、土五行之外再加一个火，来代表指风、湿、火、暑(也属火)、燥、寒等六种气候，亦称六元。具体为：

子午化君火，寅申化相火，二者均化火；辰戌化水；丑未化土；卯酉化金；巳亥化木。

为什么如此划分呢？首先，是源于“六十甲子”。在连续的六十甲子里，三十年称为“一纪”，“一个甲子”里有两纪。第一纪由“甲子”起至“癸巳”终，下一纪由“甲午”起至“癸亥”终。这样，将两纪的地支依此对应相配，即为子与午配，丑与未配，寅与申配，卯与酉配，辰与戌配，巳与亥配。

然后再“化六气”。六气之中，火有两个，君火为主，相火为辅，君位尊贵，所以排在前面而配子午；寅申化相火为辅；火生土，所以丑未化土；土生金，所以卯酉化金；金生水，所以辰戌化水；水生木，所以巳亥化木。

一般说来，“干支配五行”表现的是静态，多用在中医配脏腑经络以及模拟方位等相对固定的事物上；而化“五运”、“六气”则表现的是一种动态变化、种盛衰趋势，多用于推算、预测等术数方面。

现在我们来说说干支符号本身的含义。

先来看天干。

甲：《史记·律书》释曰：“万物剖符甲而出”；《汉书·律历志》释为“出甲于甲”，“甲”字同“荚”，指嫩芽破荚而出的初生现象。

乙：《史记·律书》释曰：“万物生轧轧也”；《汉书·律历志》释为“奋轧于乙”，指幼苗逐渐抽轧而生长，枝叶柔软屈曲伸长。

丙：《史记·律书》释曰：“丙者，阳道著明”；《汉书·律历志》释为“明炳于丙”，指阳气充盛，生长显著。

丁：《史记·律书》释曰：“万物丁壮”；《汉书·律历志》释为：“大盛于丁”，丁即壮也，指幼苗不断地壮大成长，好比人的成丁。

戊：《汉书·律历志》释为“丰楙于戊”。戊即茂也，指幼苗日益茂盛。

己：《汉书·律历志》释为“理纪于己”。己即起也，指幼苗已成熟至极，仰屈而起，有形可纪。

庚：《史记·律书》释曰：“阴气庚万物”，《汉书·律历志》释为“敛更于庚”。庚即更也，代表生命开始收敛，秋收而待来春。

辛：《史记·律书》释曰：“万物之辛生”，《汉书·律历志》释为“悉新于辛”。辛者新也，万物肃然更改，秀实新成，新的生机由此开始酝酿。

壬：《史记·律书》释曰：“阳气任养万物于下也”，《汉书·律历志》释为：“怀任于壬”。壬即妊也，阳气潜伏地中，万物怀妊，新的生命已开始孕育。

癸:《史记·律书》释曰:“万物可揆度”,《汉书·律历志》释为“陈揆于癸”。癸者揆也,万物闭藏,怀妊地下,新的生命又将开始。

再来看看地支。

子:《史记·律书》释为“言万物滋于下也”,《汉书·律历志》曰:“孳萌于子”。子者滋(孳)也,阳气始萌,孳生于下也。

丑:《史记·律书》释为“纽也,万物厄纽未敢出”,《汉书·律历志》曰:“纽牙于丑”。丑者纽也,草木在土中出芽,屈曲着将要冒出地面。

寅:《史记·律书》释为“言万物始生螾然也”,《汉书·律历志》曰:“引达于寅”。寅者螾也,阳气欲出,阳尚强而螾演于下。

卯:《史记·律书》释为“言万物茂也”,《汉书·律历志》曰:“冒茆于卯”。卯者冒也,万物冒地而出。

辰:《史记·律书》释为“万物之娠也”,《汉书·律历志》曰:“振美于辰”。辰者振(震)也,万物震起而生,舒伸而出。阳气生发已经过半。

巳:《史记·律书》释为“言阳气之巳尽”,《汉书·律历志》曰:“巳盛于巳”。巳者巳也,阳气毕布已矣。

午:《史记·律书》释为“阴阳交,故日午”,《汉书·律历志》曰:“愕布于午”。仵也,阴阳交相愕而仵,万物丰满长大。

未:《史记·律书》释为“万物皆成,有滋味也”,《说文解字》曰:“味也,六月滋味也”。未者味也,果实成熟而有滋味。

申:《史记·律书》释为“言阴用事,申贼万物”,《汉书·律历志》曰:“申坚于申”。申者身(伸)也,伸束以成,万物之体皆成也。

酉:《史记·律书》释为“万物之老也”,《说文解字》曰:“就也,八月禾黍成可为酎酒”。酉者老也,犹也,万物到这时都犹缩收敛。

戌:《史记·律书》释为“万物尽灭”,《说文解字》曰:“灭也,九月阳气微,万物毕成,阳下地也”。戌者灭也,生气灭绝。

亥:《史记·律书》释为“改也,言阳气藏于下也”,《汉书·律历志》

曰："该阂于亥"。亥者阂也，万物收藏，阳气收于坚阂(核)。

上述就是干支符号的含义，当然这只是说法之一。

最后，我们简单说说时下比较流行的一个干支应用，就是给孩子起名字。现在经常有父母为了给新出世的孩子起个好名字而去请教命理师，命理师一般会根据孩子的生辰八字来推算出他命里五行缺少哪些，然后据此提出在孩子的名字上父母应如何选择。

举个例子，比如说命理师算出一个孩子命里缺土，他会建议孩子的父母选择带有土字旁的字如坚、均、垚等或者能代表土的象征字，如玉、珏等作为孩子的名字。因为传统上相信一个人须得五行俱全，命运才会兴旺。

五行占名法还需要一个东西，就是六十甲子的五行归属，即干支组合的五行归属，即所谓"六十甲子纳音五行"。

"纳音"来源于董仲舒的五行之序和洪范五行，是中国古代玄学的专用术语，也是古典中医运气学说的组成部分，是在术数预测中广为应用的一种取"数"的方法，传说为鬼谷子所创。四柱命理学的代表著作《渊海子平》一书中便有"……而纳音成之于鬼谷子"的说法。"纳音"的"音"，就是先人根据不同音阶确定的五音：宫、商、角、徵(音同"指")、羽。至于"纳"，有观点认为"纳"即加入、容纳的意思，而"纳音"即"加入或者容纳音律"的意思，就是说在术数预测中，除了用五行、数字、卦象、方位等来研究外，还加入一种音律的研究方式。

明朝人万明英在其所著的《三命通会》里说："六十甲子纳音，本六十律"。清末人徐乐吾在《子平粹言》里提及纳音时也解释说："纳音者，宫商角徵羽五音，与气化相感应也"。所以可以肯定的是，纳音是用与音律相关的知识来进行预测的一种方法。把六十个甲子的干支组合通过"纳音"的方法推算出五行属性，就得到了"六十甲子纳音五行"。

"六十甲子纳音五行"由于被命理学广泛使用，所以有人把它们编成了《六十甲子纳音歌》，具体如下：

甲子乙丑海中金;丙寅丁卯炉中火;戊辰己巳大林木;庚午辛未路旁土;壬申癸酉剑锋金;

甲戌乙亥山头火;丙子丁丑涧下水;戊寅己卯城头土;庚辰辛巳白腊金;壬午癸未杨柳木;

甲申乙酉井泉水;丙戌丁亥屋上土;戊子己丑霹雳火;庚寅辛卯松柏木;壬辰癸巳长流水;

甲午乙未砂石金;丙申丁酉山下火;戊戌己亥平地木;庚子辛丑壁上土;壬寅癸卯金簿金;

甲辰乙巳覆灯火;丙午丁未天河水;戊申己酉大驿土;庚戌辛亥钗钏金;壬子癸丑桑柘木;

甲寅乙卯大溪水;丙辰丁巳沙中土;戊午己未天上火;庚申辛酉石榴木;壬戌癸亥大海水。

根据这个歌诀,就可以知道人的四柱八字属于什么纳音五行了。

这样,命理师就会根据人的四柱八字里的天干五行、地支五行以及干支组合后的纳音五行,综合分析后得出此人命中的五行缺少哪一种(或几种)的结论。可如此多的干支五行,如何确定轻重主次呢?一般说来,根据年、月、日、时在人生中的独特程度(也就是几率)排序,确定五行按时、日、月、年的顺序起作用。也就是说,对人影响最大的、最主要的五行是出生时辰干支的五行,其次才是日、月、年。当然,四柱命理法操作远没有这么简单,还有很多其他参照要素,如五行生克、命宫、胎元、流年、大小运、用神等,其推算的范围也远不止姓名。

第九谈
中华异文化的基石——阴阳五行

纵观西方文明史,其传统文化是分门别类的。比如西医学的传统文化是以“解剖人、肉体人”为基础概念,尊奉提出“体液学说”的希波克拉底为奠基人的一套理论;西方建筑学的传统文化是以“坚固、实用、美观”的建筑三原则作为基础的一套理论;西方伦理学的传统是以古老的史诗与神话为源头,以道德现象为研究对象,以构建一种指导行为的法则体系为目的的一套分析理论。凡此种种,不可谓不悠久,也不可谓不精深。但各门类之间是畛域分明,互不相通的,彼此之间很少有共性的理论层面存在。

较之西方传统文明,中国传统文化有着举世无双的、更为完善而且相通的结构体系。换言之,中国传统文化的参天巨树有一个伟大的根系,或者说有一个内在的理论骨架——阴阳五行理论。

阴阳五行理论是两种理论结合的产物,即“阴阳”理论和“五行”理论。

我们先简单介绍一下“阴阳”理论本身。

阴阳观念的起源:

对此,学界有很多观点。郭沫若先生认为其起源于上古的生殖崇拜;还有观点认为其来源于《周易》,因为《庄子·天下》里有“《易》以道阴阳”之说,而且在《易传》里出现了很多论及阴阳的内容,如《系辞》里就有著名的“一阴一阳之谓道”之语；还有观点认为阴阳学说的源头是古人的太阳崇拜等。可以肯定的是，阴阳的概念在夏商时期就已经形成，战国时期便已形成了阴阳理论。

阴阳的涵义：

阴阳的最初涵义很简单，即指物体对于阳光的向背。向日为阳，背日为阴。如山的南面、河的北面都是阳光普照的地方，所以就称为“阳”；山的北面、河的南面都是太阳照不到的地方，所以就称为“阴”。《诗经·大雅·公刘》里就有“既景乃冈，相其阴阳”之语，即是指古代周族英雄公刘在山南山北测量日影之意。

然而随着历史的发展，古代先贤赋予了它越来越多的内容和越来越抽象的涵义，把它升华到了哲学的高度，成为了贯穿中国古代哲学的一对基本范畴。最典型的论述之一见于《素问·阴阳应象大论》，其云：“阴阳者，天地之道也，万物之纲纪，变化之父母，生杀之本始。”用现代语言来表述，即为：世界本身就是阴阳二者对立统一运动的结果，阴阳的矛盾对立统一运动规律，是自然界一切事物运动变化固有规律和内在动力。可以说，阴阳代表了一切事物的最基本对立面，从天象到人事均可以归到阴阳的范畴中。至此，阴阳的哲学涵义已经完善。

阴阳理论的基本内容：

阴阳理论基本包括阴阳一体、阴阳对立、阴阳互根、阴阳消长和阴阳转化五个方面的内容。

阴阳一体和阴阳对立：即指阴阳二者是即对立又统一的。

阴阳互根：又称“阴阳相成”，大意是指阴阳双方是相互依存的。

阴阳消长：大意是指阴阳双方在一体的情况下是此消彼长的，存在量变。

阴阳转化：大意是指阴阳双方在消长到极端时是可以相互转化的，即所谓“物极必反”，量变可以导致质变。

接下来，我们简要说一说“五行”理论本身。

五行观念的起源：

同阴阳一样，五行的起源亦有很多观点。有“天赐”说，即认为五行概念是上天赐予的；还有观点认为起源于上古的物质崇拜。五行见于史料的最早纪录是源自《尚书·甘誓》，其云：“有扈氏威侮五行，怠弃三正，天用剿绝其命”。《甘誓》一文据说是夏朝的遗文，所以也有观点认为五行起源于夏朝。

五行的涵义：

最早明确指出五行的记载见于《尚书·洪范》，此篇记述的是周武王灭商后，与商朝旧臣箕子的对话，此中箕子有云：“五行：一曰水，二曰火，三曰木，四曰金，五曰土。水曰润下，火曰炎上，木曰曲直，金曰从革，土曰稼穑。润下作咸，炎上作苦，曲直作酸，从革作辛，稼穑作甘。”由此，明确了五行即水、火、木、金、土五种物质，并区分了它们的属性和功能。因其见于《尚书·洪范》，所以五行有时也被称作“洪范五行”。

其后，同阴阳类似，五行也被赋予了哲学意味，如《国语·郑语》里说：“五行相杂以成万物”，这里的五行已经是作为事物属性的抽象概念了。用现代语言来说，即指宇宙万物都由木火土金水五种基本物质的运行和变化构成，五行的盛衰是事物产生变化、循环的内在动力。

五行理论的基本内容：

五行理论大略包括五行相生、五行相胜、五行制化等内容。

五行相生：即木生火，火生土，土生金，金生水，水生木。

五行相胜：也称五行相克，即木克土，土克水，水克火，火克金，金克木。

五行制化：制，即制约。化，是生化。所谓“制化”，主要是指五行系统结构在正常状态下，通过相生和相克的相互作用而产生的调节作用。换言之，就是任何两行之间的关系并不是单向的，而是相互的。五行之中任何一行都具有生我、我生、克我、我克四方面的关系，从而保证“制化”关系的正常。具体说来：木能克土，土能生金，金又能克木，从而使木不亢不衰，故能滋养火，而使火能正常生化；火能克金，金能生水，水又能克火，从而使火不亢不衰，故能滋养土，而使土能正常生化；土能克水，水能生木，木又能克土，从而使土不亢不衰，故能滋养金，而使金能正常生化；金能克木，木能生火，火又能克金，从而使金不亢不衰，故能滋养水，而使水能正常生化；水能克火，火能生土，土又能克水，从而使水不亢不衰，故能滋养木，而使木能正常生化。

自战国末期开始，以阴阳学派的创始人邹衍为代表，“阴阳”和“五行”理论二者开始融合。从到了西汉时期，儒家学者董仲舒把阴阳五行理论渗入了伦理纲常的范畴，并大力推崇；同时期成书的道家著作《淮南子》也是以阴阳五行理论作为核心思想。由此，标志着二者的融合基本完成，逐渐形成了完整而又庞杂的阴阳五行理论。而且在儒、道两种力量的推动下，阴阳五行理论随即成为了被中国人普遍接受的一种观念，成为了中国文化里的骨架性基石理论，对中国传统文化产生了无比深远的影响。

可以说，中国传统文化里阴阳五行无处不在。传统相声里有一名段叫做《阴阳五行》，就是说世间万物都包含有阴阳五行的要素。当然，作为一种曲艺形式，里面的“包袱”难免有穿凿附会的夸张之处。但是从某个层面上来说，也反映出了阴阳五行理论涉及之广，影响之大。正是基于此，我们传统文化的各个门类之间才有了相通之处。一些典型的、常见的概念和事物的阴阳五行分类，如下表：

阴 阳 分 类 表

阳	阴
天、日、春、夏、热	地、月、秋、冬、冷
昼、男、雄、牡、刚	夜、女、雌、牝、柔
尊、君、夫、父、贵	卑、臣、妻、子、贱
进、伸、明、强、动	退、屈、暗、弱、静
奇、吉、福、男、白	偶、凶、祸、女、黑
……	……

五行	木	火	土	金	水
天干	甲乙	丙丁	戊己	庚辛	壬癸
地支	寅卯辰	巳午未	辰戌丑未	申酉戌	亥子丑
中医五官	目	舌	口	鼻	耳
五脏	肝	心	脾	肺	肾
脉象	弦	洪	濡	浮	沉
人体	筋	脉	肉	皮毛	骨
五常(伦)	仁	义	礼	智	信
五方	东	南	中	西	北
季节	春	夏	长夏	秋	东
五气	风	暑	湿	燥	寒
八卦	震巽	离	坤艮	乾兑	坎
五星	岁星	荧惑	填星	太白	辰星
五宫	青龙	朱雀	拱极	白虎	玄武
五时	平旦	日中	日西	日入	夜半
五应	生	长	化	收	藏
五谷	麦	菽	稷	麻	黍
五畜	鸡	羊	牛	马	猪
五色	青	赤	黄	白	黑
五味	酸	苦	甘	辛	咸
五帝	太皞	炎帝	黄帝	少皞	颛顼
五神	句芒	祝融	后土	蓐收	玄冥
五虫	鳞	羽	倮	毛	介
五音	角	徵	宫	商	羽
五岳	泰山	衡山	嵩山	华山	恒山
五事	貌	视	思	言	听
五志	魂	神	意	魄	精
五行生数	三	二	五	四	一
五行成数	八	七	十	九	六
五臭	羶	焦	香	腥	朽
五情	怒	喜	忧	悲	恐
五声	呼	笑	歌	哭	呻
五念	慈爱	热情	厚道	冷静	沉默
……	……	……	……	……	……

上述两表挂一漏万，只为给各位读者做个参考。结合此表，以开篇所述的西方学科门类为例，做一下东西方的比较：

我们的医学包含有阴阳五行理论自不用说，中医的五脏就配有五行，诊疗理论中五行相生、相克的影子，阴虚、阳虚的概念更是比比皆是；

我国传统伦理学中，君臣、父子、夫妻等均可配以阴阳，著名的“五常(伦)”——仁、义、礼、智、信更是被配以了五行；

我们建筑学里的阴阳五行理论用得也很广泛，仅以紫禁城的外城为例，就可见一斑：“紫禁城的外城(古北京城)有九座城门，其名沿用至今。九门的功能与名称均按阴阳与五行排列。东为阳，主木属春，在东面建朝阳门和东直门，五谷粮车从朝阳门进，木头柴车从东直门进。西为阴，主金属秋，建阜成门、西直门，进京煤(金属)车从阜成门进，运水车从西直门进。南为阳，在南面建三门，中为正阳门，即俗称的大前门，为皇帝和官民出入。按东文治(阳)、西武功(阴)的例规，其东建崇文门，天下举人每年进京考试均由此进。其西建宣武门，军伍刑车由此门出。北为阴，建安定、德胜二门，军队出师征伐由安定门出，得胜班师回朝从德(得)胜门入。古北京城东建日坛、西建月坛、南建天坛、北建地坛，中设社稷坛(现为中山公园。社为土神，稷为谷神，土主中央，中国古代封建社会以农耕为国计民生，社稷即指江山国家)也依五行而分。”(摘自陈珞珈先生《您知道吗：紫禁城是按阴阳五行理论设计建筑的》一文)

由此可见，我们传统文化中的各学科虽然也是泾渭分明，但在阴阳五行这一几乎通行的理论作用下，它们仍具有相通之处。

除了自然科学、人文科学这些“科学”之外，文学艺术中也少不了阴阳五行理论。

曹雪芹的不朽巨著《红楼梦》中，对于贾宝玉未能与林黛玉结合，只能迎娶薛宝钗这一结局，想必每个人都有自己的看法。实际上，曹雪芹对此是做了很多铺垫的，“玉带林中挂，金簪雪里埋”的判词就是这种铺垫的典型。其中有一种就是运用了五行理论。曹雪芹在对这三个人物进行角色设定时，把贾宝玉设为了土命，因为贾宝玉名字里有玉，又是带玉而生的，而玉即属土；林黛玉姓“双木”林，前世又是一株绛珠仙草，显然是木命；薛宝钗名字中有金钗的“钗”，身上又有“金锁”，当然非金命莫属。

按照五行相克理论，木克土而土生金，所以“木石前盟”必然是无法实现的，只能是“金玉良缘”。而金又克木，所以我们的林黛玉也肯定是斗不过薛宝钗的。

再说中国的绘画。早期的绘画一直是比较注重用色的，比如汉代的漆画、敦煌莫高窟的壁画，再到著名的唐三彩等都是如此，这和西方绘画是一样的。但是到了宋代，黑白水墨画出现，遂成为中国传统绘画的代表形式。这是因为艺术家们认识到可用的颜色再多，也不足以表现纷繁多彩的世界，于是他们把阴阳理论运用到绘画艺术中，用阴阳理论来阐释所有的色彩。具体一点说，墨黑色在白色上的描绘就是阴阳对立的体现，墨色的深浅（焦、浓、重、淡、轻）则是阴阳消长和转化的体现。伟大的“以虚代实”美学观念也随之产生。

总之，阴阳五行理论可以说是中国传统文化的通行理论，更是中华神秘异文化及旗下一切方术的理论基石。理解了阴阳五行学说，可以帮助我们更深入地理解传统文化中的精华，更透彻地感悟祖先的卓绝智慧。

第十谈
神秘里的伟大——八卦与《周易》(上)

中国传统神秘文化有多个源头，无论怎么划分，八卦与《周易》都是不能不说的。

很多朋友一说就是“周易八卦”，时间一长，很多没接触过的朋友都以为《周易》在先，八卦在后，或是二者同时出现。其实，先有八卦，后有《周易》，后者是对前者的发展创造。

我们先来说八卦。

八卦者，八种卦象也，每种卦象都有一个名字，即：乾 ；兑 ；离 ；震 ；巽(音同“训”) ；坎 ；艮 ；坤。这个顺序是逐渐固定下来的，又称：乾一，兑二，离三，震四，巽五，坎六，艮七，坤八。

每一个卦象都是由或断开，或不断开的三根线组成，每一根线在卦里叫做“爻”(音同“遥”)，不断开的叫“阳爻”，断开的叫“阴爻”。比如说乾卦就是三阳爻组成；坤卦则相反，是由三阴爻组成。

如何记住每一卦的卦象呢?易学里有个传统《八卦歌诀》可以帮助记忆：“乾三连，坤六断，震仰盂，艮覆碗，离中虚，坎中满，兑上缺，巽下断”。

关于八卦的起源，古往今来有很多说法，在此介绍几种较为著名的起源学说：

一、起源于伏羲氏对天象、地理、自然现象的观察——《易传·系辞》如是说。

二、起源于上古时期的象形文字——明代易学家黄宗炎如是说。

三、起源于对数和理的领会感悟——一代圣贤朱熹如是说。

四、起源于上古先民对生殖器的崇拜——近代三位大学者章太炎、钱玄同、郭沫若如是说。

五、起源于上古时期的结绳记事——近代学者李镜池、范文澜、陈道生如是说。

六、起源于观察龟甲上占卜时的裂纹——台湾大学教授屈万里如是说。

此外，还有竹节蓍草说、算筹说等很多观点。

这八个卦都是什么意思呢？它们每一卦都能代表很多意思。《说卦》里将八卦进行了极大的类推延展，在此只摘录乾、坤两卦。

乾为天、为圜、为君、为父、为玉、为金、为寒、为冰、为大赤、为良马、为老马、为瘠马、为驳马、为木果。

坤为地、为母、为布、为釜、为吝啬、为均、为子母牛、为大舆、为文、为众、为柄，其于地也为黑。

每一卦重要的引申义见下表：

坤	艮	坎	巽	震	离	兑	乾	
地	山	水	风	雷	火	泽	天	自然事物
柔	止	限	入	动	丽	说（悦）	刚	特点特性
土	土	水	木	木	火	金	金	五行
北	西北	西	西南	东北	东	东南	南	方位一（先天）
西南	东北	北	东南	东	南	西	西北	方位二（后天）
母	少男	中男	长女	长男	中女	少女	父	人际

看到上表，会奇怪为什么八卦有两个方位，这就涉及到八卦的排列次序了。按照方位一排列起来的称为先天八卦，也叫伏羲八卦，即八

卦最初的排列次序;按照方位二排列起来的称为后天八卦,据说是周文王定下的次序,所以也叫文王八卦。如下图:

先天八卦

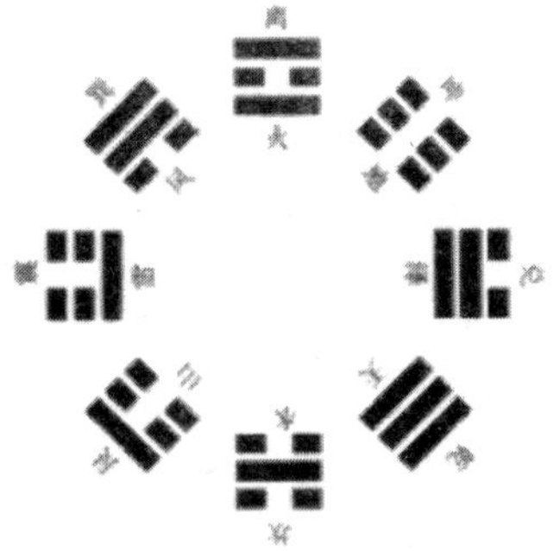

后天八卦

看卦图时需要记住一点,它的方位坐标是“上南下北,左东右西”,而不是我们今天常用的“上北下南,左西右东”。先天八卦中,乾卦居顶,坤卦居底,乾就是天,坤就是地,乾卦在正南,坤卦在正北,我们常说的“天南地北”就是这么来的。

下面我们来说说《周易》。

首先,《周易》是一本书。我国古代有三本讲占卜预测的书:《连山》、《归藏》和《周易》。令人惋惜的是,前两本都已散佚失传了,只有《周易》被比较完整地保存了下来,并一直流传至今。

为什么它又被称作《易经》呢?我国古代把六种传世典籍尊称为“经”,即:《诗》、《书》、《礼》、《乐》、《周易》、《春秋》。东汉时的史学家、文学家,亦是断代史体例的创建者——班固,在其巨著《汉书·艺文志》里,把《周易》排在了第一位,并说《周易》是“大道之原”。从此,《周易》便赢得了“群经之首”的殊荣。西汉时期的扬雄也说过:“六经之大莫如《易》”。叫它《易经》也就顺理成章了。

《周易》这个名字始见于《周礼》和《左传》。一般解释“周”为朝代名称,“易”是卜筮书的名字,合起来就是“周朝的卜筮书”的意思。

《周易》的内容包括两个部分。前一部分是“经”,即解释八卦两两组合后的六十四卦的卦象以及各爻的爻辞。后面一部分是“传”,即对前一部分"经"的再解释和再发挥。这一部分包括《象》(音同"团"，但读去声)、《象》、《系辞》、《文言》、《说卦》、《序卦》、《杂卦》七篇。但是其中《象》、《象》、《系辞》每篇又分为上、下两篇，加起来一共是十篇，传统里称作"十翼"，"翼"就是辅佐辅助的意思。"十翼"一般也总称为《易传》，据说是孔子所作。

《周易》中，其实并没有单卦形式的八卦，而是论述把八卦两两重叠组合，所形成的六十四卦，据说是由周文王发明的。为了区分二者，《周礼》中，把八卦称为"经卦"，也可称为"单卦"；把六十四卦称为"别卦"，也可叫做"重卦"。这六十四卦每个都有名字，下面为六十四卦的卦序图录。

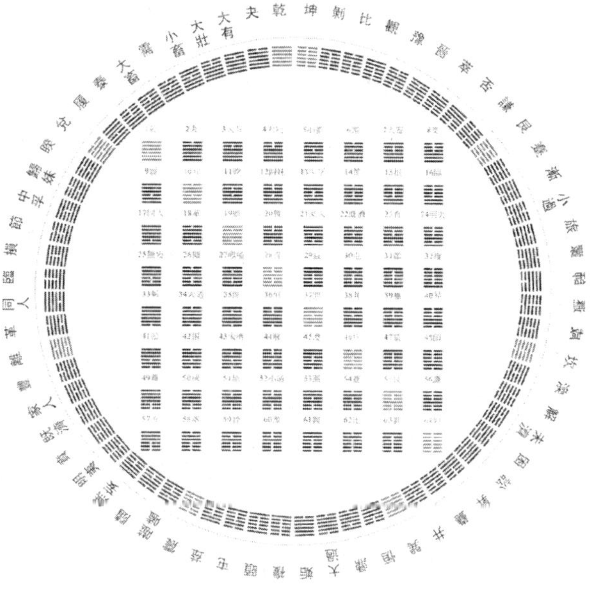

六十四卦方位图

这六十四卦每一卦都是由六爻组成的重卦。六爻从下到上分别叫做初爻、二爻、三爻、四爻、五爻、上爻。前面说过，爻是分阴阳的，所以卦也分阴阳，如何区分卦的阴阳呢？一卦中阳爻的根数是奇数的，则此卦为阳卦；一卦中不含阳爻、或阳爻根数为偶数的，则为阴卦。还有，构成重卦的两个单卦，下面的叫"内卦"，上面的叫"外卦"。

比如说革卦，里面有四根阳爻，是偶数，所以革卦是阴卦。另外，它是由下面的离卦和上面的兑卦组成的，此时离就是内卦，兑就是外卦。

大家还可以仔细看看这幅六十四卦图，它排列得也很巧妙。

横着看，每一行的八个卦的内卦（就是下半部分）都相同，从下至上依次是乾、兑、离、震、巽、坎、艮、坤；

竖着看，每一列的八个卦的外挂（就是上半部分）都相同，从右到左依次也是乾、兑、离、震、巽、坎、艮、坤。

这些都正好符合八卦的代数：乾一，兑二，离三，震四，巽五，坎六，艮七，坤八。

根据六十四卦的组成情况和相互关系，又出现了以下几个术语。

一、纯卦

指内外卦完全相同的重卦，共有八个，所以也叫八纯卦。它们的名称与组成它们的经卦一样，即：乾、兑、离、震、巽、坎、艮、坤

二、正卦

即卦体颠倒后，卦象不变的卦，即：乾、坤、离、坎、颐、大过、小过、中孚。

三、复卦

也叫综卦，即卦象互相颠倒对应的两卦。六十四卦里除了上面八个正卦外，剩下的都两两相对。比如说：比和师这两卦就互为复卦。

四、对卦

也叫错卦。是指两卦之间各爻阴阳相对。比如说乾和坤，央和剥，它们就互为对卦。六十四卦中有三十二对对卦。

五、对易卦

即内卦和外卦的卦象互为阴阳对立关系的卦。比如泰和否。

六、反易卦

即六十四卦里内卦和外挂为颠倒关系的卦。比如说颐、大过。反易卦卦象相反，意义往往也相反。

第十一谈
神秘里的伟大——八卦与《周易》(下)

传统的易占,用的是蓍(音同"视")草。如今,关于仪式的礼节和物品,起卦的时候也可找它物代替或者省略。下面就来逐步解说。

第一步:准备工作。找一间干净的屋子,作为占卜的场所。屋子里放一张长五尺、宽三尺的床。找五十根蓍草,用红布包裹好后再放进一个黑布袋里,再把黑布袋装到一个木头盒子里,然后把盒子放在床的北面(不是放在床上,是放在地上的),盒子和床之间要留出较大的空间。然后在盒子和床之间,安放一个五尺长(就是和床一样长)、一尺高的木格子,这格子中间有挡板,把它从中分成左右两个部分,就像横着的"日"字一样。之后,问卜的人要焚香洗手,衣着整洁,对天陈述所占卜之事。

第二步:取出盒子里的五十根蓍草,用双手捧好,放在香上熏过,然后祷告:"假尔泰筮有常,信官某某(信官就是信奉的人,某某就是问卜人的名字),今日以某事云云(说出你要问的事情),未知可否。爰质所疑于神明,吉凶得失,悔吝忧虞,惟尔有神,尚明告之。"然后右手拿出一根蓍草放回木盒里,再把剩下的四十九根任意分成两部分,分别放在左右木格里,这叫第一营。

这是有讲究的,四十九根蓍草没分之前是一个整体,象征太极。分成两部分，就象征天、地两仪，即所谓“太极生两仪”。

第三步：从右边木格里拿出一根蓍草，夹在左手的小指和无名指之间，这叫第二营。

刚才两部分象征天、地，现在拿出一根来，就是象征天地之间产生了人。此时，天、地、人“三才”全齐了，即所谓“挂一以象三”。

第四步：数左边木格里的蓍草，要四根一数，这是第三营的一半。四根一数，即象征春夏秋冬四季。数到最后，不足四根或者正好剩四根时，拿起夹在左手无名指和中指之间，这是第四营的一半，象征闰月。

第五步：再数右边木格里的蓍草，也要四根一数，这是第三营的另一半。数到最后，不足四根或者正好剩四根时，拿起夹在左手中指和食指之间，这是第四营的另一半。

因为是四十八根蓍草任意分为两份(一开始夹在左手的小指和无名指之间有一根)，又是四根一数。所以根据数学原理，此时左手上夹的蓍草总数只有五和九两种可能。

以上全过程称之为“第一变”。

第六步：把夹在左手的第一变剩下的五根或九根拿走放在一旁。然后用剩下的四十根或四十四根蓍草进行第二变，即重复上述过程。即把剩下的四十根或四十四根蓍草也任意分成两部分放在左右木格里，从右边木格里拿出一根蓍草，夹在左手的小指和无名指之间。接着先数左木格，再数右木格，都是四根一数，把余数夹在左手里。因为先抽出一根夹在手上，所以剩下的不是三十九根就是四十三根，那么最后夹在左手上的不是四根就是八根——这是第二变。

第七步：把夹在左手上的第二变剩下的四根或者八根蓍草也拿走放在一旁。此时剩下的蓍草根数只能是三十二、三十六、四十中的一种。再用这剩下的蓍草进行第三变，方法与第一变和第二变一样。其余数也只能是四或八。

第八步：把夹在左手的第三变剩下的四根或八根拿走放在一旁。

此时剩下的蓍草根数只有四种可能：二十四根、二十八根、三十二根、三十六根。请仔细数出究竟是哪一种，然后把这个数除以四，结果也不外乎六、七、八、九四种。这是很重要的，因为这三变之后，便得到了初爻，即第一爻，最底下的爻。

下面最为关键：

除完四后如果得到的是七或九，那么这初爻就是阳爻；如果得到的是六或八，那么这初爻就是阴爻。

这还不够，《周易》是以卦象的变化来进行占筮的，因此阴阳还分成了老少两种，即“老阳”、“老阴”、“少阳”、“少阴”。“老阳”、“老阴”是可变的，即阴阳可相互转化的，叫做“变爻”；“少阳”、“少阴”是不变的，叫做“不变爻”。其中，七属“少阳”，九属“老阳”，八属“少阴”，六属“老阴”。

至此便可在纸上进行记录了。

比如说三变之后剩下了二十八根蓍草，二十八除以四等于七，我们就可以在纸上记下：

初爻　七　少阳 —

初爻产生后，继续用上述“三变”的方法，产生出剩下的二、三、四、五、上各爻。三变定一爻，一卦有六爻，所以说“凡十有八变而成卦”，这十八变之后产生的卦叫“本卦”。

举一个例子，比如十八变之后，纸上有了如下的记录：

上爻　八　少阴 --
五爻　七　少阳 —
四爻　六　老阴 --
三爻　九　老阳 —

二爻 九 老阳 —

初爻 七 少阳 —

此时，得到的本卦就是——需卦

六、七、八、九统称“四营”，正所谓“四营而成易”。顺便说一句，这四个数也是《河图》的四边数。

还请看上面那个例子，得到的本卦是需卦，里面有三个变爻，即二爻、三爻和四爻。把这三个变爻变化后，即阴阳转化后，便得到了又一个卦象——随卦，这是由筮得的本卦需卦变化来的，所以它被称为“之卦”或者“变卦”。在卜算出本卦和之卦后，就可以拿起周易看卦辞了。

下面简单介绍一下《周易》的阅读常识，以第二卦坤卦为例，原文如下：

第二卦 坤 坤为地 坤下坤上

坤，元亨，利牝马之贞。君子有攸往，先迷，后得主，利。西南得朋，东北丧朋。安贞吉。

《彖》曰：至哉坤元，万物资生，乃顺承天。坤厚载物，德合无疆。含弘光大，品物咸亨。牝马地类，行地无疆，柔顺利贞。君子攸行，先迷失道，后顺得常。西南得朋，乃与类行。东北丧朋，乃终有庆。安贞之吉，应地无疆。

《象》曰：地势坤，君子以厚德载物。

初六：履霜，坚冰至。

《象》曰：履霜坚冰，阴始凝也。驯致其道，至坚冰也。

六二：直、方、大；不习，无不利。

《象》曰：六二之动，直以方也。不习，无不利，地道光也。

六三：含章，可贞。或从王事，无成有终。

《象》曰：含章可贞，以时发也。或从王事，知光大也。

六四：括囊，无咎无誉。

《象》曰：括囊无咎，慎不害也。

六五：黄裳，元吉。

《象》曰：黄裳元吉，文在中也。

上六：龙战于野，其血玄黄。

《象》曰：龙战于野，其道穷也。

用六：利永贞。

《象》曰：用六永贞，以大终也。

《文言》曰：坤至柔而动而刚，至静而德方，后得主而有常，含万物而化光。坤道其顺乎，承天而时行。积善之家，必有余庆；积不善之家，必有余殃。臣弑其君，子弑其父，非一朝一夕之故，其所由来者渐矣。由辩之不早辩也。《易》曰："履霜，坚冰至。"盖言顺也。"直"其正也，"方"其义也。君子敬以直内，义以方外，敬义立而德不孤。"直、方、大，不习，无不利。"则不疑其所行也。阴虽有美，"含"之，以从王事，弗敢成也。地道也，妻道也，臣道也。地道无成而代有终也。天地变化，草木蕃。天地闭，贤人隐。《易》曰："括囊，无咎无誉。"盖言谨也。君子黄中通理，正位居体，美在其中，而畅于四支，发于事业，美之至也。阴疑于阳，必战，为其嫌于无阳也，故称"龙"焉。犹未离其类也，故称"血"焉。夫玄黄者，天地之杂也。天玄而地黄。

我们来看一下：

"坤 坤为地 坤下坤上"是卦的名称、自然象征和卦象的表现。

"坤，元亨，利牝马之贞。君子有攸往，先迷，后得主，利。西南得朋，东北丧朋。安贞吉。"就是对坤卦整体的论述和评价。

后面的"初六"、"六二"、"六三"、"六四"、"六五"、"上六"就是对坤卦里的六爻进行逐个的阐述，即每爻的爻辞。

在这里，笔者要做一个重要的说明：《周易》里，把阳爻称为"九"，即用老阳数指代;把阴爻称为"六",即用老阴数指代。比如说"六三"就是指第三爻是阴爻,"九二" 就是指第二爻是阳爻。例如第三卦屯卦,《周易》就是如下记爻的:初九、六二、六三、六四、九五、上六。

其他"《彖》曰"、"《象》曰"、"《文言》曰"、"子曰"等等之类的东西,都是"十翼"对爻辞的解释说明和再发挥。

简单会看《周易》以后,该如何解卦呢?这里举一个正史里记载的例子。《左传·昭公二十年》里写道:季平子的家臣南蒯准备叛乱,但不知起事之后,结果如何。于是在没有陈述原因的情况下,进行了占卜。结果求得本卦为坤卦,第五爻为老阴可变爻,在变化之后,他的之卦就是比卦。按照卜筮法,这要看坤卦"六五"的爻辞,即:黄裳,元吉。

南蒯觉得这一卦卜得不错,他把这个结果拿给了一个名叫子服惠伯的人看,问他:"一旦有事情发生,我这卦能说明什么?"子服惠伯已经察觉出他有反意,于是就说,我学过《易》,而且我知道《易》只能用来占问好事,而不能用来占问坏事。如果你占问得是忠义诚信,那肯定能大吉;如果你问的是居心叵测的坏事,就一定会失败。随后为了证明自己的观点,子服惠伯将内心的"忠"和内衣颜色的"黄"结合起来,把臣子的"恭"和下身穿的"裳"结合起来,解释了"黄裳,元吉"。所以说,《周易》的爻辞看似简单,但内容精辟抽象到了极致,每个人都能自行发挥。

从上述例子可以看出,无论如何解释,卜筮的结果是要看"坤卦'六五'的爻辞"是肯定的。所以说,《周易》里每一卦除了整体有个卦辞外,针对每一爻也都有爻辞。

这个例子是本卦里只有一个变爻的。如果遇到两个爻、三个爻、四个爻、五个爻、甚至六个爻全都是变爻,又或者六个爻全不变的情况,该如何操作呢?一代圣贤、学问大家朱熹依据《左传》、《国语》等其他文献资料,总结归纳了卜筮的七条方法原则,记载在了他的易学名著《易学启蒙》里:

一、凡卦六爻皆不变(也称静卦),则占本卦《彖》辞。而以内卦为贞,外卦为悔。

二、一爻变,则以本卦变爻辞占。

三、二爻变,则以本卦二变爻辞占,仍以上爻为主。

四、三爻变,则占本卦及之卦之《彖》辞,而以本卦为贞,之卦为悔,前十卦主贞,后十卦主悔。

五、四爻变,则以之卦二不变占,仍以下爻为主。

六、五爻变,则以之卦不变爻占。

七、六爻变,则乾、坤占二用,余卦占之卦《彖》辞。

上述就是正统易占的方法,在这里解释三点。

首先,是里面说的“贞”和“悔”。在占筮法里,它们有不同的解释法,一种是说“贞”就是“主”,“悔”就是“辅”的意思。比如说第一条里,“内卦为贞,外卦为悔”就解释为“内卦为主,外卦为辅”。另外一种就是“贞是事之始,悔是事之终;贞是事之主,悔是事之客;贞是在我底,悔是应人底”。

其次,关于第四条,可以解释一下:三爻变,即是有三个变爻,而六十四卦中,有三个阴爻三个阳爻的卦有二十个,都是从泰、否二卦变化而来的,又可分为前十卦和后十卦。即初爻不变者为前,变者为后。

最后,就是关于第七条“六爻变,则乾、坤占二用”。看了《周易》后,会发现在乾、坤两卦里,除了六爻的爻辞外,还分别多了一个“用九:见群龙无首,吉”和“用六,利永贞”。朱熹的意思是:有六个变爻,就得分两种情况。一是六爻都是阳爻(构成乾卦),或者六爻都是阴爻(构成坤卦)。那么,如果是乾卦,就用乾卦“用九”的爻辞判断吉凶,如果是坤卦,就用坤卦“用六”的爻辞判断吉凶。二是除了这两种情况之外的其他六爻全变的情况,就用此卦之卦的卦辞来判断吉凶。

一般说来,易占是用来占卜特定时间的单一事件的。比如说想算算这笔生意能不能赚钱，今次出门旅行旅途是否顺利，朋友在外出差是否一切安好，亲人正在生病能否顺利康复等等。此法一般不用来占卜人的终生命运，比如说算自己一辈子是富贵还是贫穷、爱情是不是相随一生、寿数到底有多长等这种问题。

后世的一些卜筮法如“火珠林”(即俗称的“文王课”)、“梅花易数”、“六十四课金钱卦”等都属于易占的范畴，都是先得通过某种方法得出卦象后再来卜算的。但是这些方法一般不再通过《周易》的卦辞来解卦，而是通过卦象所代表的五行、干支、纳甲及其相互关系等来解读吉凶。

有人说，《周易》不就是本卜筮书吗？不错，它是本卜筮书。但它绝不仅仅是本用来占卜的著作，里面蕴含了深邃的哲学思想以及强烈的人文情怀。“十翼”里的《系辞》里是这样形容《周易》的：“圣人以通天下之志，以定天下之业，以断天下之疑”。

《周易》之所以能够旷绝中外、冠绝古今、空前绝后，是因为里面蕴含了两个最高，即最高的抽象性和最高的神秘性。世间的事，化繁为简也许是最难的。而《周易》把天地人间的一切用六条线来表现，不就是最高级、最顶峰、最神秘的化繁为简吗！

第十二谈
易占的简化版——抽签占卜

由于《周易》里的卦辞抽象艰深，对于普通百姓来说，很难来自行解卦。于是，又出现了一个占卜法，此法较之易占，显得直白易懂多了，那就是抽签占卜吉凶——即“签占”。

抽签，本身就带有很大的随机性。既然“随机”，那么好坏就属于运气了。而在传统中，“运气”正是人命数里的一部分。俗话说“善有善报，恶有恶报”，人有没有运气，也是自身命运的一种反映，抽签运气不好也可以说成命不好(起码可以说在抽签的那个时辰、那个月份或那一年的命不好)。

就拿买彩票来说吧，同样花两块钱，有人能中五百万，有人就什么也中不了。为什么人家就能中得巨款呢？民间文化里说，是因为那人有财运，即人家命数里有这笔财。所以说，抽签能占卜，也是以人现时的命数(即运气)为基础，通过签上的签词来判断所卜之事的吉凶祸福，以大见小，见著知微。这就是签占能够流行的原因和道理。

再举个例子，比如说：商人对一个新项目不知该不该投资，于是到庙观求签问卜。如果抽的是一支好签，先不管签词如何，本身就说明此人时下的命数是不错的，“福神傍身”，再辅以签词细观财运一项即可。反之，如果抽的是一支下签，本身便说明此人眼下的命数不济，就是没有运气,“衰神附体”,自然就不适宜有大的作为了。

抽签占卜在我国也算得上是一种历史悠久的卜筮方法了,虽然比不了易占,但最晚在唐末、五代时期就出现了。北宋时期有一位著名的僧人,姓释名文莹(佛家入籍弟子都姓“释”),字道温,又字如晦。释文莹写了一本书,叫《玉壶清话》,又称《玉壶野史》,书里他记述了在五代时期,道观里就有签占的活动了。

签占是由易占发展而来,最关键的跨越是将《周易》里的卦辞、爻辞进行通俗化。在这个过程里,必须要提到两本著作。

西汉时期有一位姓焦名延寿字赣(音同“贡”)的人,写了一本书叫《易林》,也称为《焦氏易林》。《易林》来源于《周易》,但是对《周易》进行了极大的丰富和加工。《易林》在六十四卦基础上复变六十四,每一个本卦配六十四种之卦,合起来就是六十四乘以六十四,共四千零九十六卦,每种变化都有了专门的卦辞。

这样,《易林》的四千零九十六个卦辞,较之《易经》卦爻辞有十倍之多,从而极大地丰富了信息内容。而且,《易林》的卦辞都是统一的四言诗格式(间或有三言诗),相对《周易》通俗了不少。而且,这些四言诗的水平都高,一代大师钱钟书先生,在他的不朽学术著作《管锥编》第二卷里就有《焦氏易林》的专题,对其四言诗给予了诗学意义上的极高评价,称它与《诗经》“并为四言诗之矩矱(音同‘约’。矩矱,即法度、标尺的意思)”。

还有一本书就是成书于南北朝时期的《灵棋经》,是一部道家的著作。此书的作者已不可考,传说是黄石公传授给张良,后来东方朔掌握了其术,才流传于世。《灵棋经》以棋为卜筮工具,卜棋成卦,卦有棋辞。在此之前,中国卜筮所用的工具全部是带有灵气的天然物品,比如龟甲、蓍草等,而灵棋是又一独创的灵物。这是占卜工具上的一个创新,也为签占的出现铺平了道路。

《灵棋经》的卜法极为简单,卜具是一面刻有上中下不同字样的棋子，共十二枚，上四枚，中四枚，下四枚，不刻字的一面称为“镘”。占卜时只需将十二枚棋子随意一掷，即可成卦，然后根据书中的棋辞和注解判断吉凶。

现今所存的《灵棋经》共有一百二十五卦，内容包括“经”与“解”两大部分。具体而言，每卦由卦名、象辞、棋型、注解等构成，其卦名为六字体，如《渐泰课受福卦》、《富昌课吉庆卦》等。其中许多卦名也是从《周易》演变而来的，像《富盛课通泰卦》之中的“泰”、《小过课小成卦》之中的“小过”等都属此类；有的卦名则是选取《易经》卦爻辞的语汇，再加上搭配辞而成，如《苦节课乾阳卦》、《习坎课虚劳卦》等。卦名之下所标的“一一一”之类就是棋型，亦类似于《周易》的爻象。棋型之下的解说文字就是棋辞，类似于《周易》的卦辞，这里的棋辞也是四言诗，较之《易林》又通俗了一些。

现摘一个《灵棋经》里的棋辞如下：

一上三中三下
才达卦 安吉之象
群阳下盛 乾天西北
象曰：
济济多士，令德辉光。
相见欢喜，长乐无殃。
诗曰：
贵人相暗助，藏用得相宜。
莫讶花枝少，须知结果迟。

显然比《易林》里的卦诗直白了许多。

除了这些“技术”上的革新以外，随着佛教的传入和本土道教的兴起，中国大地上出现了许多寺庙和道观，一时间烟雾缭绕，香火鼎盛。

这也在思想和物质层面为抽签占卜的出现提供了重要的条件。也正是基于此,签占通常是在庙、观里出现。

最传统正宗的签占用的“签”是竹签(关帝庙里的签是例外,可以用铜钱),即用竹子做成签,放在庙观正殿侧旁所置的一个竹筒(即“签筒”)里,每只竹签上面都被编上了号码。签筒旁边还有一本册子,册子里面都是签诗,也都被相应地编了号。

这样一来,求签问卜就很简单了。先是磕头拜佛,焚香祷祝,然后将签筒摇上三次,再任意抽出一支就行了。也有在摇晃的过程中倾斜签筒,使其随机甩出一支签的做法。接着,看看这支签上的编号,再从签诗册中找到对应编号的签诗即可。

到了这个阶段,签诗的正文已经从四言诗发展成了五言或七言诗,字数越多描述的也就越具体,也就更容易懂了。不过,庙观内还是有僧人和道士帮助问卜人解签,即解释签诗的内容和含义。到了后来,签诗正文前都会标注如“上上大吉”、“中吉”、“中下”、“下下”、“凶”之类的定性词汇;还有的签诗正文后还会加注一些历史典故和传说,甚至是小说戏曲里的著名桥段来帮助问卜人理解签诗,就更一目了然了。

这里要说一句,佛家和道家的签诗是不同的。佛家传统用《天竺灵签》、《观音签》等佛签,道家一般用《上帝签》、《东岳大帝签》等道签。

后来,随着许多民间神明的出现,签占的场所已不仅限于佛家的寺庙和道家的道观里了。几乎可以说,有神灵的庙和祠,就都有签。比如说:城隍签(拜城隍的)、关帝签(拜关公的)、天后签(拜妈祖的)、土地签(拜土地爷的)、灶王签(拜灶王爷的)、月老签(拜月下老人的,主占姻缘)、黄大仙签(拜赤松子的)、华佗签(拜神医华佗,主占病患)、诸葛神算签(拜武侯诸葛亮的)、财帛星君签(拜财神太白金星的,主占财富)、吕祖灵签(拜吕洞宾的)、吕祖药签(又称“博济仙方”,也是拜吕洞宾的,但主占医药疾病,里面还分为内科、外科、妇科、男科、儿科、眼科。

这些名目繁多的灵签,它们每种的签数也不相同:观音签为一百签；天后签为一百零三签；灶王签为五十三签；华佗签为三十六签；还有只有二十八签的土地签及多达三百八十四签的诸葛神算签。

签数虽然大相径庭，但在吉凶分配上，即上签(包括“上”和“上上”)、中签(包括“中上”、“中平”、“中下”)、下签(包括“下”、“下下”)三种各自的数量还是基本相差不远的，而且下签一般不会太多。比如说：华佗签里面有十五个上签、十二个中签和九个下签；灶王签里有二十二个上签、二十个中签和十一个下签。

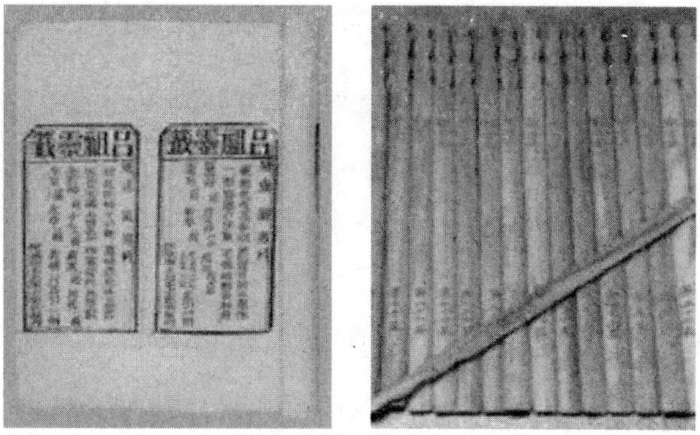

签诗与签(右)

到了近代，卜筮活动竟然从个人行为转变成了一种职业——卦师，就是我们平常说的“算卦的”。而且在当时的艺界江湖上占据了首席位置，即江湖行话里所谓“金、皮、彩、挂”四门里的“金”。此时，这些“算卦的”早已走出庙观，开始在集市街道摆摊设点了，而且一般分为两种，即“看相的”和“算命的”。

“看相的”指会看面相、看手相或摸骨等观相之学。

“算命的”指会“批八字(即八字算命)”，懂得命理学说。

他们中的大部分人也都备有签筒，里面也有竹签，但略有不同。

“看相的”签通常为二十四根，每支签上都有一个四字词语，分别是(也许有错讹)：金榜题名、马到成功、天官赐福、喜气盈门、困龙得水、恶虎得食、锄地得金、旱苗得雨、他乡遇友、枯木开花、俊鸟出笼、明珠出土、斩将封神、阴云蔽日、虎入陷坑、鸟困笼中、鱼来撞网、鹰鸟同林、如履薄冰、急过独桥、隔河望金、水中捞月、青龙入位、太岁月建。

这二十四签均配有相应的签诗，现抄录两首如下：

俊鸟出笼诗：

俊鸟幸得出笼中，脱离灾难显威风。

有朝一日复得志，东西南北任尔行。

如履薄冰诗：

路上行人色踌躇，急急过河履薄冰。

小心谨慎尚得过，一步走错落水中。

这和庙观里那些正规的签诗相比，更加浅显易懂。不同的是，“看相的”看过问卜之人抽过的签后，还会结合其擅长的看相和摸骨之法，给问卜人做出更详尽的解释。

另外一种“算命的”，他们的签一般多为十六根，因为目的是为了赚钱，加之针对的都是最底层的普通百姓，所以，在他们的竹签上连签诗都不配了，直接写的是定性的名称。十六支签写的分别是：上上第一、上上第二、上上第三、中平第一、中平第二、中平第三、下下第一、下下第二、下下第三、三皇、喜神、贵神、青龙、白虎、朱雀、太岁。

问卜的人需要抽出三根签，然后，“算卦的”会根据问卜人所抽之签的等级，再结合其个人所擅长的“批八字”、干支命理理论对问卜之人或其所问之事做出解释。

抽签问卜虽来源于《周易》，但骨子里已与《周易》所包含的哲学思想大相径庭，说它是迷信也许并不过分。不过它的流传对于传统民俗学的研究也做出了一定的贡献，实际上到了当代，求签问卜早已不能左右人们的决策了，它的存在很大程度上是作为一种消遣娱乐的手段。它的形式也变得更加现代化，更适应如今人们生活的节奏。比如说，“黄大仙”是香港同胞最信奉的一位神仙，在香港的黄大仙祠里，有投币式的抽签机，游客只需投进两元的港币，机器就能随机吐出一张打印好的签条。

可见，如果能将带有糟粕的传统东西无害化、娱乐化，也是一件挺有意思的事。

第十三谈　恐怖的蛊

蛊(音同“古”)是什么？汉字里有一种造字法叫“象形”，这个“蛊”字就是象形字，即许多虫子在一个器皿之内(繁体的“蛊”字在皿字底上面是三个“虫”字)，这个字由来已久，在殷墟出土的甲骨文里就有，而且跟现在的字型几乎没有什么差别。汉代的经学大师郑玄（字康成)，在其所撰的《三礼注》中对“蛊”作了进一步的解释，即“虫物而病害人者”，后又泛指一切毒害。后来，最有名的解释出现了，《左传·昭公元年》孔颖达作疏道：“以毒药药人，令人不自知者，今律谓之蛊毒。”这回又加上了一个“毒”字。一代医圣李时珍所著的不朽巨著《本草纲目·虫部集解》里，他引唐代陈藏器(《本草拾遗》的作者)原话说：“取百虫入瓮中，经年开之，必有一虫尽食诸虫，即此名为蛊。”，可见“蛊”确实不是什么好东西。

说到“养蛊”、“放蛊”之类的话题，很多朋友都以为只是在少数民族地区盛行和流传。事实上并非如此，历史上汉族地区也存在“蛊”这种邪术。东汉的《贼律》记载有“敢蛊人及教令者弃市”的条文，后世唐宋以至明清的法律都把使用毒蛊列为十恶不赦的大罪之一，处以极刑。

《汀洲府志》(今福建龙溪一带)记载：

赖子俊、廖高薄皆上杭人，翁婿也。子俊传其妇翁张德之术，于每年端午节提取百虫封贮瓦罐，令自相残食；逾年启视，独有一虫，形如蚕色，用金三四片，枫叶养之；择日占断，一年当用几次，依占取出虫粪秘置饮食中，使人腹痛，死后魂魄为之力作，坐是致富。翁婿处相承受，逢朔望日，夫妇赤身拜祝云："金蚕公、金蚕娘，我家没衣裳"等语。万历三十一年，本乡曾莲峰、廖永祥等连遭毙命，事发到官验尸，黑虫群飞；搜其室，金蚕在罐，用炭火烧绝。二恶并服上刑。大凡畜蛊之家，久必为祸。须以银物伴送密封或置道旁，谓之"嫁金蚕"。万历四十六年，归化杨兴、严孝孙、冯昆山、温三元、邓苟先等互相传授，乡民罗守仁、罗瑞等遭之惨死，临葬时棺内如水动，及开视，尸皆成血水，骨节有虫眼。事发供吐，请神咒称"茅山一郎、茅山二郎、金花小姐、梅香小娘，早到炉前留形迹"等语，其被害魂魄，或午后或夜间，有冷风一阵，即能见形；令其耕田插秧，无往不可。解法：用茶籽壳煎饮，泻毒尽愈。

上述例子里的蛊叫做"金蚕蛊"，是很有名的一种蛊。清代人张泓在其《滇南新语》一书中也说："蜀中多畜蛊毒，以金蚕为最，能戕人之生，摄其魂而役以盗财帛，富而遣之，谓之嫁金蚕。"传说金蚕蛊形状像蚕，通体金色灿烂。唐代人认为金蚕蛊"屈如指环，食故绯锦，如蚕之食叶"，故又称之为"食锦虫"。

除此之外，蛊还有很多其他的种类，加上少数民族地区就地取材制蛊，名目繁多。如：篾片蛊、石头蛊、泥鳅蛊、中害蛊、疳蛊、肿蛊、癫蛊、阴蛇蛊、生蛇蛊、蜈蚣蛊、蝛蝅(水蛊)、羊蛊、鱼蛊、牛蛊、犬蛊、鸡蛊、鹅蛊、草蛊、菌蛊、虱蛊、蝎子蛊、鬼蛊、马蜂蛊、大象蛊、蚂蚁蛊、猪蛊、蜘蛛蛊、鳖蛊、青蛙蛊、服妈蛊、麻雀蛊、乌龟蛊、稻田蛊、树蛊、烦踢蛊、皖螂蛊、挑生蛊、溶蛊、牛皮蛊、犁头蛊等等。

其中一些特殊的，分说如下：

篾片蛊：将竹片施以蛊药后便成。

石头蛊:用石头施以蛊药而成。

泥鳅蛊:用竹叶和蛊药放水中浸之,即变有毒的泥鳅。

疳蛊:又谓之“放疳”、“放蜂”,方法是:端午日,取蜈蚣小蛇、蚂蚁、蝉、蚯蚓、蛐蛊、头发等研末为粉,置于房内或箱内所刻的五瘟神像前,供奉久之,便成为毒药了。

癫蛊:传说多是壮族所为,把蛇埋土中,取菌以害人。

人如果中了蛊又会有什么症状表现呢?每种蛊的反应不尽相同,但没有一个是好结果。举例如下:

篾片蛊:是将竹篾一片,长约四五寸,悄悄放在路上,行人过之,篾跳上行人脚腿,使人剧痛。久而久之,篾又跳入膝盖,由是脚小如鹤膝,其人不出四五年,便会一命呜呼。

石头蛊:将石头一块,放在路上,结茅标为记。行人过之,石跳上人身或肚内,初则硬实,三四月后,能够行动、鸣啼,人渐大便秘结而瘦弱,又能飞入两手两脚,不出三五年,其人必死。

泥鳅蛊:煮泥鳅与客吃,食罢,肚内似有泥鳅三五个在走动,有时冲上喉头,有时走下肛门。如不知治,必死无疑。

中害蛊:中毒后,额焦、口腥、神昏、性躁、目见邪鬼形,耳闻邪鬼声,如犯大罪,如遇恶敌,有时便会产生自尽的念头。

疳蛊:入身后,药末粘在肠脏之上,产生肚胀、叫、痛、欲泻、上下冲动的症状。

肿蛊:壮族旧俗谓之放“肿“,中毒后,腹大、肚鸣、大便秘结,甚者,一耳常塞。

癫蛊:取菌毒人后,人心昏、头眩、笑骂无常,饮酒时,药毒辄发,忿怒凶狠,俨如癫子。

阴蛇蛊:中毒的,初则吐泻,然则肚胀、减食、口腥、额热、面红。重的面上、耳、鼻、肚有蛊行动翻转作声,大便秘结。不出三十日,必死。

生蛇蛊:中毒的情况,与阴蛇蛊相似,但也有些异点。即肿起物,长二三寸，跳动，吃肉则止；蛊入则成形，或为蛇、或为肉鳖，在身内各处乱咬，头也很痛，夜间更甚；又有外蛇随风入毛孔来咬，内外交攻。

（上述各蛊种类名称及危害均见于章清水先生的《世界上最恐怖的巫术》一书）

各位看到了吧，中蛊之后是很惨的，这招简直太阴损了，怪不得历朝历代都要对这种行为给予最严厉的惩罚。

至于如何制蛊，方法和《本草纲目》里说的一样，基本就是将多种带有剧毒的毒虫如蛇、蝎、蜘蛛、蜈蚣等放进同一器物内，使其互相吞食残杀，最后剩下的唯一存活的毒虫便是蛊。当然不同地区的民族、不同蛊的种类，制作方法也有差别：

福建金蚕蛊：用十二种有毒动物如蛇、蜈蚣等埋在十字路口，经过四十九天以后取出来，贮在香炉内，就是金蚕蛊。据说这种蛊养成之日，不畏火枪，最难除灭。

龙溪县有这样的传说，金蚕是一种无形的东西，能替人做事。譬如你要插秧，你先插一根给它看，它便把整亩的秧插好。它勤于洒扫，养金蚕的人屋子是很干净的，你一进家门，用脚在门槛上一踢，回头看见门槛上的沙土忽然没有了，便可知道这家养着金蚕蛊。据当地的传说，金蚕蛊喜吃人，若干年定要吃一个人。年终岁暮时，主人须和它算账，若有盈余便须买人给它吃，因此算账时，主人打破一个碗要说打破二十个，对它说无息亏本，明年再买人饲它。南靖人的说法，与此大同小异，他们把养金蚕说成养挑生，金蚕蛊一般放在尿缸边或没人到的地方，不要让人知道，否则便要败露，招致杀身之祸。金蚕能变形，有时形如一条蛇，或是一只蛙，或是一个屋上地下到处跳走的穿红裤的一尺来高的小孩。

养金蚕的人家，很少疾病，养牲畜易长大，没有死亡之患，而且能聚财暴富。每年年底，主人要在门后和金蚕算账，若说今年得利，家中的人就渐渐死亡，养金蚕的人都没有好结果，这叫做“金蚕食尾”。遇到这种情况人们就要及时“嫁金蚕”了，做法是以布包一包，内放银子、花粉和香灰（即金蚕蛊）放在交叉路口上，见银眼开者自然拾去，误取了银包的，金蚕蛊则会跟了他去。（见于惠西城《中国民俗大观》）

普米族制蛊：将蛇、蜂、蝴蝶等，均放在一个陶罐内，任其互相蚕食，最后剩下什么，就以它制成蛊药，有蛇蛊、蜂蛊、蝴蝶蛊等，取之施人则令人下泻、腹痛，最后死去。（见于宋兆麟《巫与巫术》）

傈僳族制蛊：于每年的端午节日去野外捕捉毒虫百虫，置旧陶器中，让其自相残杀，最后剩下来的一个即可拿来饲养。饲养者将所养之物置于陶器皿中，并以五色线绕红布盖好罐口，每天以主人的唾沫饲养它，经年余后，便成了蛊。（见于《云南傈僳族及贡山福贡社会调查报告》）

云南夷人制蛊：他们对于养蛊是十分的虔诚，据说，在养蛊之前，要把正厅打扫得干干净净，所有家人都要净身吃素，跪在祖宗神位前向鬼神祷告，之后在正厅中央，挖一个大坑，再放口小腹大的大瓮缸下去。等到农历端午节那天，到野外里任意捉十二种爬虫回来，一般是毒蛇、鳝鱼、蜈蚣、青蛙、蚯蚓、大绿毛虫、螳螂等。但要注意会飞的动物不能要，只要一些有毒的爬虫，而且一定要在端午节的那天捉回来，否则养不成蛊。把这十二种爬虫放入瓮内以后，主人家所有人，要早晚各一次向鬼神祷告，而且在祷告时，绝不可让外人知道。要是让外人知道了，自己养的蛊，就会被巫师用妖法收去，为巫师使用，养蛊的人家就会全家死尽；即使不被巫师收去，成蛊以后，会立即加害主人。一年之后只剩下一只，这只毒虫在吞了其他毒虫之后，自己也就改变了形态和颜色。传说这里养的蛊主要有两种，一种是龙蛊，形态与龙相似，大约是毒蛇、蜈蚣等长爬虫所变成的；一种是麒麟蛊，形态与麒麟相似，大约是青蛙、蜥蜴等短体爬虫所变成的。（见于惠西城《中国民俗大观》）

四川彝族制蛊：四川彝族传说中蛇蛊的制法，是把乌梢蛇倒吊在树上，用细棍掸，任其摆动，下面用九个土碗重叠接起，蛇口里流出蛇涎、泡沫和血水入碗中，取渗透到第九个碗的毒液晾干为末备用。放在冷饭、冷水、冷烟杆或酒里给别人吃。一旦吃入蛇蛊后，两天即感腹胀，继而腹隐痛（此时表明小蛇已初步形成），两月后腹痛剧（表明许多小蛇已长大，咬人吸血为生，半年后可长到筷子粗、五六寸长，可把人的肝吃完），吃了鸡蛋后痛减（表明小蛇不再咬人的肠子，而是在吃蛋，故痛减）。病人特别想吃青菜，吃不得饭，剧烈呕吐，吃了酸、冷、炒面、鸡肉、母猪肉、绵羊肉后，腹痛、腹胀、呕吐更剧，人体消瘦，脸色变黄，神差、脉慢、体温低，大便时干时泻，血水不治者，半年内死亡，也有拖至一年多才死的。

蚂蟥蛊制法：杀一只鸡，剖开放在蚂蟥最多的地方，蚂蟥就会自动集中在鸡身上来（身扁而黑黄色者为佳），然后把蚂蟥晒干研末备用，放在冷水、冷饭、冷烟杆、冷酒中给人吃。也有人传说，蚂蟥末里还要加血乌、鸡蛋壳、人耳屎。意思是蚂蟥源于血乌根部，有相辅相成之功；鸡蛋壳因含酸、钙，可制约减缓血乌毒；人耳屎则主要是增强毒性。一旦吃进蚂蟥蛊后，七天内就出现腹胀、腹痛、腹泻、呕吐，吃进酸、冷、鸡肉、母猪肉、绵羊肉、炒面后，腹胀、腹痛、呕吐更剧，症同蛇蛊。三四十天后，人瘦、神差、口干，三四年后可死人，有时病程可达十年。

制牛皮蛊：传说一是以干牛皮用水泡烂，待生蛆后，把蛆晒干研末备用，二是切下牛身上几个旋毛部位的皮子深埋土中，待腐烂后取出晒干研末而成。放在冷食中给人吃。吃进牛皮蛊后，呕吐白泡，腹胀、腹痛、泻血。严重的两月内可死，病程也可达十年左右。（引自互联网）

蛊这种邪物越传越神，以致于对于毒蛊致病的说法，古人深信不疑。宋仁宗于庆历八年（1084年）曾颁行介绍治蛊方法的《庆历善治方》一书，就连《千金方》、《本草纲目》等医书中都有对中蛊症状的细致分析和治疗的医方。例如，中蛊毒后的辨认之法有：

以生黄豆（黑豆也可以）食之，入口不闻腥臭，是中毒。

以炙甘草一寸嚼之,咽汁随之吐出的,是中毒。

插银针于一已熟的鸭蛋内,含入口内,一小时后取出视之,如蛋白俱黑者,是中毒。

传说预防中蛊毒的方法有:

望:凡房屋整洁,无灰尘珠网的,是藏蛊之家,切勿与之往来。

问:凡食茶、水、菜、饭等物之先,须用筷子向杯碗上敲动的,是在施毒,须向主人问:"食内,莫非有毒吗?"一经问破,可免受毒。

防:荸荠(也称"马蹄"),不拘多少,切片晒干为末,每早空心白滚汤送下(以二钱为度),纵入蛊家,也可免害。

忌:蛊之由饭酒中毒的,分外难治,故出外宜以不饮酒为原则。

解法:雄黄、蒜子、菖蒲三味用开水吞服,使之泻去恶毒。

由于流传久远,蛊这种邪术道听途说、以讹传讹的成分比较大,尤其是其害人的恐怖情状最为夸张,有"演义"的嫌疑,不足为信。很多夸张细节的出炉,很可能是源于文化上的差异,这种差异导致了古时中原地区汉民对少数民族、边境地区人民某些传统的误读和不理解。而历史上对于少数民族的偏见,又将这种误读进一步放大,再加上一些汉族知识分子的穿凿附会,使得这种传说愈显邪恶和神秘。

随着各民族的不断融合,这种夸张的传说必会消亡,还其本来面目。

第十四谈 袖内乾坤与掐指一算

中国传统小说、戏曲、评书中，在描绘评述一些擅使异术的高人名士时，往往会用到两个词——“袖内乾坤”和“掐指一算”。比如说到武侯诸葛亮、明朝开国功臣刘伯温、梁山好汉“入云龙”公孙胜之类的人物时，这两个词出现的频率就极高。

那为何“掐指一算”就能看吉凶，什么又是“袖内乾坤”呢？这还得从中国传统哲学中一种最重要的观念——“天人合一”的思想说起。

“天人合一”的概念最早是由庄子提出来的。《庄子·达生》曰：“天地者，万物之父母也。”还有“有人，天也；有天，亦天也。”老子也说过类似的话，而且更加有名头，即：“人法地，地法天，天法道，道法自然。”

“天人合一”说得通俗一点，大略是指“天道”和“自然”、“自然”和“人”、以及“天”和“人”之间是相通、相似甚至是统一的。天、地是万物的父母，我们人作为天地的子孙，必然能在自身找到天地的影子。当然，这只是一个最为粗浅的理解。

“天人合一”其实是一个比较复杂深邃的哲学观念，蕴涵多重意义，比如说它还包括“一切人事均应顺乎自然规律，达到人与自然和谐”的观念；“天是主宰人、特别是主宰王朝命运的存在”的观念；“天是赋予人仁义礼智本性的存在”的观念等等。诸多观点和含义使其成为了一个学术性的话题。

“天人合一”能成为中国古典哲学的根本观念之一，能对后世产生极大的影响，是因为儒家接受并发展了这个思想。这里，不得不提到西汉的一位著名人物董仲舒，此人以“罢黜百家，独尊儒术”的主张享誉古今。其实不止如此，“三纲五常”、“大一统”的概念也都是他率先提出来的。从今人给予他的头衔就可见一斑：“董仲舒——西汉著名儒学家、思想家、哲学家、政治家、教育家、阴阳家、经学大师”。

就是这位董仲舒继承和发展了先秦道家“天人合一”的观念，创建了儒家“天人感应”的理论。他认为“道之大原出于天”，而且“天”和“人”同类相通，相互感应，天能干预人事，人亦能感应上天。他把天视为至上的人格神，认为天子违背了天意，不仁不义，天就会出现灾异进行谴责和警告；如果政通人和，天就会降下祥瑞以鼓励。在他的著作集《春秋繁露》里，就有着直接的表述：

国家之失乃始萌芽，而天出灾害以谴告之；谴告之而不知变，乃见怪异以惊骇之；惊骇之尚不知畏恐，其殃咎乃至。（见《春秋繁露·必仁且知》）

在提出“罢黜百家，独尊儒术”的著名文章《天人三策》里，他又一次强调：

观天人相与之际，甚可畏也！国家将有失道之败，而天乃出灾害以谴告之；不知自省，又出怪异以警惧之；尚不知变，而伤败乃至。以此见天心之仁爱人君而欲止其乱也，自非大亡道之世者，天尽欲扶持而全安之。

在“天人感应”理论中，董仲舒提出了一个“人副天数”的说法。他在《春秋繁露·人副天数》里，这样写道：

唯人独能偶天地。人有三百六十节，偶天之数也；形体骨肉，偶地之厚也；上有耳目聪明，日月之象也；体有空窍理脉，川谷之象也；心有哀乐喜怒，神气之类也。……是故人之身，首妢而员，象天容也；发，象星辰也；耳目戾戾，象日月也；鼻口呼吸，象风气也；胸中达知，象神明也；腹胞实虚，象百物也。百物者最近地，故要以下，地也。天地之象，以要为带。颈以上者，精神尊严，明天类之状也；颈而下者，丰厚卑辱，土壤之比也。足布而方，地形之象也。是故礼，带置绅必直其颈，以别心也。带而上者尽为阳，带而下者尽为阴，各有分。阳，天气也；阴，地气也。故阴阳之动，使人足病，喉痹起。则地气上为云雨，而象亦应之也。……天以终岁之数，成人之身，故小节三百六十六，副日数也；大节十二分，副月数也；内有五脏，副五行数也；外有四肢，副四时数也；乍视乍瞑，副昼夜也；乍刚乍柔，副冬夏也；乍哀乍乐，副阴阳也。

就是说人身体的各个部分和天（自然）有一一对应的关系，人体仿佛是天地的缩影。这和中医学开山著作《黄帝内经》关于"天人同构"的论点，有异曲同工之妙。在《黄帝内经·灵枢·邪客》里，描述得更加直白：

天圆地方，人头圆足方以应之；天有日月，人有两目；地有九州，人有九窍；天有风雨，人有喜怒；天有雷电，人有音声；天有四时，人有四肢；天有五音，人有五藏；天有六律，人有六腑；天有冬夏，人有寒热；天有十日，人有手十指；辰有十二，人有足十指；茎垂以应之，女子不足二节，以抱人形；天有阴阳，人有夫妻；岁有三百六十五日，人有三百六十节；地有高山，人有肩膝。地有深谷，人有腋腘；地有十二经水，人有十二经脉；地有泉脉，人有卫气；地有草蓂，人有毫毛；天有昼夜，人有卧起;天有列星,人有牙齿;地有小山,人有小节;地有山石,人有高骨;地有林木,人有募筋;地有聚邑,人有蜖肉;岁有十二月,人有十二节;地有四时不生草,人有无子;此人与天地相应者也。

写到这里,就能够解释开篇的疑问了。

“袖内乾坤”指的就是人袖子里面的手。

“掐指一算”,“掐”的是手指,“算”的是吉凶。

无论哪只手都包含了阴阳,其中大拇指为阳,其余四指为阴。而且“阳中有阴,阴中有阳”,我们说过“奇数为阳,偶数为阴”,请看为阳的大拇指有两个指节,这不是“阳中有阴”嘛;请看为阴的其余四指,每一指都是三个指节,这不是“阴中有阳”嘛。

阴、阳就是天、地,天、地就是乾、坤。手上有阴阳,阴阳转化也有,不恰好就是“袖内的乾坤”或叫“掌中乾坤”吗?

另外,每只手共有十四个指节,人有双手,两只手加在一起共有二十八个指节。既然“天人感应”,那么对应的就是天上的二十八星宿!

那些高人异士就是在袖内通过掐指的方法,推演计算二十八星宿的值日、阵法,以此来预测时日、事件的吉凶祸福。所以才流传下来“袖内乾坤”、“掐指一算”的说法。

第十五谈 神秘的镜子

镜子是日常生活中最普通的用品之一，但是在中国传统中，它身上蕴藏的东西绝不仅限于此。

镜子是谁发明的？现代的镜子已有公论，是公元1508年，意大利的玻璃工匠达尔卡罗兄弟发明的。他们把锡箔贴在玻璃面上，然后倒上水银。由于水银是液态金属，能够很好地溶解锡，随后，在玻璃上形成了一层薄薄的锡与水银的合金，这种合金能够紧紧地粘附在玻璃上。于是，真正的实用镜子出现了。

但是上述的镜子不同于我国传统的铜镜。

上古时代，人类没有镜子，只能在平静而清澈的水面上观看自己的倒影。后来，人类在打制石器工具时，发现有一种叫“黑曜岩”的石头磨平后也可以照人，于是就出现了所谓的“石镜”。随着历史的发展，陶器发明后人们就用陶盆盛水来照人。再后来铜器出现了，贵族们就换用铜器盛水鉴容。

在甲骨文中已有“鉴”字，字形为“屈”，像一个蹲坐的人，侧面对着器皿俯视照面状，即“人监于水”形。《庄子》、《尚书》、《国语》等典籍里就有周人“鉴于水”的记载，如《国语·吴语》里的“王其盖亦鉴于人，无鉴于水”，《庄子·德充符》里的“仲尼曰：人莫鉴于流水，而鉴于止水”等。

郭沫若先生写过一篇文章，叫《三门峡出土铜镜二三事》。他在此文中指出：“古人以水为鉴，即以盆盛水鉴容，此种水盆即称为监，以铜为之则作鉴……普通人用陶盆盛水，贵族用铜盆盛水”。可见，我国先民最初曾用器皿盛水照容。

“鉴”字后来引申出“明察”的意思，其后又加上一个金字旁来表示器皿的材质，即“鑑”字。这个“镜子”就是“用水镜”，简称“水镜”。我国出土过周代的一个水镜容器，名为“四神水鑑”，它的四脚铸成四个神形小人状，鑑上铸有祥禽瑞兽的图形，做工精美，造型奇特，是国宝级珍品。

但是无论铸造得再精美，也是要靠注水来照人的，只能照前面，无法看见脑后，所以可视角度相当有限。于是，铜镜就被发明了出来。

铜镜是如何发明的呢？学术界说法不一，最有名的观点就是郭沫若先生认为的“即由铜水盆扁平化而成镜。铜镜背面有花纹，背心有钮，即是盛水铜器扁平化的遗痕，盛水铜器的花纹是在表面的，扁平化后则变成背面了。钮乳是器足的根蒂。”

而铜镜的“神秘”来源于民间关于铜镜起源的传说，即“黄帝铸镜”。

宋朝的高承著了一本名为《事物纪原》的书。后来明代人罗颀，在此书基础上增删修订，写了《物原》。这两本书分门别类地搜录了天地万物以及民俗节日的起源来历，号称“自天地生植以至虫鱼禽兽，”对其一一进行溯源，而且对每物每事的溯源莫不引经据典，考据梳理其流变，极为用心。

在《物原》里，作者对铜镜的起源明确地写了四个字：“轩辕作镜”，告诉我们是黄帝轩辕氏制造了镜子。还有一本古书《轩辕内传》上也说：“帝会王母于王屋山，铸镜十二，随月而用。”《述异记》上写得更细：“饶州旧传轩辕氏铸镜于湖边，今有轩辕磨镜石。石上常洁，不生蔓草。”

黄帝是传说中远古时代华夏民族的共主，五帝之首。黄帝本姓公孙，长居姬水，后改姓姬，居轩辕之丘（今河南新郑一带），故号轩辕氏。他因播种百谷草木，有土德之瑞，故号黄帝。而且，他大力发展生产，创造文字，始制衣冠，建造舟车，定算数，制音律，创医学等，是中华文明承前启后的先祖。他是传说中的祖宗之一，身上本就带有神灵的色彩。

而且，“黄帝铸镜”似乎并不完全是空穴来风，与我们现在对齐家文化的遗址考古竟然相当吻合。

我国古代铜镜

1975年，甘肃广河县齐家坪墓地出土了一面素镜，1976年，青海贵南县朵马台出土了一面七角星纹镜，还有一面是青海临夏出土的重轮星芒镜。这三处都属于齐家文化遗址，而齐家文化属于原始社会解体时期（夏和夏以前），与黄帝铸镜的传说年代相当接近，起码证明了我国早在4000多年以前就开始使用铜镜了。（见上图）

黄帝半人半神，他造的镜子也绝不仅仅是为了能照人而已。

明朝陈仁锡著有一部《潜确类书》，书中关于铸镜的部分里，写道：“昔黄帝氏液金已作神物，于是为鉴，凡十有五，采阴阳之精，以取乾坤五五之数，故能与日月合其明，与鬼神通其意，以防魑魅，以整疾病。”铜镜的通灵功效写得很直白了，“以防魑魅，以整疾病。”

由上可知，铜镜作为神物的第一个能力就是“防魑魅”，即能照出鬼魅的原形和所在，俗称的“照妖”。东晋时一代高道，世称“小仙翁”的葛洪在其《抱朴子》里告诉大家，世上但凡能修炼成精的东西，都会变化，都能变成人的样子来迷惑人，但是“惟不能易镜中真形”，就是在镜子里妖魅就会显形。所以，妖魅一见铜镜就会避开逃走。这个说法古人是很相信的，比如在李时珍的《本草纲目·金石部》里就说：“镜乃金水之精，若有神明，故能辟邪魅忤恶。凡人家宜悬大镜，可辟邪魅”。

一直到现在，无论乡村还是城市，平房还是楼房，很多地方的人家都会在房屋大门顶端中间的位置上放一面小镜子，取其辟邪驱魅的神力，当然现在用的都是玻璃镜子。为了方便融合进建筑的整体风格中，镜子的形状各有不同，位置大小不一样，颜色也有差异。

在我国传统的婚俗里，新人的洞房里必须要放置一面大镜；在丧葬风俗里，人们会将镜子放在墓穴的顶部或置于棺床的四角；驱鬼捉妖的法事道场里，道士手中必不可少的法宝也有镜子。所有这些，都是意在发挥镜子“防魑魅”的神力。

镜子的另一个神秘之处，就是可以“整疾病”。

“防魑魅”可以说是一种心理上的作用，而“整疾病”是需要看到效果的，铜镜当然不可能做到。所以，这个功能不像第一种那样能够长久的流传，它往往是出现在一些古代的文学作品、志怪小说里。比如说《异闻记》里写“隋时王度有一镜，岁疫令持镜诣里中，有疾者照之即愈。”最有名的莫过于《酉阳杂俎》和《西京杂记》里都提到过的秦始皇的“照骨镜”。大意是说秦始皇有　面镜子，名为“照骨镜”，它可以看到人体的内部，五脏六腑都清晰可见。谁有病了拿此镜一照，就能知道病症位置所在的部位。这显然是杜撰的。

第十六谈 鬼的家

鬼即“归”也，是我国传统里所认为的人死后存在的一种形态。那么，各种各类的鬼怪，平时住在哪里呢？

鬼的第一个家在泰山旁边的蒿里山。

汉乐府古辞里有一首《蒿里》，里面就有“蒿里谁家地？聚敛魂魄无贤愚。鬼伯一何相催促，人命不得小踟蹰”的句子，其中“蒿里”就是说的蒿里山。为什么定下此处为鬼都呢？一般认为与“泰山神”有关。

最早，传统里还没有出现“阎罗王”、“阎君”的概念时，我国民间信仰的幽冥主宰是“泰山府君”，即“泰山神”。对此，汉代就有了成文的记载。《后汉书·乌桓鲜卑列传》里：“（鲜卑族）其俗兵死后神灵归赤山。‘赤山’于辽西东北数千里，如中国人死者魂归岱山也。”这里的“岱山”就是指泰山，泰山亦名岱山，古代为五岳之首，诸山所宗，故又称“岱宗”。诗圣杜甫著名的《望岳》可为佐证“岱夫宗如何，齐鲁青未了”，就是指的泰山。

“泰山府君”后来又被人们封为“东岳大帝”，长期掌管幽冥地府和其中的一班鬼怪亡灵。但其人究竟是哪一位，历来说法不同。

西晋人张华的《博物志》里说：“泰山神一曰‘天孙’，言为天帝孙也，主招魂。东方万物始成，故知人命之长短。”

“小仙翁”葛洪的《神仙传》里说，东岳大帝是西王母小女太真夫人的第三个儿子，因为犯了律例而被贬，于是“主事东岳，退真王之编，司鬼神。五百年一代其职。”

著名古典小说《封神演义》里，姜子牙把东岳大帝之职封给了周朝武将黄飞虎，让其“执掌幽冥地府，凡一应生死转化人神仙鬼，俱从东岳勘对，方许施行”。

除此之外，东岳大帝的身份还有很多说法。无论如何，泰山神、东岳大帝掌管生死幽冥是肯定的。可是鬼魂不能住在五岳之宗、人间君王封禅之地，于是为了方便东岳大帝管理，就把泰山旁的蒿里山定为鬼都的所在地。

蒿里山又叫高里山，“蒿里”即是古人送葬的歌名。由于鬼都的身份，历史上蒿里山曾建有规模宏大的神祠，又名森罗殿。1913年，蒿里山还曾出土过唐玄宗、宋真宗的禅地玉册，可见古代君王对其的重视。

至于鬼都冥界到底是什么样子，《山海经》里做了生动形象的描绘。《山海经》认为，冥界里有一座昆仑山，它是冥界的核心，其四周被火焰山所环绕。昆仑山里面有深不可测、鸿毛不浮的“弱水”。死人的灵魂来至此处必须要过九道门，还有一种怪兽“开明兽”负责守护九门。此外，还有守护灵魂的三头人，有长生不老的神树，有蜜蜂一样但大如飞鸟的恐怖毒物“钦原”，以及长着四只角的羊状怪兽“土蝼”等。

这是上古时期人们的瑰丽想象，今天看来颇有西方魔幻色彩，很容易让人想起《指环王》之类的作品。

很快，这种情形得到了改变。随着本土道教的创立，掌管幽冥之事的神祇由东岳大帝变成了“北阴大帝”。而且，阴司地府的位置也迁移了。鬼怪们从蒿里山搬到了另外一个新家——现在著名的鬼城：四川酆都。也因为如此，“北阴大帝”也称“酆都北阴大帝”，简称“酆都大帝”。

隋唐以后，佛教大量传入中国，印度的一位神祇“阎罗”（也可译为

“琰摩”)也来到了中国。“阎罗”作为传说中人类的第一个祖先和第一个死者,成为司掌死亡以及裁判死者的冥界主宰。同时,一本名为《十八泥犁经》的佛经也传入了中国,并由佛经汉译的创始人、小乘佛经的首译者——安世高译成了中文,里面就出现了对冥界最为著名的描绘——十八层地狱。

《十八泥犁经》的十八层地狱,是以受罪时间的长短与罪刑等级轻重而排列。每一地狱比前一地狱,增苦二十倍,增寿一倍。当中列出的十八层地狱均为梵文音译,分别是:光就居、居虚倅略、桑居都、楼、房卒、草乌卑次、都卢难旦、不卢半呼、乌竟都、泥卢都、乌略、乌满、乌藉、乌呼、须健居、末都干直呼、区通途、陈莫。

十八层地狱的“层”不是指空间的上下,而是按区域大小来形容的。“层”与“层”之间的区别,主要在于时间和刑法上不同,尤其是时间的区别上。其第一狱以人间3750年为一日,30日为一月,12月为一年,罪鬼须于此狱服刑一万年(即人间135亿年)。其第二狱以人间7500年为一日,罪鬼须于此狱服刑须经两万年(即人间540亿年)。其后各狱之刑期,均以前一狱之刑期为基数递增两番。以此类推,到第十八层地,狱刑期已相当于人间2.3乘以10^{25}年以上,即以亿亿亿年为单位。堕入此狱,受苦的时间几乎等于永久,真可谓“万劫不复”了。

十八层地狱的情状译成中文,大略如下:

第一层,拔舌地狱

凡在世之人,挑拨离间,诽谤害人,油嘴滑舌,巧言相辩,说谎骗人。死后被打入拔舌地狱,小鬼掰开来人的嘴,用铁钳夹住舌头,生生拔下,后入剪刀地狱,铁树地狱。

第二层,剪刀地狱

在阳间,若妇人的丈夫不幸提前死去,她便守了寡。唆使她再嫁之人,或是为她牵线搭桥之人,死后就会被打入剪刀地狱,剪断十个手指。

第三层，铁树地狱

凡在世时离间骨肉，挑唆父子、兄弟、姐妹、夫妻不和之人，死后入铁树地狱。树上皆利刃，自来人后背皮下挑入，吊于铁树之上。待此过后，还要入拔舌地狱、蒸笼地狱。

第四层，孽镜地狱

如果在阳世犯了罪，不吐真情，或是走通门路，瞒天过海之人，以及犯罪在逃之犯人，打入孽镜地狱，照此镜而显现罪状。然后再依据所犯之罪分别打入不同地狱受罪。

第五层，蒸笼地狱：

以讹传讹，陷害、诽谤他人之人死后，被打入蒸笼地狱，投入蒸笼里蒸。蒸过以后，冷风吹过，重塑人身，带入拔舌地狱。

第六层，铜柱地狱

故意纵火或为毁灭罪证，放火害命者，死后打入铜柱地狱。入此狱之人裸体抱住一根直径一米、高两米的铜柱。柱内燃烧炭火，且有小鬼不停扇扇鼓风。

第七层，刀山地狱

亵渎神灵及杀生者，死后被打入刀山地狱，脱光衣物，令其赤身裸体爬上刀山。

第八层，冰山地狱

凡谋害亲夫，与人通奸，恶意堕胎的恶妇，以及赌博成性，不孝敬父母，不仁不义之人死后打入冰山地狱，令其脱光衣服，裸体上冰山。

第九层，油锅地狱

卖淫嫖娼，盗贼抢劫，欺善凌弱，拐骗妇女儿童，诬告诽谤他人，谋占他人财产、妻室之人，死后打入油锅地狱，剥光衣服投入滚油锅内翻炸。

第十层，牛坑地狱

凡在世之人随意虐杀牲畜者，死后打入牛坑地狱。投入坑中，数只野牛袭来，角顶蹄踩。

第十一层，石压地狱

若在世之人，抛弃、虐待、甚至溺死婴儿者，死后打入石压地狱。一方形大石槽上用绳索吊一与之大小相同的巨石，将人放入池中，用斧砍断绳索，压之。.

第十二层，舂(音同“冲”)臼地狱

在世时浪费粮食、糟踏五谷者，死后将打入舂臼地狱，放入臼内舂杀。

第十三层，血池地狱

凡不孝敬父母，不尊敬他人，奸邪之徒，死后将打入血池地狱，投入血池中受苦。此外因流血而死者(见红而死)，死后也投入血池中受苦。

第十四层，枉死地狱

以各种方式自杀者，死后打入枉死牢狱，再也别想转世为人。

第十五层，磔刑地狱

偷坟掘墓之人，死后将打入磔刑地狱，处磔刑。

第十六层，火山地狱

行贿受贿，损公肥私，偷抢钱财之人，还有犯戒的出家人，死后将打入火山地狱，被赶入火山之中活烧而不死。

第十七层，石磨地狱

贪官污吏，欺压百姓之人以及吃荤的出家人，死后将打入石磨地狱，用石磨磨成肉酱后，令其重塑人身反复再磨。

第十八层，刀锯地狱

偷工减料，欺上瞒下，拐诱妇女儿童，买卖不公之人，死后将打入刀锯地狱。即将罪人衣服脱光，呈“大”字形捆绑于四根木桩之上，由裆部开始至头部，用锯锯杀。

以上就是十八层地狱的大略介绍，均是源自于佛家“劝善”和“修来生”的观念。道家接受了“阎罗”，但是对于冥界的“十八层地狱”模式并没有认同，而是结合本土文化，创制了更有中国特色的“阎罗十殿”。这“阎罗十殿”传说就在鬼城酆都的地下，每一殿都有一位管理者。

这十殿大略如下：

第一殿秦广王，专司全部人间的生死寿命，统辖整个地府的吉凶。如果善人寿终，便引渡超生为仙；若是功过相等之人，则仍转投人胎入人世，男转生为女，女转生为男；若是罪人恶人，则依其罪过发放至其余各殿。

第二殿楚江王，司掌活大地狱，又称剥衣亭寒冰地狱，下设十六个小狱。在世期间伤人肢体、奸盗杀生之人来此受罪，所受罪刑相同于生前所造之业，怎么杀它，就怎样被杀。

第三殿宋帝王，司掌黑绳大地狱，下设十六个小狱。堕此狱者，其罪根多因邪见、诳怨、愚痴、好杀所致。此狱中罪人，身陷于无量由旬之热焰中，遭黑绳束缚，后被推堕于利刃铁刀热地之上，一旁有铁焰牙狗来啖食，一切身，分分被剥离啖食，凄惨无比，悲声叫唤盈天，无有救者，至罪业消毕。若得人身，其身份鄙劣下贱，常饥渴交迫。此狱之苦更胜于前的活大地狱。罪毕，若尚有余罪，再堕其它地狱续消罪业。

第四殿仵官王，司掌合大地狱，下设十六个小狱。此地狱之苦又胜于前二者，其苦无边。堕此地狱之罪根为生前乐行杀、盗、邪行三业。观此地狱罪人为大火首焰所烧，眼出火泪，彼泪是火，即焚烧其身，阎罗人又劈其眼骨，复以铁钩割打，热铁钳擘其粪门，洋热白镴灌满其内，外有大火复烧其外，内外极烧，受其大苦。如是经无量百千年中业方竟。若生人中，常有癖病在其腹中，若身憔枯，又形貌丑陋等。

第五殿阎罗王，司掌叫唤大地狱，下设十六个诛心小狱。堕此地狱之罪由，为乐行杀生、偷盗、邪行、嗜饮酒等。此狱之苦更甚于前，罪人受此罪报，号哭叫唤，悲吼盈天，故称叫唤地狱。倘罪报受尽，复得人身，常得风血之病，或生贫穷，或生恶国。罪人押解至此，大抵已历前述地狱，受罪许久，若罪消尽，则发放往生或再受轮回业。罪重者，登上望乡台之后，复发其它地狱，一一受罪消业。

第六殿卞城王，司掌大叫唤大地狱及枉死城，下设十六个小狱。此狱之罪苦又胜于前面种种。因所造之杀生、偷盗、邪行、饮酒之罪皆较前为重，故其苦更深、更烈。每受其苦，罪人啼哭叫吼，声声悲号，故称大叫唤地狱。又此地狱对于妄语所造之罪有更严惨的罪报，受报的时间亦较前为长，苦痛至极！

第七殿泰山王，司掌热恼大地狱，又称碓磨肉酱地狱，下设十六个小狱。罪根之因同前造作杀、盗，或邪见、邪行、饮酒、妄语等业，而丝毫无有忏悔，凡此罪人身坏之后，堕此大地狱。此狱之苦又更胜于前，此间火烧无有一念间断，业尽得脱，于三百世中堕饿鬼，二百世中堕畜生，若得人身，则于父母不生敬重，无惭无愧，无羞无耻，贱陋与狗食同行，手足粗裂，常依他食，尽其身命空无福德。

第八殿都市王，司掌大热恼大地狱，又称热恼闷锅地狱，下设十六个小狱。此狱之苦，一切无间，乃至虚空皆悉炎燃，炽火于无量百千年岁，常烧不止，罪人热炎炽燃其身，如是无量百千年中，血灌其身，烧煮而死，死而复生。业尽堕饿鬼、畜生受饥渴苦，相互食苦。又无量百千世，欲得人身仿若如龟遇孔，生于人中得贫穷多病，热恼心乱不止，短命报，此为残余果报。观此大地狱，其苦又胜于前，其所造罪根更加严厉，故果报亦更强烈。

第九殿平等王，司掌最大的地狱，名曰阿鼻大地狱，又名无间大地狱，下设十六个小无间狱。此狱受罪之苦更胜于前。其罪为杀父、杀母，复以贪欲、嗔恚、愚痴造作更重恶业，而堕此阿鼻地狱。此狱宽广围绕重叠，四面皆是炎火，无有一处空间。因生前造恶中之大恶、不善中之不善，故受苦中之大苦。除身陷火烧之外，复堕极寒之地，冷风如刀，遍布全身，受极痛苦，无可譬喻。一一罪行，都是业力所感。又此十六别处，一处比一处苦，此皆所造罪因不同故，如此过无量百千年岁，至罪业消竟方得出离。

平等王专审世间一切冤死众生，大殿内外有无量无边前来伸冤之冤魂，胎卵湿化、禽兽或水族聚一堂，个个哀号递状申诉。大王明察秋毫，皆能一一传押其元凶债主到案，举证历历，令罪犯伏首认罪。

第十殿转轮王，此殿直对五浊世界，专司各殿押来之鬼魂，分别核定罪福大小，发往适当地方去投生。所有鬼魂按其善恶、罪福多寡，通过金桥、银桥、玉桥、石桥、木板桥、奈何桥去投生。根据投生名一一汇集后，通知第一殿注册毕，即送酆都城，再细分其寿命长短，罪福变换。另外，此殿还有一特殊使命，即给投生者灌下迷汤，让他们忘记前生之事。

上述便是道家的“阎罗十殿”，其在形式上采用了一系列的佛教用语，但是内容却完全是中国特色的。

在古典名著《西游记》第十回“二将军宫门镇鬼，唐太宗地府还魂”里，就叙述了唐太宗魂游十殿，依此见到了十位君王的场景，最后阎王开恩，又多赐了太宗20年阳寿。另外，著名神怪小说《聊斋志异》卷四里有一篇《续黄粱》，讲一位福建省的曾孝廉做了一个梦，梦中他成为宰相，却贪赃枉法无恶不作，死后下地狱受尽酷刑的故事，文中对地狱的种种情景，也有着非常精彩的描绘。

唐朝以后，“阎罗十殿”已经完全取代了东岳大帝、幽冥昆仑，成为民间关于地府的主流样本。后来，随着佛教地位的大幅提升以及佛教徒数量上的优势，“十八层地狱” 成为中国社会最广为人知的鬼魂家园，一直延续至今。

第十七谈　五脊六兽

我们的祖先在创立一些制度、规矩的时候，往往会加入一些玄妙的神秘性成分。比如，中国大型古典建筑的屋脊上都造有神兽，除了有审美上的需要外，主要目的还是取这些神兽灵物的象征性意义。

在北方话语里，有一个四字词汇，叫做“五脊六兽”，用来形容人无所事事，百无聊赖，无聊得难受的状态。古时儿童开蒙读物《四言杂字》，就收录了该词。事实上，这个词就是从中国的古典建筑学中引申生发出来的。

中国的传统大型建筑，比如说宫殿、署衙、庙宇等，基本上由一条正脊和四条垂脊组成，统称五脊。在五脊之上安放六种人造的兽，合称“五脊六兽”。

正脊两端的兽叫“龙吻”，也可称为“吞兽”。垂脊上的五条兽分别名为：狻猊、斗牛、獬豸、凤、押鱼，合称“螭（音同“吃”）吻”。古人称五脊上的六兽为神兽，说这六兽可以“护脊消灾”，是镇脊神兽，并顶礼膜拜。而且每一位神兽都是有来历，有故事的。

先说“龙吻”，其在建筑学上的作用是可以严密固封两坡瓦垅交汇处，防止雨水渗漏，损坏木质梁基。关于“龙吻”的缘起，有两个版本。

其一，传说龙王年迈欲禅让王位。龙王有二子，为继承王位争执不下。龙王无奈，召集二子宣布了一个规则，即先行吞下龙宫房脊者就可得到王位。二子闻言，便各显其能。最终龙兄技高一筹，显真身张开巨口吞住屋脊，眼见就要成功。龙弟心有不甘，气急之下用剑将其兄刺死在屋脊之上。龙弟心知闯下大祸，未曾拔剑就飞身离去。

其二，传说龙吻原本头朝外，有一天忽然成精，回头正欲吞脊时，一道士立即用宝剑将其插住，仅露出剑把。龙吻因之忿忿不平，复从背后钻出，故龙吻后有背兽，北京人俗称其为“气不忿儿”。

再说“螭吻”，他们在建筑学上也是有实际意义的。中国古建筑大都为土木结构，屋顶均是由木材上覆盖瓦片构成。檐角最前端的瓦片因处于最前沿的位置，要承受上端整条垂脊的瓦片向下的一个推力，所以如果毫无保护措施，很容易被风吹落。因此，匠人用瓦钉来固定住檐角最前端的瓦片，此后在对瓦钉钉帽的美化过程中逐渐形成了各种神兽形象，即在实用功能之外加入了装饰美学。后世在此基础上，又为其赋予了标示等级的作用。

这些神兽都是经过精心挑选，有其象征意义的。明代人杨慎在其所著的《升庵外集》里说：“(螭吻)形似兽，性好望，今屋上兽头也。”

狻猊(音同“酸泥”)：传说中龙生九子之一，排行老七，是一种猛兽。传说此物可以吞食虎豹，震慑百兽。《聊斋志异·象》里就有“少时，有狻猊来，众象皆伏”的描述。此物象征百兽率从，体现威严。

斗牛：传说中是一种虬螭。清朝人吴长元编辑的《宸垣识略》一书中说：“西内海子中有斗牛，即虬螭之类，遇阴雨作云雾，常蜿蜒道路旁及金鳌玉栋坊之上。”它成为“螭吻”之一，由于其是一种除祸灭火灾的吉祥雨镇神兽。

獬豸(音同“谢至”)：又称直辨兽、触邪。当人们发生冲突或纠纷的时候，该兽能用角指向无理的一方，甚至会将罪该万死的人用角抵死，令犯法者不寒而栗。上古明君尧就曾饲养獬豸，凡遇疑难不决之事，均用獬豸来裁判，全部准确无误。所以在古代，獬豸就成了执法公正的化身，人们视其为法律与公正的代表。它成为“螭吻”之一，由于其善辨是非的特性，能够象征皇家、官衙的公正严明。

凤：著名的祥瑞神兽，“四灵”之一（雄的称“凤”，雌的称“凰”），也能代表圣德之人。它成为“螭吻”之一，是取其吉祥瑞意，“有凤来仪”之意。

押鱼：一种海中神兽，传说可兴云作雨。同斗牛一样，取其镇火防灾之意。

“五脊六兽”大致如此，后来由于这些“脊兽”被赋予了等级意味，所以除宫殿、署衙、庙宇外，民宅不得安脊兽。有特殊功名的，由皇帝特批敕建。安兽之脊叫作“仪脊”，以示殊荣。而且即便是皇家宫殿，按照不同的功用级别，安设脊兽的数量、种类和顺序也是有严格要求的。就以目前现存的世界最大皇家宫殿群——故宫为例。

故宫里的太和殿，即俗称的“金銮殿”，是皇帝登基、万寿（生日）、大婚、册立皇后，或逢重要节日（比如农历元旦等），举行大典所用之宫殿，其规模等级最高。此殿设了十个脊兽，可谓天下无双，象征着皇权的至高无上，以及此殿在故宫中独一无二的重要地位；皇帝居住和处理日常政务的乾清宫，地位仅次于太和殿，设九个脊兽；皇帝祭天祭地前用来休息的中和殿、宴请藩外贵族和王公大臣以及举行殿试的保和殿，还有天安门也都设九个脊兽；皇后的寝宫坤宁宫，设七个；妃嫔居住的东西六宫，用五个；某些配殿，用三个甚至一个脊兽。

脊兽图

所用脊兽无论多寡，除太和殿外，皆为单数，设造时按减后不减前的原则，自下而上按照顺序使用。下面以天下第一的太和殿十脊兽为例，介绍一下。

太和殿是中国现存最大的木结构大殿，其殿顶为传统的最尊贵、等级最高的五条脊、四大坡的重檐庑殿式，均以光彩夺目的黄色琉璃瓦铺就。殿顶正脊的“龙吻”叫做“鸱（音同‘吃’）吻”，是用十三块中空的黄彩琉璃瓦件拼成的（建筑匠人称为“十三拼”）。它是传说中“龙生九子”之一，其兽好望，能喷浪降雨，将它用剑镇于殿脊之上，防其逃遁，以防止火灾。还有另一种说法，言此“龙吻”的形象来源于《唐会要》一书的记载，说海中有一种鱼，尾似鹞鹰，激浪即降雨，于是，被雕刻在屋顶上，以避免火灾。无论哪种说法，都是取其避火的象征意义。

再说垂脊上的脊兽。垂脊檐角的最前端是一个骑凤的仙人，其后自下由上顺序排列着龙、凤、狮、天马、海马、狻猊、押鱼、獬豸、斗牛、行什十位神兽。

这位领头的骑凤仙人究竟是何许人也，民间历来有不同的说法。一种是说，他是齐闵王的化身，民间有“日晒闵王，走投无路”之语，意思是东周列国时的齐闵王，被燕将乐毅击败，仓皇出逃却四处碰壁。走投无路之时，一只凤凰突然出现，齐闵王骑上后得以化险为夷。置于脊上，乃取其“骑凤飞行，逢凶化吉”之意；还有一种是说，他是姜子牙的小舅子，想利用姜子牙的关系往上爬。姜子牙看出小舅子的心思，深知他才能有限，因此对他说：“你的官已升到顶了，如果再往上爬就会摔下来。”建筑师据此把他放在了檐角的最前端，表示如果再往上爬一步就会掉下去摔得粉身碎骨。至于脊上，是象征对君王的“劝诫知止”之意。

在骑凤仙人的后面，就是十样脊兽了。古时的工匠为了方便记住它们的顺序，就依其形象作了一个易记的口诀：一龙二凤三狮子，四天马五海马，六狻七鱼，八獬九吼十猴。

龙：同凤一样，是最著名的祥瑞神兽，寓意吉祥且象征皇家身份和权威。

狮：镇山之王，代表勇猛、威严。

天马、海马：象征皇家威德通天入海，畅达寰宇。

行什：一个带翅膀的猴形神兽，尖嘴猴腮，背生双翼，手持金刚宝杵，传说宝杵具有降魔的功效。因排在第十位，故名“行什”。据说它是雷公或雷震子的化身，放在屋顶，是为了避闪防雷。太和殿是故宫中唯一有“行什”装饰的宫殿，代表着太和殿具有最高的规格等级。

到北京故宫旅游的时候，可以留心看一下这些脊兽，它们端坐檐角，使古建筑更加充满艺术魅力。著名古建筑专家梁思成先生曾评价说：“（神兽）使本来极无趣笨拙的实际部分，成为整个建筑物美丽的冠冕”。

第十八谈 穿越阴阳

中国是一个极为重视祖宗、推崇孝道的国家。俗话说得好："万恶淫为首，百善孝当先。"传统上，人们对故去的祖先亲人每年都要祭拜、烧香、上供、做法事、摆道场等，以祭奠他们的亡魂，求得心灵上的慰藉。即便到了现在，形式虽然没有古时那样夸张，每逢清明节期间，全国人民大都仍会进行祭扫活动，来悼念亲人。而且，由于鬼神、魂灵、地府、阴世等观念在民间长期存在，很多人都会关心故去的亲属在阴间的情况，希望故人在"那边"过得一切顺利，并以焚烧纸钱冥钞元宝、"送寒衣"等形式来表达自己的心意，以慰相思之情。

但是阴阳相隔，阳世的人无论怎样做也无法了解故去的亲人在阴间的"生活状态"。烧的钱财、送的寒衣等，故人们究竟"收到"没有，故人还有什么未了的心愿，谁也说不上来。有没有什么方法可以了解"那边"故人的"情况"呢？在这种社会普遍的心理需求下，中国社会出现了一种神秘的巫术——关亡。

所谓"关亡"，就是可以打破阴阳两界，让死者与生者进行沟通的一种巫术。关亡有两种。一种是术士通过作法，召回死者的灵魂，并让灵魂附于自己身上。此时术士本人便若死者，与生者进行沟通。这种方式叫做——问亡。另一种是术士通过作法，将活人的灵魂送到阴间，让其自己和死者进行沟通。这种方式叫做——放阴。

关亡之术的历史也很久远,可以算得上源远流长了。

先秦时代,人们普遍认为生命是元气变化而成。魂是阳气,魄是阴气,魂魄会合成一个具体的生命。人之初生,便有精神依附于形体,精神为魂,形体为魄。人之将死,则魂气上归于天,形魄下归于地,这就是人的生命往复轮回的过程。人的魂灵若是离开了形骸,短期会致病,长久便是死亡。于是在先秦习俗中,便出现了招魂复魄的仪式。

"招魂"分为两种,即招生者魂(简称"招生魂")和招死者魂(简称"招亡魂")。招生者魂就是,比如说小孩莫明其妙的哭闹或是突然间神智不清,民间认为是由于孩子"阳气"太弱,魂魄"离位"或丢失造成的,这就需要请高人来招魂,俗称"叫魂"。

招死者魂即召回死者的灵魂,后来融入礼仪,成为古代葬礼中一个不可或缺的部分。儒家经典称之为"复",就是使离散的游魂复归于形体之意。它和"问亡"的情况类似,但是也有区别。古代的招魂仪式,是在人刚死之时便开始,目的是求死者能够复生。《礼记·丧大记》曰:"唯哭先复,复而后行死事。"郑玄注:"气绝则哭,哭而复,复而不苏,可以为死事。"就是说,人气绝以后,其余生者先得痛哭,哭完以后再马上招魂,招魂以后死者若还没有苏醒活转过来,才能判定人确实是死了。《周礼》中记载了很多招魂的仪式,如《周礼·天官》记载:"夏采,掌大丧。以冕服复于大祖,以乘车建绥复于四郊。"此外,一代圣贤屈原的名篇《招魂》,也描写了给楚怀王招魂的盛大场面。而现在的"问亡",是在人死了一段时间以后进行的,目的是为了能获知死者的情况和心愿。

"问亡"的作法之人一般都是女性,民间称为"关亡婆"。"问亡"开始前,关亡婆会询问家属死者的名姓、年龄、生辰八字、阴宅阳宅的位置和本庙(所谓本庙,就是本家庙宇,即未亡人经常去为家里烧香祈福的庙宇)等等,不过据说法力高强的关亡婆根本无需问。之后关亡婆会做法招魂,直到亡魂附体,也称为"上潮"。阴魂附体时,关亡婆会有一些特殊表现，如翻白眼、身体颤抖抽搐、发出类似干呕的声音等等。待恢复正常时，阴魂就已完全附体了，就可以和在座的亲属们沟通了。本事大的关亡婆，会以死者的身份、口吻、语气与亲人交谈，而且叫得出亲人的名字并知道死者死后家里发生的事情。"问亡"的时间由关亡婆面前的香决定，香烧完，亡魂就离开了，俗称"退潮"。

下面援引一个实例(引自天涯社区，经历记录者淡色咖啡)：

到了那里，是很普通的一个地方，养了很多的猫。等关亡的是一个妇女，有点胖，但是很普通的那种。她家很小，一坐几个人就很挤了。我们坐在那等，其间排在我们之前关亡的，我们也都看到了。等着等着，我戴着的黑曜石突然完完好好地掉了下来，我是打死结系在脖子上的，它就这样掉了下来，绳子像被解开一样。我吃了一惊，因为我平常要解开很费事的。然后那女人烧香，后来又问关亡的家人死的人的生辰八字，还有葬的地点、墓碑方向、生前住址，然后念念有词，忽然往一张椅子上一躺，就开口说起话来。奇怪的是，她开口的声音是一个很苍老的声音，她的声音是脆的，但那声音是苍老的。我们有点害怕，姑妈要我们不要害怕。然后我们就听了下去，她说的全是扬州话，因为关亡的是扬州人。我们听不大懂，我就不说了。然后那家人又关亡了几个人，临走我姑妈悄悄问他们灵不，他们点头。说是关亡，无非就是问家里的情况，以及以后会怎样，就像平常的聊天一样，我们渐渐也就放心了。

问一个人是一炷香的时间，一炷香烧完了，那个"人"也就要下去了。如果舍不得，可以拉着她的手，会再延长一点点。从早上8点一直等到中午，终于到我们家关亡了，我们关忙了我的爷爷、婆婆、公公，还有姨妈死去的丈夫(40多岁死的)。

先说到我爷爷，我家出了点事，爸爸因为汽车厂的事情，闹了很大的纠纷，差点被判坐牢，其实不是我爸的错。但是后来有人帮忙，我爸爸才没事。

以下是我们关亡的对话：

我故意不去，然后我妈妈他们就过去问话。

那个女人嘴里是一个苍老的声音，不过我能听的懂，不是扬州话。

以下我们简称我，爷爷他们简称她好了。

我：您在下面过得好吗？

她没有说话。

我：怎么不说话啊？

她：还差个人。

我：什么人啊？

她：坐那边的，看见我装不认识。

我：她是你什么人呀？

她：小孙女。

（我今年20多岁，不过我的确是他的小孙女）

我走过去，喊了声爷爷。

她：好！

我：你在下面过得好吗？

她：很好。

我：最近家里出了事，你知道吗？

她：知道，跟车子有关。

我们都哑口无言。因为没人知道这事，报纸上也没登。

我：为什么会出事？

她：劫数，现在不出，以后也出。还好，没大碍，熬过去了，不然性命不保。

我：为什么会有劫数？

她：有小人。

我：哪个小人？长什么样？

她：在工作的地方。

（的确如此）

我：那我们该怎么办？

她：不要想了，没事情的。有贵人帮助么。

我：我考上大学了，知道么？

她：知道，在南京本地，很好啊。

我：那我姐姐呢？

她：在北方，蛮远的。

我：你重孙女呢？

她：看过了，小脸圆圆的、红红的，好聪明，认识好多字了，还会说英语。

我：上次清明吃到奶奶做的菜了么？

她：吃了，红烧狮子头，还有烟也不错。

我：我养了狗。

她：看到了。好大的一条，你在家不把它关笼子，我进不来，只能在门口看你们。你以后出去玩的时候记得把它关笼子。

我：你喜欢它不？

她：你喜欢我就喜欢。

然后她还说，我问我妈要钱买狗粮。

我：我没问她要钱啊。

她：你的钱，不就是你妈的钱吗？

我：……

她：你不要对狗太好，我还看到你老摸它下巴。呵呵。给它吃杂点，不要吃那么好的，我舍不得。

我：好的。

然后是我婆婆的对话

我：你在下面好吗？

她：不好。

我:为什么不好?

她:我老被人笑话。

我:为什么?钱不够用?

她:我没穿衣服,走的时候没穿衣服,上午走下午就火化了,也不热闹,锣鼓也没敲没打。不风光,所以被人笑。

我姨妈她们哭了,问有什么办法能弥补?

她:弥补不了。

我:为什么还没穿衣服?

她:走的时候没来得及穿。

我:现在能穿吗?

她:能,要钱,要找X姐。她能帮我穿,不过要钱。

姨妈磕头,求X姐给婆婆穿衣服,钱会给她的。

婆婆下去了一会,说,穿好了,还有冬装。

我们高兴了点,还想弥补这一切,只是婆婆依旧说弥补不了,然后提到做法事,婆婆说还是不行。

然后婆婆跟我对话。

我:婆婆。

她:现在才喊我。

我:我的狗死了(我哭了)。

她:我知道,现在我帮你养着呢。白色的小狗,现在好胖好胖了,你前几天去看它的吧?给它吃的火腿肠。它看你来叫了好几天呢。以后不要去看它了,不然他们都不给我养了。

我:我什么时候能去看它?

她:等你毕业后吧。

我:好的。

她:考上学校了吧?

我:是啊。

她：呵呵，你考试那几天我天天跟着你，怕你出事呢。你回家说没考好，坐在床上发呆，打电话给你妈说没考好呢，你妈很急啊那几天，还好过来了。

我仍然吃惊，她说的是真的。

再引一个例子(引自天涯社区，经历记录者lijianzhou)：

我奶奶在世的时候就特别的相信这个。

有一年，我的大姑父刚从部队转业回来。不知道为什么，他和我奶奶以及舅公到我们这里有名的湘阴渡去问一个仙姑。这个湘阴渡离我们这里大概有150公里。

开始问的是我奶奶的父亲。他去世后，我奶奶曾因为遗产的分配问题被舅公记恨了好多年。那个仙姑请我的太外公上来之后，居然直呼我舅公的名字："广识，你怎么错怪你细姐姐(我们这里"细"就是小的讲法)？那些家具是我叫她搬的，她好遭孽，日子不好过，就叫她搬回去的，你怎么又怪她偷！这是亲姊妹说的话吗？"

后来，舅公和奶奶的关系好了许多。

接着，是我大姑父早就亡故的爸爸出来了。在我姑父两岁时，他爸爸就死了，可是，他一出来就说："昭孝，你回来了，当了这久的兵，我都有孙子了吧？"

后来还说了我大姑父的经历，我大姑父是1968年昆明军区炮兵某团的一名营长，是共产党员。他本来不相信这些的，从那次以后，他信了。

这种事情，奶奶在世的时候对我讲过很多，所以我一直是有些相信的。

西方也有类似的方术，只是问亡婆被称为"灵媒"，还有以此为主题的美剧剧集。有人解释说，关亡婆是通过对家属察言观色，假借亡者身份来“套话”,以此判断亲属身份及相关事实,是一种江湖骗术。但是看完上面的例子,如果说这完全是骗术,似乎也有些牵强。

下面再来说说“放阴”,这个比“问亡”更加神秘,是我国独有的一种巫术,而且似乎还有一些危险性和恐怖感。

“放阴”的方法因地域而异,举例如下:

例一:两广一带,先以香、冥纸,烧告家中灶神、门神,然后令被放者头部俯伏于案上。放阴的人,手持香一小束点燃,在被放者的头上画来画去,口中念词不绝,同时燃烧冥纸,这样一直等到被放者的灵魂去到阴间为止。要唤回被放者的灵魂,只要继续燃烧冥纸,一直呼叫被放者的名字,嘱他“请土地公公带你回来!”被放者就会渐渐地醒过来了。据说以未出嫁的闺女主持比较灵验。据说被放者到阴间时,两足必先抖颤一阵;如遇见已死的父母,必放声大哭;已故的亲人到来时,被放者能够与之对答,一如其生前口吻。

例二:在湖南湘西,“放阴”由阴师操纵,所谓阴师和平常所说的巫师有些相像,他们可以用某种咒语把活人的灵魂从躯体里赶出来,并把它吹放到阴界去。但不是每个人都能够被“放阴”。人有阴性人和阳性人之分,也就是说有些人身上阴气重,有些人身上阳气重。阴性人容易与阴界的事物遭遇,所以也可以被“放阴”;阳性人则因为阳气重的缘故,被阴界排斥,很难与阴界交流,所以无法把他们的灵魂放到阴界去。小孩和老人较青壮年人而言,阴气要重一些。

有一次观看“放阴”,接受仪式的人并列躺着,围观的人离开约一米左右。阴师盘腿坐在最北位置,在他的前方30厘米的地方燃放9枝半尺余长的香。从香点燃那一刻开始,阴师就闭眼念咒,到香快燃到一半的时候,他突然睁开眼睛,但是神情木然,并且直直地站起身,围绕那些被放阴的人转圈,而且越来越快,越来越快……这时,被放阴的人开始发出呓语,好像是与某人交谈,然后其中一个人突然冲着观看的人群中嚷:“阿毛,你奶奶说她的房顶漏雨了,让你爹明天给她重新修一间。”一会儿又有人说:“阿祥叔,有个小娃说是你的侄子,我怎么就没见过他?”围观中那个叫阿祥的就问:“那他长什么样?”又回答:“头顶一簇短短的毛,快一米五的个子,可是穿一件短绷绷的小上衣,裤子也小得可怜。对了,肚脐上方有一块铜钱大小的暗红色疤……”阿祥大惊:“天啊,他是我在贵州的弟弟的儿子,不到三岁就死了的!”围观的和被放阴的你一言我一语地交谈,都是说些已经死去的亲人或者熟人的事情,越听越叫人毛骨悚然……

持续大概半个时辰后,阴师转动的速度越来越慢,被放阴的人也渐渐小了声息。待到阴师精疲力竭地倒在地上时,被放阴的人群也声息全无,这时9枝香刚好燃完。后来问那些被放阴的人,都说恍恍惚惚地飘到一个阴森森的地方,倒也不怎么怕,一路上遇到好些奇形怪状的人,有些认得有些不认得,说了好些话,但是具体情形记不太清楚了。

又问阴师下次什么时候“放阴”,他直说这样太费精力,要折寿的,还说我阳气太盛放不了。据说也有些被“放阴”后回不来的。(引自百度贴吧)

例三:是在直系亲属里找一个人,自己下到阴间去找亲人,这个人在过程当中会以死去人的口气和声音说话,但是醒过来以后,完全不知道发生了什么。但是这种关亡(笔者注:应为放阴,下同)非常危险,因为往往下去的人回不来。

我大概10岁左右,一个堂叔去世,堂婶找人关亡,就是把大女儿弄下去。当时层层清场,除了直系亲属,其他人都远远避开,而且非常私密,门口要找个属相小性格平和的人把门,以免闲杂人等冲撞。准备香纸金箔,整个过程要一直焚化,要一路买路下去,也怕恶鬼纠缠,而且阴间有专门带路的(叫花姑)带着生魂下去找人。这个花姑据说是吊死鬼,可能死相难看,所以一路要夸她好看,烧元宝和手巾给她,讲究的人家还烧胭脂水粉下去。属相大、性格恶的都不能留在周围,我因为小，所以也留下。

我亲眼看见堂姐蒙上白手巾，坐在椅子上，两脚不停走路状，进入混沌状态，告诉大家一路上看见什么，然后找到我堂叔，开始痛哭，然后我堂叔的声音在我堂姐嘴里发出，咳嗽、说话习惯，都一样。我堂姐时年十七八岁，却发出那种40多岁男人的语声。当时很诡异，说了很多话，后来一路返回，醒过来，堂姐完全不知道发生什么事情，只见胸口都是鼻涕眼泪。

这事是非常危险的，一般关亡的人根本不敢弄。因为大约解放前不久，老家村子里，有人关亡，一个漂亮闺女就死掉了，说在下面被一个后生看中，关亡的人办法想尽了，都没把生魂弄回来，最后那姑娘一直在维持走路状态，嘴里都生蛆了，身体都臭了，还在不停地走。找了很多道士都没用，最后怎么弄消停的，我也忘记了，但是人肯定是活不成了。

我堂婶找的关亡的人不会是骗子，因为那人就是她的三婶娘、我的祖母。当时因为太思念亲人，说出任何事情都自己负责，才关亡的。(引自天涯博客:yitian_99.blog.tianya.cn)

上述就是几个“放阴”的例子，看上去确实比较夸张，不过既然全国各地都有记录，可见也并不完全是虚妄之言。据某些专家分析，这是由于“放阴”术士会某种特殊的催眠方法，加上被放者对其极度信任，于是被放者很可能在术士的催眠术和心理暗示作用下进入了催眠状态。在此种状态下，被放者以前曾亲眼见到过的死者形象或是听说过的长辈形象就会浮现出来，并与之交谈。等到术士解开催眠状态后，被放者自然就会身临其境般地说出所谓“阴间”和“死者”的情况。

这种解释正确与否，很难断言。不过，只“催眠”一说似乎无法解释清楚“放阴”的神秘之处。至于其中还有哪些奥妙，就有待相关学者进一步的研究了。

第十九谈 九天与大罗天仙

中国古人对未知的一切有着无穷的探索精神，仰观天文，俯察地理，审视自然万物。在这漫长的求知过程中，形成了一些独有的观点和理论，尽管这些观念的科学性值得商榷，但是给后世带来的深刻影响是无法忽视的。这其中，关于天的理念，可以说占有显要的地位。

天在传统上一般来说有两重含义。其一是把天视为至高至上的人格神，是世间万物的主宰，拥有不可抗拒的神秘力量，类似于“天帝”。并由此引申出“天”可以决定人的命运、祸福，即所谓“天命”。例如《论语》里就有“获罪于天，无所祷也”、“富贵在天”等类似的表述。实际上，在西周时期，这种“天命”之说就很完整和流行了。

“天”命它的“元子”(即长子)在人间代为行使“天”的权利，所以统治者把自己称为“天子”。天子“受命”统治人间，即是说天子是受“天”的命令和委托，管理人间，维护社会的秩序和稳定，替“天”行道。而所谓“革命”就是指“受命”的天子要革去前一个天子所受的“天命”，因为其治理无方、祸国殃民，已经无法替“天”行道了。这种“天命论”对我国政治历史的影响极其深远。

其中最有名的例子，莫过于秦始皇的那块传国玉玺了。秦始皇在统一六国后，命玉工孙寿用著名的和氏璧制作皇帝大印，印文是八个大篆字："受命于天，既寿永昌"。后来，董仲舒创立了"天人感应"学说，把"天命"思想进行了理论化、哲学化和正统化。自此，历朝历代的君王几乎都采用同一个说辞，向人民声称自己就是所谓的"真命天子"。

"天"的第二种含义，就是指与"地"相对的天空，是一种自然存在，没有人格意志，也不能影响人类生活。

在《尔雅·释天》里，人们按照一年四季把天分成了四种，即"春为苍天，夏为昊天，秋为旻(音同"民")天，冬为上天"。后又按照空间方位将天分为九天，一般说来即：南方炎天，西南方朱天，西方成天，西北方幽天，北方玄天，东北方变天，东方苍天，东南方阳天，中央钧天。然而上述两种划分方法并不流行，在之后传统里占据主导地位的观念是"九重天"。

"天有九重"的说法源于《淮南子·天文训》，也可称为"九重圜宇"，即所谓日、月、辰(水)、太白(金)、荧惑(火)、岁(木)、镇(土)、恒星及太岁(左旋)。班固在《汉书·天文志》里对其做了解释说明：

日：太阳之精

月：太阴之精

辰星(水星——此处皆笔者注)：曰北方冬水，知也，听也。知亏听失，逆冬令，伤水气，罚见辰星。

太白(金星)：曰西方秋金，义也，言也。义亏言失，逆秋令，伤金气，罚见太白。

荧惑(火星)：曰南方夏火，礼也，视也。礼亏视失，逆夏令，伤火气，罚见荧惑。

岁星(木星)：曰东方春木，于人五常仁也，五事貌也。仁亏貌失，逆春令，伤木气，罚见岁星。

镇星(土星)：曰中央季夏土，信也，思心也。仁义礼智以信为主。言视听以心为正，故四星皆失，镇星乃为之动。

另外，恒星即恒星天，是土星之外的一重天，也有解释为二十八宿天。太岁，即第九重最高天，也可称“左旋天”或“宗动天”。

汉墓马王堆帛衣

在上述天象结构的解释中，金、木、水、火、土五星已经不单纯是自然意义上的一重天，而是一个联系人文地理，并具有相互感应的功能系统了。

1972年，马王堆一号汉墓出土了一件世人瞩目的T字形“非衣”帛画，系轪（音同“代”）侯利仓之妻盖棺的吉祥物，画面分天界、人间、地府三段。其中天界为横幅，上绘有九个太阳的图案。有部分专家认为这九个太阳就象征古人所信奉的“九天”观念。（见左图）

“九重天”的说法流传下来后，其天象交感的原始意义早已被淡化，逐渐引申成了一种文学语汇。从诗仙李白的“飞流直下三千尺，疑是银河落九天”，毛主席的“可上九天揽月，可下五洋捉鳖”、“我失骄杨君失柳，杨柳飏扬直上重霄九”等这些名句中，就能看出“九天”、“九重”的概念已经用来表述天际、高远深邃了。

在民间，由于“九重天”的观念质朴古拙，无法满足人民的心理需要，于是在佛教传入中国后，佛门弟子把佛家理论融入了“九天”的概念之中，创制了佛教的九天，即：郁单无量天、上上禅善无量寿天、梵监须延天、寂然兜术天、波罗尼密不骄乐天、洞元化应声天、灵化梵辅天、高虚清明天、无想无结无爱天。

魏晋之后，道教大量吸收借鉴了佛教的上述思想，融合自身理论和中国本土传统观念，对“九天”进行了再创作和再丰富，创制了道家的“三十六天”理论。

道家说，地上之天共有三十六层，分为四个层次，见下：

	大罗天
三清境	玉清境清微天 上清境禹馀天 太清境大赤天
四梵天	贾奕天 梵度天 玉隆天 常融天
三界二十八天	无色界四天 色界十八天 欲界六天

最底下一层是欲界六天，从下至上依次为：太皇黄曾天、太明玉完天、清明何童天、玄胎平育天、元明文举天、七曜摩夷天。道教典籍《云笈七签》解释道："欲界六天，有色有欲，交接阴阳，人民胎生"。

欲界上面是色界十八天，从下至上依次为：虚无越衡天、太极蒙翳天、赤明和阳天、玄明慕华天、曜明宗飘天、竺落皇笳天、虚明堂曜天、观明端靖天、玄明恭庆天、太焕极瑶天、元载孔升天、太安皇崖天、显定极风天、始黄孝芒天、太黄翁重天、无思江由天、上揲阮乐天、无极昙誓天。《云笈七签》解释道："其界有色无情欲，不交阴阳，人民化生"。

色界上面是无色界四天，从下至上依次为：皓庭霄度天、渊通元洞天、翰宠妙成天、秀乐禁上天。《云笈七签》解释道："其界人微妙无色想，乃有形长数百里，而人不自觉，唯有真人能见”。

另外，第三十六天大罗天与三清境合称为圣境四天。

这些“天”的名称繁冗复杂，一般人想必不会去刻意记诵。但是对于“大罗天”，很多人都会有些印象。在许多传统文学作品或者评书里，都曾出现类似“即便大罗天仙下界，也是无可奈何”的句子。这“大罗天仙”就是居住在“大罗天”里的仙人。他们住在最高一层天界，是级别最高、法力最大的神仙，连他都无可奈何的事，我们这些欲界凡人又怎么可能有办法解决？这就是道教思想在文学艺术上的体现，是作家以此来表现事态到了难以转圜之境地的一种比喻手法。看来，说中国传统文化是“儒、释、道”三位一体的结构，所言非虚。

第二十谈 中国红

色彩，即颜色，是通过眼、脑和生活经验所产生的一种对光的视觉效应。它能够引起人的情绪和记忆，表达人的情感，乃至可以影响我们的感受。在人类文明漫长的发展过程中，色彩在五颜六色的表象之外，还被赋予了更多复杂甚至神秘的含义。时至今日，由于历史、传统、文化的传承，某种特定的色彩甚至可以作为一个国家和民族的象征。对于中国人来说，特定的色彩非"中国红"莫属。

"中国红"一词是英文China Red的汉译，原本是指一种名贵的中国红瓷，英文的china一词即有瓷器之意(见右图)。今天，"中国红"一词所指代的色彩，通常是指我国汉代的漆红之色，也正是这种红瓷所呈现出的大红之色。它是一种夺目之红、尊贵之红，是一种鲜艳华丽、饱含激情的红。2008年北京奥运会的祥云火炬和2010年上海世博会的中国馆，都无一例外地使用了这种颜色，作为我们国家的象征(见左图)。在中国传统文化里，红色本身就有着

上海世博中国馆

丰富而神秘的特殊内涵。

很有意思的是，“红”这个字在甲骨文古字里是没有的，是后来才演化出来的色彩字。据专家研究，很多色彩字都是在丝织品染色出现后才被创制出来的，如红、绿、紫等。从这些汉字均为丝字旁就可以看出。可以说，我们的先人虽然很早就给红色赋予了丰富的含义，但祖宗们先前是用其他汉字来表述“红”的。

中国陶器

中国传统里，五种颜色称为“正色”，即：黑、白、青、黄、赤。这五种颜色之外的色彩都被称为“间色”或“杂色”，所谓“五色成文而不乱”(见于《礼记·乐记》)。这种分类法又从一个侧面证明了我们祖先的伟大。因为青、黄、赤三色就是现代科学里的蓝、黄、红三原色，即三种无法通过其它颜色的混合调配而得出的基本色，而这三色则可以调配出其它绝大多数色彩。至于黑和白，著名的棱镜分光试验告诉我们，所有反射频率合在一起就成了白光，它反射了所有的光；而黑色，就是没有光源的物体在没有任何光照时的色象。

而且，传统文化还为这五色配上了五行，即：黑为水，白为金，青为木，黄为土，赤为火。另外，由于“黑”就是没有光照的色象，所以可以代表“阴”；“白”是所有光照合在一起的色象，所以可以代表“阳”。众所周知，太极图就是用黑白来表示阴阳的。如此一来，“阴阳五行”在五正色里就全被囊括了。

这五正色里的“赤”就是表示红色的字，五行属火，所以“红”的含义之一就是火焰、烈火。如“赤地千里”一词本义就是指大旱之年，大地像被火烧灼过一样。上古传说里有一个“旱神”，传说其所到之处就会发生旱灾，赤地千里，这个旱神就名为“赤魃(音同‘拔’)氏”。在南阳汉画中就有著名的《虎食女魃》图，其身上穿的就是红色衣服（也有把红衣搭在一边的）。

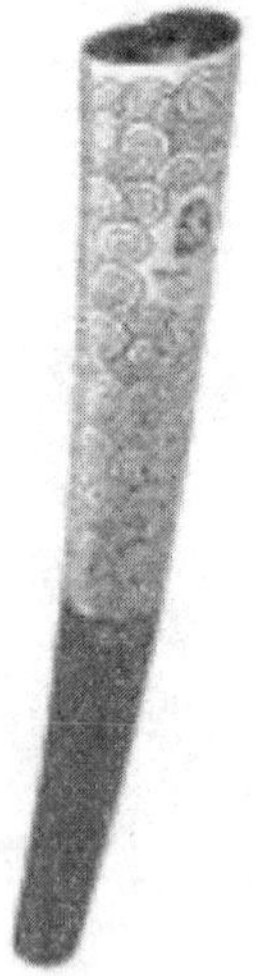

祥云火炬

由于干旱是太阳过晒无雨造成的，所以在古代神话里把太阳比作一只红色的三足乌鸟，称为“赤鸦”，也称“金乌”。由于“赤”代表了太阳，而太阳又象征着至高无上的天，所以后世也经常用赤色即红色，来表示尊贵和高级别的地位。比如红色的官服是高官的专属服装；皇宫的地阶必须涂红漆，叫做“赤墀（音同‘持’）”；紫禁城的宫墙饰以红色即表示皇家无上尊贵之意。还有像现代汉语里的“走红”、“红人”等词汇也是由此意引申而来。

另外，由于红色象征火焰，可以荡涤一切，“赤地千里”，所以后世也取其扫毁清除之意，把红色赋予了反叛、革命之意。新莽末年著名的“赤眉起义”，起义农民就把眉毛涂成了红色以区别官军；共产党领导的人民军队建立之初被称为“红军”，建立的根据地被称为“红色政权”，正是取红色引申出的扫除旧秩序、反叛旧社会的革命意味。

另外，“赤”字的字型在甲骨文里是上面一个人，下面一堆火。据现代著名古文字学家唐兰先生考证，“赤”的本义是一种刑罚，是在发生饥荒时烧死巫师的一种行为。所以后世的刑罚往往也与红色有联系，比如旧时死刑犯和刽子手都要穿红色的衣服，称为“赤衣”；打人行刑用的棍棒两端是为红色，名为“赤棒”；写罪犯名册（尤其是死刑犯）用的墨也是红墨，称为“朱墨”或“丹笔”。

除此之外，红色还有更深一层的象征意义，其源头是血液。红色是血液的颜色，血液是生命的象征，因此红色也就象征了生命和活力。

河南安阳殷墟很多的王陵墓葬里，都有染过红色的土层，这些土被业内人士称为“花土”。花土有一定的防腐作用,但其意义并不仅限于此。有专家认为,之所以使用红色,就是意味着帝王生命在阴间的继续延续;长沙马王堆汉墓出土了大量精美漆器,虽然造型各异,但颜色大都是里红外黑的,亦是象征死者的生命在阴间(黑色代表)的延续。(见右图)

马王堆坟墓出图的漆器

今天有一个词叫“歃血为盟”,所谓“歃血”,就是嘴唇或口旁涂上牲畜的血,表示生命的承诺。而且祖先在祭祀典礼时也经常会用到各种动物的血液,更早时甚至用过人的血液,这都是代表生命和灵魂的奉献。也正是因为红色和生命、阳气挂上了钩,所以红色也被用来驱鬼避祟,因为邪祟都是“阴”的,惧怕有活力的、阳气的东西。最典型的例子就是人逢“本命年”时,要穿红色内衣或系红色腰带来抵挡灾祸,逢凶化吉。此外,还有给孩子手腕上系红绳,盖房上梁时在大梁上系红布等等民俗。

今天常常把女性与红色联系在一起,现代词语中有很多女性专用词是带有“红”字的,例如红颜、红袖、红妆、红粉等。这也是源于红色和血液的关系,确切地说是源于女性第一次性交时会出血的生理特征。

在此基础上,红色还引申出了一种禁忌的含义。比如说以前小孩种牛痘后,要在外衣胳膊袖上缝制一个红色布条以为禁忌的标志;还有把不能触碰的底线称为“红线”;禁止通行的信号称为“红灯”等。据专家学者研究,红色的这种禁忌之意也和血液有关,具体地说是和女性的生理期相关。女性的月经也被称作“来红”,传统中经血历来被认为是秽物,妇女经期是一定要“闭房”的,即不能进行性生活。汉代文献《释名·释首饰》里记载:“以丹注面曰旳。旳,灼也。此本天子诸侯群妾当以次进御,其有月事者止而不御。重以口说,故注此丹于面,灼然为识。女史见之,则不书其名于第录也。”简而言之,就是说帝王的妃嫔姬妾如果来了月经，就要在面部点上红点，提醒帝王戒行房事。据说这也是后来给女孩子眉心点红点的真正起源。正是基于这种内涵，紫禁城城墙的红色在象征尊贵之外，也表明了此地是不容随意涉足的“禁区”。

除了这些，生活中最常见的、使用最多的红色象征意，就是吉祥喜庆、和谐繁荣。民间最典型的例子莫过于中国人的婚事了。

首先，民间把结婚仪式就称为“红事”(与此相对的是丧葬之事，称为“白事”)，有一传统相声名为《红事会》，内容说的就是结婚之事。婚事之所以被称为“红事”，是因为在中国人的结婚仪式里，用到了太多的红色之物，比如说新郎要扎红花；新娘要穿红色嫁衣，头盖红布；接新娘要用红轿子；新房各处要贴红喜字；蜡烛要用红色的喜蜡；亲朋随礼的钱要包上红包等。

此种习俗的由来，还得从“红”字本身说起。“红”字的颜色指代以及读音的起源，据学者分析是来自于天上的彩虹。具体说来，是源于“红”和“虹”之间的密切关系。

彩虹的“虹”是虫字旁，因为上古时祖先认为天上的彩虹就是天上的一种虫子，而且这虫子还分雌雄。雄的就称“虹”，雌的则称为“蜺”，即“霓”的古字，至今有时还把彩虹称为“虹霓”，也还有“霓虹灯”这样的词汇。而且，甲骨文里“虹”字的字型就是一条弯曲如彩虹般的双头虫，含义是两条虫子在交配。由于“虹”表示的是两条交合的虫子，于是祖先们认为彩虹的出现和男女之事相关。如《释名·释天》里说：“美人阴阳不和，婚姻错乱，淫风流行……男女互相奔随之时，则此气盛，故以其盛时名之也。”大意就是，彩虹气盛且频繁出现，便说明此时社会上有很多男女私奔的现象发生。

随着社会制度的发展和历史的前进，彩虹所代表的男女私奔逐渐演绎成为了正常的男女婚姻，而“虹”本身也从交合的虫子演变成了婚姻的纽带。唐代李复言所著的《续幽怪录·定婚店》记载了一个故事：

杜陵韦固，少孤，思早娶妇，多歧，求婚不成。

贞观二年，将游清河，旅次宋城南店。客有以前清河司马潘昉女为议者，来旦期于店西龙兴寺门。固以求之意切，旦往焉。斜月尚明，有老人倚巾囊，坐于阶上，向月检书。觇之，不识其字。固问曰："老父所寻者何书？固少小苦学，字书无不识者。西国梵字，亦能读之。唯此书目所未觌，如何？"老人笑曰："此非世间书，君因得见。"固曰："然则何书也？"曰："幽冥之书。"固曰："幽冥之人，何以到此？"曰："君行自平，非某不当来也。凡幽吏皆主人生之事，主人可不行其中乎？今道途之行，人鬼各半，自不辨耳。"固曰："然则君何主？"曰："天下之婚牍耳。"固喜曰："固少孤，尝愿早娶，以广后嗣。尔来十年，多方求之，竟不遂意。今者人有期此，与议潘司马女，可以成乎？"曰："未也，君之妇适三岁矣。年十七，当入君门。"因问囊中何物？曰："赤绳子耳，以系夫妇之足，及其坐则潜用相系。虽仇敌之家，贵贱悬隔，天涯从宦，吴楚异乡，此绳一系，终不可逭。君之脚已系于彼矣，他求何益。"曰："固妻安在？其家何为？"曰："此店北卖菜家妪女耳。"固曰："可见乎？"曰："陈尝抱之来，卖菜于是。能随我行，当示君。"及明，所期不至，老人卷书揭囊而行。固逐之入菜市。有眇妪，抱三岁女来，弊陋亦甚。老人指曰："此君之妻也。"固怒曰："杀之可乎？"老人曰："此人命当食大禄，因子而食邑，庸可杀乎？"老人遂隐。

固磨一小刀，付其奴曰："汝素干事，能为我杀彼女，赐汝万钱。"奴曰："诺。"明日，袖刀入菜肆中，于众中刺之而走。一市纷扰，奔走获免。问奴曰："所刺中否？"曰："初刺其心，不幸才中眉间。"尔后求婚，终不遂。

又十四年，以父荫参相州军。刺史王泰俾摄司户掾，专鞫狱，以为能，因妻以女。可年十六七，容色华丽。固称惬之极。然其眉间常贴一花钿，虽沐浴闲处，未尝暂去。岁余，固逼问之，妻潸然曰："妾郡守之犹子也，非其女也。畴昔父曾宰宋城，终其官。时妾在襁褓，母兄次殁。唯一庄在宋城南，与乳母陈氏居，去店近，鬻蔬以给朝夕。陈氏怜小，不忍暂弃。三岁时，抱行市中，为狂贼所刺。刀痕尚在，故以花子覆之。七八年间，叔从事卢龙，遂得在左右，以为女嫁君耳。"固曰："陈氏眇乎？"曰："然，何以知之？"固曰："所刺者固也。"乃曰奇也。因尽言之，相敬逾极。后生男鲲，为雁门太守，封太原群左夫人。知阴骘之定，不可变也。宋城宰闻之，题其店曰"定婚店"。

这个故事讲述的就是有名的"月下老人"和"红线系足"的传说。在这个已经成为中国婚姻文化一部分的传说里，冥冥之中连结男女婚姻的就是一根"赤绳子耳"。

由此可知，作为婚姻的纽带，"赤绳"、"虹绳"、"红绳"三者之间存在着相互引申、推演、递进之密切联系。据此，就很容易明白为什么红色会成为中国婚姻的主色调了。接下来就可以反向去推论红色的这一层含义了：因为结婚是幸福美好的喜事，所以其主色调红色自然便带有了吉庆和谐之寓意；而结婚又意味着家族很快就会"添丁"(即生育)，所以红色也有了预示繁荣昌盛的引申义。

需要指出一点的是，很多情况下使用红色往往是多重含义并用的。比如说新娘的红盖头除了彰显喜庆之外，也有驱邪避煞之意，乃至还有禁忌之意(民俗里新娘的盖头是不能随意乱掀乱碰的)；紫禁城的红墙也是带有尊贵和禁忌的双重意味。

汉字里表示"红"的还有另外两个字："朱"和"丹"。这两个字都是源于人工红色的制取，即朱砂取红。"朱"的本义即是朱砂，朱砂是一种天然矿石，化学成分是硫化汞；而"丹"的本义就是矿井中的朱砂矿石。除了制取红色的意思外，这两个字并没有包含什么太多的特殊意义，就是很单纯地指代红色而已。

第二十一谈 钱能通神

"钱能通神"一语,最早见于唐朝张固所著的《幽闲鼓吹》卷五十二,后被收入《新唐书·艺文志》。其文如下:

张延赏将判度支,知一大狱颇有冤屈,每甚扼腕。及判使。召狱吏,严诫之,且曰:"此狱已久,旬日须了。"明旦视事,案上有一小帖子曰:"钱三万贯,乞不问此狱。"公大怒,更促之。明日,复见一帖子来曰:"钱五万贯。"公益怒,令两日须毕。明旦,案上复见帖子曰:"钱十万贯。"公遂止不问。子弟承间侦之,公曰:"钱至十万贯,通神矣,无不可回之事。吾恐及祸,不得不受也。"

大意是说:张延赏即将担任度支使,他知道有一宗大案是个冤案,每每提起这宗大案都扼腕叹息。待到张延赏担任度支使后,召见掌管讼案、刑狱的官吏严加训戒,并且责令他们说:"这宗案子拖得太久了,你们必须在十天之内将它审理完。"第二天来到府衙办公,见桌案上放着一张纸条上写:"出钱三万贯,请你不要过问这宗案子。"张延赏看后大怒,更加督促这宗案子。转天,又在书案上看见一张便笺,上写:"出钱五万贯。"张延赏看后更加气愤,责令两日内必须审毕结案。翌日,书案上依然放着一张便笺，上面写着：“钱十万贯”。张延赏看后就再也不过问这宗案子了。子弟们得知这件事情后，找机会询问张延赏，张延赏回答说：“钱出到了十万贯，能通神了，没有不可转圜的事情。我担心惹祸上身，不得不接受了。”

这个故事体现了钱作为具有购买能力的一般等价物的特殊地位。确实，人生在世，谁也离不开钱。当今的社会处在高速发展时期，面对日益稀缺的资源和高涨的物价，没有钱可以说是寸步难行，有了钱甚至能“有钱能使鬼推磨”。所以，人们对金钱的感情是特殊而复杂的。

今人如是，古人也不例外。我们的先人对于钱的特殊感情，但并不是仅仅缘于钱币作为商品一般等价物，其中还蕴含有其它深厚的文化传统。

我们中国古代的钱币，通行的形制是“外圆内方”，这种样式本身就是一种文化观念的体现。西晋文学家鲁褒写过一篇传世的文章《钱神论》，文中有云：“使内方象地，外圆象天。大矣哉！钱之为体，有乾有坤。内则其方，外则其圆。”钱币的“外圆内方”就是中国传统宇宙观“天圆地方”的体现。不仅如此，《钱神论》还说道：“其(指钱)积如山，其流如川。动静有时，行藏有节。市井便易，不患耗损。难朽象寿，不匮象道；故能长久，为世神宝。”从中可以看出，钱又和山川、动静、行藏、寿、道等更为抽象的“力量”联系在了一起。

钱币之中还隐含了天数。众所周知，钱币制造要有标准，在社会上流通也需要有兑换标准，我国历史上通常是用重量来作这些标准的，“天数”就藏在重量标准中。

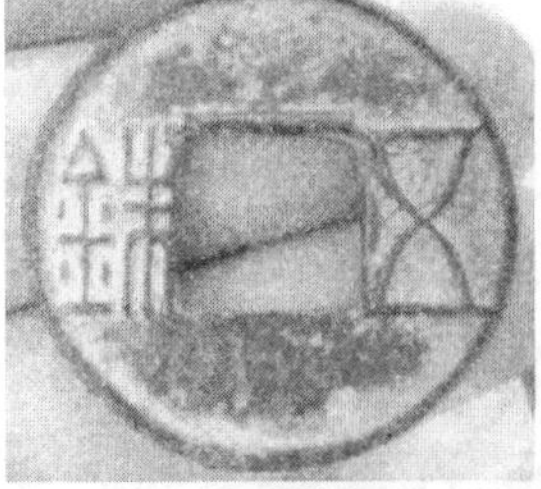

汉王铢

《汉书·律历志》有云：“二十四铢为两，十六两为斤……二十四铢而成两者，二十四气之象也。斤，明也；三百八十四铢，《易》二篇之爻，阴阳变动之象也。十六两成斤者，四时乘四方之象也。”大意就是：之所以把二十四铢定为一两，是源于二十四节气；把十六两定为一斤，是取四时(春夏秋冬)乘四方(东南西北)之意；这样一斤就等于三百八十四铢(24×16)，也就正合《易经》里全部的爻数，体现了阴阳变化之道。铢，是一种重量单位，原本就是钱币的重量单位。著名的五铢钱“汉五铢”可为实证(见上图)。大

由此可知，钱币又与天象、地象、阴阳有关。

综上，祖先对于钱币的特殊感情，很大程度上是一种敬重敬畏之情，源于人们对传承下来的“天圆地方”观念的认同，源于钱币之中蕴藏的天地阴阳。基于这种理念，钱币在中国传统里便成为了一种可以通神的宝物，有了很多其他的功效和用途。

最能体现钱币乾坤阴阳之意用的，莫过于用钱币来作为卜筮工具了。如“火珠林”(即所谓“文王课”)、金钱卦等占卜方法，工具都用的是钱币，而且一直流传到今天。2005年上映过一部香港电影《阿嫂》，其中影帝任达华饰演的“辰哥”，就十分擅长用钱来起卦。当然他用的是港币中的硬币，已经不是内圆外方的古钱了。

祖先认为占卜是沟通天人关系的一种方式，是很严肃的事情，所以对卜筮器具的选择绝不是随意的。最早的“龟卜”选用龟甲作为占卜工具，是因为龟本身就是一种灵物的化身，而且还是长寿之物，“必问吉凶于龟者，以其历岁久也。”(见于《淮南子》)。《周易》出现后，易占工具选择的是蓍草，这也是由于蓍草是一种灵物。东汉王充的《论衡》里就提到蓍草是“神灵之物”，《易经》里的《系辞》里也说：“幽赞于神明而生蓍”。而且蓍草生长缓慢，也被认为是长寿之物。清代的《渊鉴类涵》一书说蓍草“百年一本，生百茎，此草木之寿”，《博物志》也认为“蓍千岁而三百茎”。

钱币能被选作占卜工具，也正是由于它蕴含了乾坤阴阳之道，也是“难朽象寿，不匮象道”的神物，是和龟甲、蓍草等灵物一样，可以作为沟通天人关系的媒介。

除此之外，钱币在民间常见的另一种功用就是驱邪辟祟，最明显

的例子就是“压岁钱”。

压岁钱多是在过年时长辈赠给晚辈的，一般多是给孩子。“压岁”的本义就是“压祟”，即驱辟邪祟、禁劾鬼魅，钱币在此刻就变成了一种魇胜之物，除了其中蕴含了天地阴阳之象的原因外，还有另外一个原因，即民俗里认为孩子尚未发育完全，阳气尚弱，易被鬼祟侵袭。而钱币在社会里广泛流通，遍经万人之手，所以钱币里就含有了大量的“阳气”，故而将钱币赠与孩子，便可保其平安。

百家锁

基于这种观念的还有“百家锁”(见右图)。所谓百家锁，就是小孩的家人向亲朋邻居，每家每户讨要一文钱，然后把这些钱铸成一把锁挂在小孩脖子上，北京地区以前称之为“化百家锁”；南方有一种异曲同工的做法，即孩子出生后，主家把七粒白米和七叶红茶用纸包好，送给各路亲朋，亲朋还赠铜钱，以其铸锁。认为这样可以除病祛灾，保佑孩子平安长大。

此外，在北方一些地区(尤以天津地区流行)，每家在过年时都会在窗框的上沿或门楣上贴一种饰物，名为“吊钱”，即用一张长方形的红纸剪刻成花纹图案，下部形似“流苏”，上面一般刻有“万事如意”等之类的吉祥语(见上图)。这种“吊钱”的前身就是把铜钱用红绳穿编成串，然后挂在门窗之上，是真正的吊“钱”。随着时代的发展，现在“吊钱”除了驱辟邪祟外，也被赋予了招财进宝、富贵进门的意义。

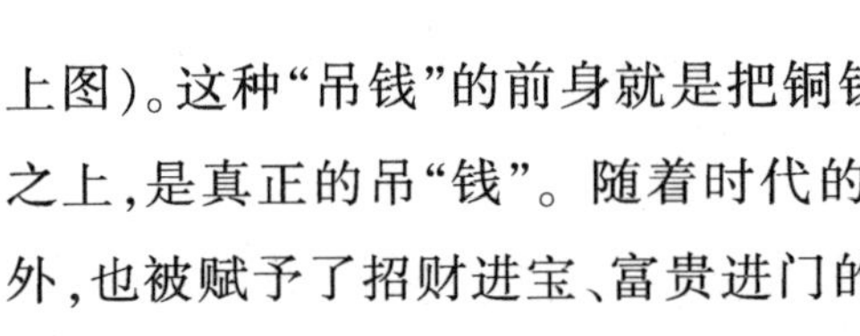
“吊钱”

事实上，传统里认为会有邪祟侵入的场合里，一般都能见到钱币的身影。比如说很多地区都有在修桥盖房的基址大梁里、下葬埋棺的墓穴棺椁里放置钱币的习俗。

综上可以看出，钱币由于蕴含了天道天数而成为了沟通天人的卜筮工具，而民间把钱币的这一含义加以简化，赋予了它人间的“阳气”观念，最终把钱币转化成了一种有神力的魇胜物并普遍使用。基于此种原因和需求，自汉魏时起就专门出现了一种不作为流通货币使用的“魇胜钱”，也称“花钱”。

魇胜钱作为一种非流通钱币，是人们为了驱邪消灾、趋吉辟祟之用而专门铸造的钱币，其上有吉祥语或是辟邪纹饰等。从某种角度来说，这种魇胜钱和欧洲所盛行的宗教币章有着异曲同工的意味。但我国的魇胜钱，不论上面铸刻何种文字图案，外观形制都是圆形方孔钱，就是取其天地乾坤之寓意。

由于时代的进步，中国传统钱币蕴含的文化意义也慢慢被人淡忘了，但是把一切问题的评判标准都与金钱利益挂钩，甚至为了追逐金钱而不择手段，这种价值观就值得我们警醒了。毕竟人生除了金钱，还有很多东西值得去追寻。最后，用苏州玄妙观里财神殿的一副对联作为结语：

有德斯福，招财纳宝自来驻尔家；

不义岂昌，财官利市求亦无缘分。

第二十二谈 梦的解析

梦,是一种主体经验,是人在睡眠时产生想象的影像、声音、思考或感觉,通常是非自愿的。它可以说是人体最神秘的一种现象了,现代科学一般将其出现的原因归结为睡眠时身体内外的各种刺激、残留在大脑里的外界刺激或者是大脑潜意识里的活动。但由于人脑高度的复杂性,梦的成因至今尚没有统一的定论。至于梦象(就是梦的内容)和做梦者的心理情感,以及和做梦者的实际遭遇之间是否存在一定联系,就更难说得清了。

从古至今,无论东西方,几乎都对梦象和真实之间的联系进行过探索。此谈的题目即取自西方精神分析学的奠基人、奥地利人西格蒙德·弗洛伊德所著的《梦的解析》一书。弗洛伊德是一位“泛性论”者,即把一切问题的本源都归结于性,把性欲视为高于一切、决定一切的根本因素。“男人用下半身思考”的名言就出他之口,他甚至还断言男孩子在小时候都做过和母亲发生性关系的梦。基于此种观念,弗洛伊德对各种梦象的解析大多归结到了“性”上。比如说女性的梦象中只要出现拐杖、雨伞等类似的高耸直锐之物,皆为男性阴茎之象征;男性的梦象中如果有门、洞等开口宽阔之物,则都是女性生殖器的象征。

梦,在中国古人看来是因为人的灵魂脱离躯体(即“出窍”)而导致的一种现象。而灵魂出窍是出于鬼神的指使,梦象就是鬼神给予做梦者的启示。所以对于梦象进行分析解释,就可以体察鬼神的意旨,从而预测吉凶。这就是中国的解梦,也称占梦的理论基础。

解梦的起源很早,东汉名士皇甫谧写过一本《帝王世纪》,专述帝王世系、年代及事迹的一部史书,所叙上起三皇,下迄汉魏,载录了许多《史记》及两《汉书》阙而不备的史事,尤其是对三皇五帝的世系及社会活动等重大问题进行了考证和补充。书里就记载有黄帝解梦的故事:“黄帝梦大风吹天下之尘垢皆去,又梦人执千钧之弩,驱羊万群。帝寤而叹曰:‘风为号令,执政者也。垢去土,后在也。天下岂有姓风名后者哉?夫千钧之弩,异力者也。驱羊数万群,能牧民为善者也,天下岂有姓力名牧者哉?’于是依二占而求之,得风后于海隅,登以为相。得力牧于大泽,进以为将。黄帝因著占梦经十一卷。”

黄帝得梦自解并“依二占而求之”,最后找到了风后、力牧两位名臣,因此“著占梦经十一卷”,名为《黄帝长柳占梦》,《汉书·艺文志》就有所收录,也确为十一卷。不过此书在魏晋时期便已亡佚,没有流传下来。即便《帝王世纪》记载的黄帝占梦一事不能采信,殷商时期的占梦行为就有实物可为佐证了,殷墟出土的甲骨卜辞里就有很多是占梦题材的,其表述方式大多类似“庚辰卜,贞多鬼梦”。

自古以来的很多著作都描述过占梦,《诗经》、《史记》、《左传》等。由于占梦行为很普遍,《汉书·艺文志》还特别指出“众占非一,而梦为大,故周有其官。”

所谓“周有其官”,即《周礼·春官》所云:“占梦:掌其岁时,观天地之会,辨阴阳之气,以日月星辰占六梦之吉凶。”六梦者,“一曰正梦,二曰噩梦,三曰思梦,四曰寤梦,五曰喜梦,六曰惧梦。”由此可见,周朝都把占梦之人纳入官制了,可见对其的重视程度。

可以看出早期的解梦只是官方和帝王的一种行为。到了战国、秦汉时期,很多王侯将其变成了一种维护统治的工具,就如同编造谶语一样，他们也开始编造梦象，来宣扬自己是所谓的“真命天子”。比如说汉高祖刘邦，《史记·高祖本纪》云：“（高祖刘邦）父曰太公，母曰刘媪。其先刘媪尝息大泽之陂，梦与神遇。是时雷电晦冥，太公往视，则见蛟龙于其上。已而有身，遂产高祖。”就是说刘邦之母在生刘邦之前，曾经梦到和神仙相遇，后来又和神龙相合生下了刘邦。这种说法过于荒诞，明显有美化本朝高祖之嫌。

由于“蛟龙于其上”实在是太假了，所以后来的统治者就在别人看不见、也无法证实的“梦”上下功夫。《艺文类聚》引《晋中兴书》记载：“孝武太后李氏（司马曜生母）。以微贱入为会稽王宫人。梦两龙枕膝，日月入怀。太祖异而召之，生烈宗。”司马曜之母原是“宫人”，就是婢女，是太祖“异而召之”即私幸其母才生的司马曜。这种很不光彩的事自然有损形象，于是司马曜就编造了其母“梦两龙枕膝，日月入怀”这种夸张的梦象来提高自己的身份。

这种手段历代君王都常使用，于是各位帝王的母亲也都做过类似的梦，什么“金乌入腹”、“吉星坠怀”、“仙人受胎”等。凡此种种，不一而足。

但是由于做梦人皆有之，所以民间自然也会有解梦的需求，加之秦汉后天道观的变化以及无神论的出现，解梦很快从宫廷走向了民间，并形成了一套相对系统的解梦方法和理论。

解梦方法其一就是直接对应法，即梦象是什么就对应什么，梦见什么事就发生什么事，二者是直接对应的。这种解梦手法在占梦著作里被称为“直叶”。明人陈士元所著的《梦占逸旨·感受篇》有云：“何谓直叶？梦君则见君，梦甲则见甲，梦鹿则得鹿，梦粟则得粟，梦刺客则得刺客，梦受秋驾则得秋驾。此直叶之梦，其类可推也。”

《史记·殷本纪》就记述过“直叶”之梦：“武丁夜梦得圣人，名曰说，以梦所见视群臣百吏，皆非也，于是乃使百工营求之野，得说于傅险中。”大意就是说商王武丁梦见了一个圣人，名叫“说”。武丁记住了梦里这个“说”的样貌,然后巡视群臣百官,没有一个符合的。于是武丁就详细画出了“说”的形象,派人拿着图像到天下遍寻,最后在傅险这个地方找到了“说”这位圣人。

这“直叶之梦”虽然对应明显,但是并不一定醒来后就能很快转化为现实,也许还会有很长的时间间隔。

北宋著名的科学家沈括写过一本科学巨著叫《梦溪笔谈》,总结了我国古代主要是北宋时期的许多科技成就,是中国科学史的里程碑作品。《梦溪笔谈》这一书名就源于沈大师的一个“直叶之梦”。沈括在其《长兴集·自志》中说自己三十多岁时,“曾梦至一处,登小山,花木如覆锦,山之下有水,澄澈极目,而乔木翳其上”,他在梦中很高兴,就想在那里住下来。后来他几乎每年都会梦到那个地方,甚至一年中会梦到三、四次,“习之如平生之游”。

十多年后,他被贬到宣城,听一个叫“无外”的道人对他说在“京口山川之胜”处,有人要卖地,要价30多万钱,沈括虽然没去看过,但把它买了下来。又过了几年,沈括退休致仕,途中路过京口(即今天镇江),想顺便看看当年道人替他买的地。谁料到得那里,发现此地竟然就是他梦中常游之地!于是沈括叹道:“吾缘在是矣”。于是他将此处命名为“梦溪”,并放弃了其他住所而长住于此,并在此完成了他的巨著,《梦溪笔谈》也因此得名。

解梦方法其二就是象征引申。这种方法用得最多,统治者编造梦象即多用此法。

五代王仁裕在《开元天宝遗事》中记载:李太白少年时,曾得一梦。梦见所用之笔笔头上生有鲜花,后果然才情横溢,天下闻名。这也是成语“梦笔生花”的来历。这鲜花乃繁荣昌明之象,笔上生花自然象征文采出众。

民间用这种方法解梦更是普遍,如“梦围棋者,欲斗也”,“梦见杯案,宾客到也”(见于《占梦书》);“柳为使者,梦见柳,当出游也”、“城为人君，一县尊也。梦见城者，见人君也”(见于《太平御览》)；“禾稼为财用之所出。梦出禾稼，财气生也”、“松为人君。梦见松者，见人君之征也”(见于《艺文类聚》)等，都是用的象征引申法。

解梦方法其三是易理文字法，就是用八卦《周易》和汉字拆合的方法去解释梦象，这种方法相对“高深”，一般多为学人所用。

《三国志·魏书·邓艾传》云：初，艾当伐蜀，梦坐山上而有流水，以问殄虏护军爰邵，邵曰：“按《易》卦，山上有水曰《蹇》。《蹇》卦辞曰：‘《蹇》利西南，不利东北。’孔子曰：‘蹇利西南，往有功也；不利东北，其道穷也。’往必克蜀，殆不还乎！”艾怃然不乐。

《三国演义》也收纳了《三国志》的这一史料记载，罗贯中说：“邓艾伐蜀，夜作一梦：梦见登高山，望汉中，忽于脚下迸出一泉，水势上涌。须臾惊觉，浑身汗流；遂坐而待旦，乃召护卫爰邵问之。邵素明《周易》，艾备言其梦，邵答曰：‘《易》云：山上有水曰《蹇》。《蹇卦》者：‘利西南，不利东北。’孔子云：‘《蹇》利西南，往有功也；不利东北，其道穷也。’将军此行，必然克蜀；但可惜蹇滞不能还。’艾闻言，愀然不乐”(见于《三国演义》第一百十六回　钟会分兵汉中道 武侯显圣定军山)。

这个事件大意是说邓艾出发前，因梦登高山而脚下涌泉，召问爰邵。爰邵通易理，即以“山上有水”的梦境，直接取水山‘蹇’卦，并解卦说此行“利西南”，邓艾能破蜀，但是回不来了。翻查《周易》可知，蹇卦的卦辞是“利西南，不利东北”，其《彖》曰：蹇利西南，往得中也，不利东北，其道穷也；而蹇卦的本义即为蹇滞，不得还。

历史也确实如此，邓艾偷渡阴平峻壁巅崖，出奇不意成功破蜀。但最终因与钟会“二士争衡”，死于西蜀而不得归。

还有利用梦象来比附汉字拆解的手法，黄帝梦“风后”、“力牧”其名就是用的汉字比附。《三国志·蜀志·魏延传》记载：“十二年，亮(诸葛亮)出北谷口，延(魏延)为前锋。出亮营十里，延梦头上生角，以问占梦赵直，直诈延曰：‘夫麒麟有角而不用，此不战而贼欲自破之象也。’退而告人曰:‘角之为字,刀下用也;头上用刀,其凶甚矣。’”

译成白话,就是蜀国大将魏延梦见头上生角,于是向占梦家赵直求解。赵直听后敷衍他说:“君不闻麒麟有角而不用,此梦预示不战而敌贼自破。”而赵直退下后对人说:“角字乃刀下用也,头上用刀,其实是为大凶之兆。”

确如赵直所言,很快诸葛亮病故,魏延反叛随后被杀。

还有,《麈谈》里记载刘邦还是小亭长时,做梦捕到一羊,他拔去羊的双角和尾巴。有占梦者向他贺喜,到:“羊无角尾,王也。”说得刘邦欣喜不已。据说汉光武帝刘秀也做过这个梦。

最后一种方法就是反向法,即从与梦象相反的方向来解说。这种方法的影响很大,因为一般人只有做了恶梦,梦见了不好的、令人不安的梦象之时才会寻求解占,这就是为什么民间也常把“解梦”称之为“圆梦”的原因。“圆梦”里的“圆”字和“打圆场”一词中的“圆”字类似,都有圆通、说好话的意思。民间流传的“梦是反的”这种说法,亦和此解梦法有着密切的关系。

古人把这种反向解梦法称之为“反极”。《梦占逸旨·感变》篇有云:“何谓反极?有亲姻燕会则梦哭泣,有哭泣口舌则梦歌舞,寒则梦暖,饥则梦饱,病则梦医,忧孝则梦赤衣绛袍,庆贺则梦麻茸凶服。此反极之梦,其类可推也。”

这种解梦方式历史上有很多,《左传·僖公二十八年》载:“晋侯梦与楚子搏,楚子伏己而盬其脑,是以惧。子犯曰:‘吉,我得天,楚伏其罪,吾且柔之矣。’”此事说的是晋楚城濮之战前夕,晋文公梦见和楚成王搏斗,楚成王伏在他的身上吮咬他的脑髓。晋文公梦醒后很是害怕,没想到部下子犯却把此梦解为大吉之梦。子犯说梦中晋文公被楚成王压倒在地,但是晋文公的脸是朝上的,所以是“得天”;而楚成王伏在晋文公身上,脸是朝着地的,所以是“伏罪”。至于楚成王吮咬晋文公的脑髓,子犯更解释为楚成王的牙齿是“刚”的,晋文公以脑承之,乃是“以柔克刚”。果然，城濮之战开始后，晋军守前约“退避三舍”，诱敌深入，最后大获全胜。

解梦的手法多种多样，但对于普通百姓来说，他们更注重结果，就是梦象预示的结果究竟是好是坏，是吉是凶。《周公解梦书》之所以成为影响最大、流传最广的解梦著作，重要原因之一就在于它给各种梦象定了性，直接表明了各类梦象的吉凶。

《周公解梦》里的“周公”姓姬名旦，是周文王第四子，武王的弟弟，我国古代著名的政治家，曾两次辅佐周武王东伐纣王，并制作礼乐，天下大治。因其采邑在周，爵为上公，故称周公。此书说为周公所著，显然是伪托。《周公解梦》对梦象吉凶的判断标准是基于前人的理论，是对前人解梦思想的继承和发展。

东汉王符撰有《潜夫论》一书，在《梦列》一篇里，有这样的记载：“凡察梦之大体，清洁鲜好，貌坚健，竹木茂美，宫室器械，新成方正，开通光明，温和升上，向兴之象，皆为吉，谋从事成；诸臭纡腐烂，枯槁绝雾，倾倚徵邪，劓刖不安，闭塞幽昧，解落坠下，向衰之象，皆为计谋不从，举事不成；妖孽怪异，可憎可恶之事，皆为忧；图画恤胎，刻镂非真，瓦器虚空，皆为见欺绐；倡优俳舞，侯小儿所戏弄之象，皆为悖笑。此其大部也。”

《周公解梦》可以说完全继承和接受了这一观点，也把“清洁鲜好，貌坚健，竹木茂美，宫室器械，新成方正，开通光明，温和升上，向兴之象”均视为吉兆。如《周公解梦》云：梦见清水，吉；梦见草木茂盛者，宅旺；梦见光明入宅，大贵；梦见燃火者，主大吉；梦见飞翔，得长安等。

同样，《周公解梦》也把“臭纡腐烂，枯槁绝雾，倾倚徵邪，劓刖不安，闭塞幽昧，解落坠下，向衰之象”都视为凶兆。如：梦见落厕中，主重病；梦见树木死者，大丧；梦见天黑气贯地，时疫病；梦见身落地，失官位，忧，凶；梦见从高坠地，大凶等。

《周公解梦书》最早在《宋史·艺文志》中被著录，其后失传。直到现代才重新在敦煌遗书中被发现，但也是残卷了，并不完整。另外在敦煌遗书中，还发现了《新集周公解梦书》一卷，是由已故的著名哲学家刘文英先生辑出的。刘文英先生生前任天津南开大学哲学系主任、中国哲学史学会副会长，是国内外学界享有盛誉的著名哲学家，在中国古代哲学特别是中国精神思维理论领域取得了卓越的学术成就。他所著的《梦的迷信与梦的探索》一书，清理几千年梦占迷信，总结中国古代梦说的杰出成就，修正了以弗洛伊德为代表的西方学者在梦学理论方面的原则性错误，提出了一个具有深厚的中国哲学资源背景文化底蕴的"中国人的新梦说"，在海内外引起强烈反响，被时任全国政协副主席的著名科学家钱学森誉为"中国人的胜利"。

在刘先生辑出的《新集周公解梦书》中，有一些极为新颖的解梦手法和观点，如"十二支日得梦"、"十二时得梦"等，即把时间因素加入到了解梦中来，体现了我国在梦学探索上的新思路。现在我们常说的《周公解梦》一般是《周公解梦书》、《新集周公解梦书》的统称。

"十二支日得梦"大略为：子日梦者，主失脱、东家有口舌；丑日梦者，主财入宅及喜悦；寅日梦者，得酒、远行、口舌；卯日梦者，主外客至、忌官事；辰日梦者，酒肉事、得外财；巳日梦者，东家小儿病；午日梦者，远行到；未日梦者，主酒食、喜乐、吉；申日梦者，官事、口舌起；酉日梦者，主酒食之事至；戌日梦者，远客至、得财；亥日梦者，官吏病疾事。

"十二时得梦"大略为：子时得梦，大吉昌；丑时得梦，有猫财（有小财之意）；寅时得梦者，送酒食；卯时得梦，有雨下；辰时得梦，有口舌；巳时得梦，主有哭泣事；午时得梦，主失财；未时得梦，小口（小孩）病；申时得梦，主诤讼；酉时得梦，有客来；戌时得梦，远信至；亥时得梦，主有官事。

每个人都希望做好梦、美梦，可做了凶梦、恶梦如何是好呢？见于记载的禳（音同"瓤"）解方法多为念咒法。如孙思邈在《备急千金要方》中说：夜晚做了恶梦，清早起床后只须"以水面东方念咒曰：'恶梦着草木，好梦成宝玉。'后便无事。"《新集周公解梦书》则详述了十二支日做恶梦后的禳解办法，即："子日梦恶，书贴门吉；丑日梦恶，朱书佩吉；寅日梦恶，黑书佩吉；卯日梦恶，黑书佩吉；辰日梦恶，书败门吉；巳日梦恶，书房壁吉；午日梦恶，书南壁吉；未日梦恶，书房门吉；申日梦恶，朱书壁吉；酉日梦恶，黑书壁吉；戌日梦恶，书中壁吉；亥日梦恶，绡书贴床。应一切不测之怪。"

解梦活动在唐末五代以前一直比较兴盛，到了宋时就已经衰落了，南宋名士洪迈在其《容斋随笔》里说："今人不复留意此卜(指解梦)，虽市井妄术所在如林，亦无一人以占梦自名者。其学殆绝矣。"造成这一现象的直接原因就是民间已经不相信解梦这一回事了。

究其根本原因，其一是时代和医学的进步，古人认为梦是人的灵魂出窍而导致的一种现象，是鬼神的意志。但是时代的进步、无神论的出现等使人们不再笃信这种说法了，解梦的理论基础也因此不再稳固。

另外，中医对于梦有自身的一套理论，相对于鬼神之说更有科学性。

如《黄帝内经·素问·方盛衰论》有云："是以肺气虚，则使人梦见白物，见人斩血藉藉，得其时则梦见兵战；肾气虚，则使人梦见舟船，得其时则梦伏水中，若有畏恐；肝气虚，则梦见菌香生草，得其时则梦伏树下不敢起；心气虚，则梦救火阳物，得其时则梦燔灼；脾气虚，则梦饮食不足，得其时则梦筑垣盖屋。"

《黄帝内经·灵枢·淫邪发梦》也云："阴气盛则梦涉大水而恐惧，阳气盛则梦大火而燔灼，阴阳俱盛则梦相杀。上盛则梦飞，下盛则梦堕，甚饥则梦取，甚饱则梦予。肝气盛则梦怒，肺气盛则恐惧，哭泣，飞扬；心气盛则梦善笑恐畏；脾气盛则梦歌乐，身体不举；肾气盛则梦腰脊两解不属。"

《针灸甲乙经·正邪袭内生梦大论》则谓："厥气客于心，则梦见丘山烟火；客于肺，则梦飞扬，见金铁之器及奇物；客于肝，则梦见山林树木;客于脾,则梦见丘陵大泽,坏屋风雨;客于肾,则梦临渊,没居水中;客于膀胱,则梦游行;客于胃,则梦饮食;客于大肠,则梦见田野;客于小肠,则梦见聚邑行街;客于胆,则梦见斗讼自刳;客于月行,则梦行走不能前,及居深地窌苑中;客于股肱,则梦礼节拜跪;客于胞植,则梦溲便利。”

可见中医把梦与五脏六腑十二经相联系,其效果是任何人都能看得到的,完全没有类似鬼神之说的虚妄之论。所以随着中医的发展,人们更乐于接受医家的思想。

其二就是解梦的随意性和不确定性。以《周公解梦》来说,“梦见清水,吉”,很多人都可能会梦见清水,但人和人境况不同,现实中怎么可能每个人都会“吉”呢?《梦占逸旨》解释说这是因为同一梦象也会因人而异:“帝王有帝王之梦,圣贤有圣贤之梦,舆台厮仆有舆台厮仆之梦。穷通益亏,各缘其人。凶人有吉梦,虽吉亦凶,吉不可幸也;吉人有凶梦,虽凶亦吉,凶犹可避也。”这种解释更难自圆其说了,“凶人有吉梦,虽吉亦凶”、“吉人有凶梦,虽凶亦吉”,那究竟谁是吉人谁是凶人呢?

再举两个历史上很著名的占梦实例来看一看:

《三国志·魏书·方技传》记载:尝有问宣曰:“吾昨夜梦见刍狗,其占何也?”宣答曰:“君欲得美食耳!”有顷,出行,果遇丰膳。后又问宣曰:“昨夜复梦见刍狗,何也?”宣曰:“君欲堕车折脚,宜戒慎之。”顷之,果如宣言。后又问宣:“昨夜复梦见刍狗,何也?”宣曰:“君家失火,当善护之。”俄遂火起。……又问宣曰:“三梦刍狗而其占不同,何也?”宣曰:“刍狗者,祭神之物。故君始梦,当得馀食也。祭祀既讫,则刍狗为车所轹,故中梦当堕车折脚也。刍狗既车轹之后,必载以为樵,故后梦忧失火也。”

刍狗,就是古代祭祀时用草扎成的狗。这个故事大意如下:

有人问周宣说:“我昨天晚上梦见了刍狗,如何解?”周宣回答说:“你能得到一顿美食。”不久,这个人出行,果然遇上了一顿盛宴。后来,他又问周宣说："昨天晚上我又梦见了刍狗，如何解？"周宣说："你会掉下车来把脚摔坏，需要小心。"很快，果然那个人就发生了这样的事。又后来，此人再次来问周宣："昨天晚上我又梦见了刍狗，如何解？"周宣说："你家里会着火，要当心注意。"其后那人的家里果然发生了火灾。在这之后，那人算是彻底服了，请教周宣说："三梦刍狗，每次解梦的结果都不一样，这是为什么呢？"周宣回答说："刍狗是用来祭神的物品。你初次梦见它，就预示你能吃到祭祀后剩下的佳肴。祭祀完毕后，刍狗会被废弃遭车轮碾压，所以你第二次梦见就预示着会坠车折脚。而刍狗被车碾压之后，肯定会被用来烧火，因此你第三次梦见就预示着会发生火灾。"

很多占梦家把这一故事视为高超占梦手法的典型代表。确实，周宣从事理出发，是用发展的眼光来解梦的。但是在这个事件里，"刍狗"实际上代表了三种预兆，一为食物，二为折脚，三为火灾。从另外一个角度说明，单纯的"刍狗"所预示的事件吉凶是完全不确定的。

再举一个例子。唐人李德裕撰的史料笔记《次柳氏旧闻》里记载："安禄山之叛也，玄宗忽遽播迁于蜀，百官与诸司多不知之。有陷在贼中者，为禄山所胁从，而黄幡绰同在其数，幡绰亦得出入左右。及收复，贼党就擒，幡绰被拘至行在。上素怜其敏捷，释之。有于上前曰：'黄幡绰在贼中，与大逆圆梦，皆顺其情，而忘陛下积年之恩宠。禄山梦见衣袖长，忽至阶下，幡绰曰：'当垂衣而治之。'禄山梦见殿中槅子倒，幡绰曰：'革故从新。'推之多此类也。幡绰曰：'臣实不知陛下大驾蒙尘赴蜀。既陷在贼中，宁不苟悦其心，以脱一时之命今日得再见天颜，以与大逆圆梦必知其不可也。'上曰：'何以知之？'对曰：'逆贼梦衣袖长，是出手不得也；又梦槅子倒者，是胡不得也。以此臣故先知之。'上大笑而止。"

大意就是说：有个著名的占梦家叫黄幡绰，安史之乱时陷于安禄山阵营之中。安禄山有一次梦见"衣袖长，忽至阶下"，于是向黄幡绰求解,黄幡绰说此梦即预示“垂衣而治”。后来安禄山又有一梦,梦见“槅子倒”,就是窗户(窗槅)颠倒,问于黄幡绰,黄幡绰说此梦预示为“革故从新”。听到这样的解释,安禄山自然很是高兴。等到安史之乱被平息后,唐玄宗责问黄幡绰为安禄山解梦之事,黄幡绰为自己开脱,说那些解梦之词都是骗安禄山的,真正的解释应该是“梦衣袖长,是出手不得也;又梦槅子倒者,是胡不得也(窗槅颠倒,无法糊窗纸,用“糊”来谐音“胡”,“糊不得”即“胡不得”。安禄山是胡人,所以造反没戏,即‘胡不得也’)。”唐玄宗闻言大笑,就不再追究了。

除了佩服这位黄幡绰的敏捷之外,解梦的随意性也可见一斑,可以说是遇见什么人说什么话,“见人下菜碟”。所以说,解梦的衰落是历史发展的必然,是肯定会被淘汰的。

第二十三谈 万物有灵

卜筮预测是中华异文化里一个重量级的组成部分，实际上，所有占卜的源头都是原始的前兆信仰。上古时期，人们对自然界某些特殊的、偶然的现象无法解释，对人体自身某些无法控制的生理现象也不能理解，于是便把这些都归结为神灵的启示，即所谓“万物有灵”。在这“启示”之后发生的事情，就被理解为神灵对人间的赏罚，是和“启示”互为因果关系的。这“启示”就是先兆，古人认为只要弄懂了这些先兆，便能够了解神灵之意，趋吉避凶。

举个例子来说，古人发现下大雨的先兆是电闪雷鸣，二者存在因果关系。在“万物有灵”的观念引导下，他们推而广之，认为所有人力无法控制的现象都是神灵带来的一种前兆，每种前兆都会像雷电预示下雨一样，能够预示出固定的一种结果。换言之，所有的前兆都和某种吉凶存在着必然的因果关系，就看人们能否发现了。

然而这些自然界的先兆（如雷电、日蚀、风雨等）发生具有偶然性，而且其预示的内容也受到了限制。为了摆脱时空的束缚，古人自行规定了某些前兆和吉凶的因果关系，占卜之术由此诞生。比如，在规定了烧灼龟甲后产生的裂纹排布与吉凶的因果关系后，就产生了龟卜法。

随着历史的发展和人们知识理论水平的提高，各种成体系的、理论化程度较高的占卜术纷纷出现，在民间流传最广的有两种有趣的杂项占术。

其一就是动物占，即根据动物的一些特殊行为来预测人事吉凶。

俗语有云：“喜鹊门前叫喳喳，定有喜事到我家”，这不就是动物占吗？确切地说是“喜鹊占”，喜鹊被称作报喜鸟，仰头看见喜鹊也是很吉利的事，所谓“抬头见喜”。《格物总论》就说：“鹊声吉多而凶少，故俗呼喜鹊。”

与此相反，猫头鹰就被认为是一种凶鸟。猫头鹰俗名“夜猫子”，古语称作枭，《清异录》云：“枭乃天毒所产，见闻者，必罹殃祸，急向枭连唾十三口，然后可禳。”民间俗语道：“夜猫子进宅，无事不来。”京津地区民间甚至还有猫头鹰的叫声是预兆人死的说法。

还有一本书把动物占都总结了出来，名为《占验录》，是由明朝人周履靖辑的。周履靖擅长诗文，还精通书法，篆、隶、楷、行、草俱佳；还擅丹青，山水、人物都很精妙，作品均被收录于中国版画史图录；还精医道，通本草及炮制，著有《茹草编》、《续易牙遗意》两部医书；还通养生、气功，著有《金笥玄玄》、《益龄单》、《赤凤髓》、《唐宋卫生歌》等，是一位货真价实的通才。现将他辑撰的《占验录》中关于“动物占”的部分抄录于下，以飨读者：

鹊早噪，行人至；中时噪，婚姻吉；暮忧疑。一云：鹊噪大概主喜事。

鸡早鸣，喜事；中时鸣，口舌；暮鸣，主丧事。

乌鸦早鸣，主火光之灾；中时有小喜；暮官非。一云：鸦鸣大概主害少忧多。鸱枭早鸣，喜事；中时鸣，官刑；暮丧事。

鸡入锅中啄食，其家渐贫无衣。

猫犬无故来家，如已养畜者，主大富贵。

犬上房屋，主人凶；灶前嚎，小口病；厕上嚎，妻妾病。

鼠白日自来人前死者，主凶祸，立见。

犬似人立，小儿凶。犬抛粪，擦腈行，主家人盗。

鼠跌入水瓮中，其家主远移。

鼠如鸡声，主人口病；咬碎衣服，主妻病。

鼠如鸡声上床鸣，主管非。

蝙蝠飞入床帐，主妻病；若自死者，主口舌。

喜蛛垂丝面前，官位至。

蝇子正写字抱笔头，随事不苦。

蛛戏额鼻上，有大喜事。

蝇子投药碗中，病人自愈。

凡乌飞入人家宅者，主人口离散。

麻雀入灶上啄食者，其家添进财禄。

蝇抱妇人鼻尖，定有孕。

山雀入厨中偷饭，土生贵子，成人官贵。

野兽奔入人家，主凶事。

蝴蝶、蝎子、蜻蜓、壁虎戏官服匣上，主加官。

蜻蜓落人家器械仪仗上，吉。

蛇入灶，主人口有灾；入房屋，官刑。黑主病，青主财，赤主口舌，白主丧服。

蛇入鸡窠鸣，主娶妻；挂梁上，主远行。

其二就是体占，即依据人体某些无法控制的生理现象来预测人事吉凶。这个现实生活里更加常见，俗语有云："左眼跳财，右眼跳灾"，这就是体占里的"眼跳占"，实际上占眼跳还要结合发生的时间来判断吉凶。此外还有打喷嚏后，很多人会说"有人念叨你啦"，这就是"喷嚏占"，具体占辞也得结合时间因素综合来看。

除了上述两种，体占还包括"耳热占(耳朵发热)"、"心惊占"、"耳鸣占"。体占起源相对较早，《汉书·艺文志》即列有《嚏耳鸣杂占》十六卷，不过早已亡佚。幸运的是，还有一本书对体占进行了总结，并流传至今，此书名为《百怪断经》，作者是宋代的俞诲。现也把其中相关内容抄录于下，供读者玩味。

嚏喷占

子时：主酒食；丑时：主女思；寅时：主女相和；卯时：主财喜；辰时：主酒食；巳时：主人来财；午时：主有客来；未时：主有酒食；申时：主惊不利；酉时：主文人来求；戌时：主和合；亥时：主吉利。

眼跳占

子时：左主贵，右主酒食；丑时：左主忧，右主人思；寅时：左主行人，右主吉；卯时：左主贵人，右主平安；辰时：左主客来，右主害；巳时：左主酒食，右主凶；午时：左主得意，右主凶；未时：左主吉，右主喜；申时：左主财，右主文思；酉时：左主音信，右主客至；戌时：左主他喜，右主酒食；亥时：左主贵人，右主官事。

心惊占

子时：有女人思；丑时：恶事不利；寅时：有客来；卯时：有酒食；辰时：有喜事；巳时：有大获；午时：有酒食；未时：有女人思；申时：主喜事；酉时：主喜信；戌时：有官客至；亥时：主恶服梦怪，大凶。

耳热占

子时：左主女思，右主失财；丑时：左主他喜，右主口舌；寅时：左主失物，右主心急；卯时：左主坎坷，右主客至；辰时：左主得意，右主行人至；巳时：左主凶，右主大吉；午时：左主信，右主亲人至；未时：左主他役，右主远人来；申时：左主行人，右主吉；酉时：左主失财，右主吉；戌时：左主远行，右主康；亥时：左主吉，右主凶。

耳鸣占

子时：主有僧道来议事；丑时：主有喜事大吉；寅时：主有酒食吃；卯时：主有远人来；辰时：主有喜事大吉；巳时：主有财物不利；午时：主

有喜事来；未时：主有奇获；申时：主有客来，酒食；酉时：主女子至，婚事；戌时：主有争讼口舌；亥时：主有词讼口舌。

另外，《占验录》中也涉及少量体占内容，一并奉上：

占喷嚏

子日有酒食，丑日主忧疑，寅日有外事，卯日主大吉，

辰日婚会吉，巳日主口舌，午日有喜事，未日主寻常，

申日只平平，酉日有客至，戌日女思念，亥日有人思。

占眼瞤（音同“顺”，眼瞤即眼跳）

子日，左酒食，右女思。丑日，左悲思，右人思。

寅日，左出行，右凶事。卯日，左人至，右人思。

辰日，左喜事，右大吉。巳日，左人至，右凶事。

午日，左人思，右吉事。未日，左酒食，右吉事。

申日，左人思，右吉事。酉日，左走失，右大吉。

戌日，左酒食，右人至。亥日，左吉事，右凶事。

凡眼瞤，左眼为他人事，右眼为自己事。

又釜鸣（即耳鸣），若自外鸣来，吉，添财进喜；自内鸣出去，主凶，财散家破。若男作女拜，女作男揖，即止。

凡脚心瞤，盗来之兆。取针刺贼字唾之，速散。

凡浑身肉跳，主忧疑官非之事。

上述二种占卜之法都是民间流传下来的，比较粗糙，没有什么理论体系，依据的仅仅是“万物有灵”的原始观念，并试图找出动物活动、人体生理现象与人事吉凶之间所谓的“因果”关系。当然这种因果关系并不存在，不过作为传统民间文化的一个部分，把它们当成茶余饭后的一个消遣谈资，也是挺有意思的。

第二十四谈 房术与采补

房术，就是房中术。采补，此谈里仅指房中术里所谓的“采补”。二者的宗旨、目的、侧重完全不同。可以说，前者有一定的科学道理，部分内容是有借鉴和继承价值的；后者则完全可以说是糟粕，是必须清除和摒弃的。

房中术，简称房术，也名“合阴阳”，是指导男女性生活的一种方技。它起源很早，有确实的证据证明在西汉时就出现了房术理论。《汉书·艺文志·方技略》中就载有“房中八家”，马王堆汉墓出土的竹简书《合阴阳》、《十问》、《天下至道谈》与帛书《养生方》、《杂疗方》等，也都属于房中术著作。东汉的张衡写过一首《同声歌》，以女性第一人称描写男女在新婚之夜的心情，后世评价很高，认为“丽而不淫”、“寄兴高远”、“以喻臣子之事君也”，其诗云：

邂逅承际会，得充君后房，情好新交接，恐懔若探汤。
不才勉自竭，贱妾职所当，绸缪主中馈，奉礼助蒸尝。
思为莞蒻席，在下蔽匡床，愿为罗衾帱，在上卫风霜。
洒扫清枕席，鞮芬以狄香，重户纳金扃，高下华灯光。
衣解金粉御，列图陈枕帐。素女为我师，仪态盈万方。
众夫所稀见，天老教轩皇。乐莫斯夜乐，没齿焉可忘！

其中“列图陈枕帐”是说在新人床上摆放着“图”，可以想见就是房中术的资料，而“素女为我师”、“天老教轩皇”中的“素女”是传世房中术著作中经常称引的人物，“轩皇”即黄帝，古代房中术著作中有不少素女和黄帝讨论房中术的记述。从《同声歌》看来，东汉时房中术已普及到了民间，不过到了宋朝以后，论及房中的理论著作就几乎绝迹了。

传统房中术是讲述性生活的卫生致寿之道，即提出性生活的卫生和禁忌之处，以及如何把性生活过程进行得圆满理想，并籍此排除疾病，获得身心的健康。就如《汉书·艺文志》所云：“调节情欲以求寿考。”在得享高寿的一代医圣药王孙思邈所著的《千金翼方》里，也有云：“非欲务于淫佚，苟求快意，务存节欲以广养生也；非欲苟强身力，幸女色以纵情，意在补益以遣疾也”。

可见，传统房中术的核心内容是合房之术，即提出性生活过程中必须注意的地方，强调了性生活与预防衰老、延寿的关系。

合房之术首先强调的就是性生活要适度，要有节制。从古至今，几乎所有医家一致认为节欲是和年龄相关的。年纪轻，血气充盈，精力旺盛，性生活的频率可以高一些。而随着年龄增长，气血衰退，就要降低频率，如果超年龄和实际精力纵情行事，甚或为房事而乱吃补药，则会折损寿命。如《千金翼方》所云：“贪心未止，兼饵补药，倍力行房，不过半年，精髓枯竭，唯向死近”。

而且，传统房术里还辩证地指出，如果走向另一个极端，即不适当地强行抑制性生活，也会引起病理，带来许多疾病。《千金要方》中说：“男不可无女，女不可无男，……强抑闲之，难持易失，使人漏精尿浊以致鬼交之病，损一而当百也”。《素女经》也说到：“阴阳不交，则生痈瘀之疾，故幽、闲、怨、旷多病而不寿。”

这种观点从现代科学的角度来看，也是相当正确的。性生活既不可“强抑闲之”，更不能“倍力行房”，那如何才叫适度有节呢？这有不同的说法。药王孙思邈曾针对男性提出过一个标准:“……人年二十者,四日一泄;三十者,八日一泄;四十者,十六日一泄;五十者,二十日一泄;六十者,闭精勿泄,若体力犹壮者,一月一泄”。民间也有其他说法,如有一民谚道:“二更更,三暝暝,四数钱,五烧香,六拜年”。它的意思是:二十岁时,每更(两小时)可有一次性生活;三十岁时,每晚都可以过性生活;四十岁时,要像数钱那样“一五一十”,隔五天过一次性生活;五十岁时,要像烧香拜佛那样,逢初一、十五进行一次性生活,即保持每半月一次的频率;到了六十岁,性生活要像拜年一般,一年一次为宜。这些都旨在引导人们适度节欲,避免房事过度而损害健康,在养生方面是有积极意义的。

另外,传统房中术强调两性和谐,并不轻视和忽略女性的感受。

在马王堆汉墓出土的竹简书《合阴阳》中有云:“戏道:一曰气上面热,徐呴;二曰乳坚鼻汗,徐抱;三曰舍薄而滑,徐屯;四曰下液股湿,徐操;五曰嗌乾咽唾,徐撼;此谓五欲之征。征备乃上,上堪而勿内,以致其气。气至,深内而上蹶之,因复下反之,毋使其气歇,而女乃大竭。”这段话的主旨就是进行性生活时,不要轻率暴力,应先有“前戏”,即性感上的和谐和爱抚。待到两情相悦、非常融洽之时,再逐步深入以行房事,使对方达到性愉悦和高潮。

同为马王堆汉墓出土的珍贵帛书竹简《天下至道谈》中也谈到,一方无性欲要求而对方强行交合,这时对双方特别是对女方的身心健康非常不利,犹如陷入绝境,称为“绝”;又或交合时过于粗暴急速,既不愉悦情致,又徒然浪费精力,这叫“费”。这二者都被归为房事中的“七损”,都是要避免的。

这些理论与现代性科学中强调充分前戏、重视女性的理论是相当契合的。

另外,传统房中术提出的一些禁忌损益和卫生注意事项,也是很有借鉴意义的,即所谓“欲有所忌”、“欲有所避”。

如“房事十忌”：

一、忌五更之色：凌晨三时以前不宜行房事，因为此时行房事不利于体力的恢复，会影响身体的健康和当天的工作。以晚上行房事最为合适，可在结束后得到充分休息，能够恢复体力。

二、戒忿怒中尽力房事：怒则伤肝，肝肾乙癸同源，则肾亦志，以致房事后，损伤肝肾，造成阴阳虚衰。所以行房前必须心情舒畅，安定神志。

三、饮食不久，不宜行房：因为此时气血集中在消化系统，应当充分休息，以帮助消化吸收，否则容易产生一系列的病症。《医心方》中讲到饮食行房事后，造成“胸中若裂，不欲饮食，心中结寒，时呕吐青黄”。这是消化系统功能紊乱，受到严重影响的结果。

四、醉酒不宜行房：酒醉行房有两大害处，一是害己，损坏自己身体，酒后入房，房事难以自制，常常造成“竭其精而后快”，致使肾精耗散过多，对五脏均有所害；二是害后代，因精子发生畸形，如果受孕，即会影响胎儿发育。如《景岳全书》所说：“酒性湿热，非惟乱性，亦且乱精，精为酒乱，则湿热其半，真精其半耳。精不充实，则胎元不固”。

五、经期不宜行房：唐代孙思邈说：“妇人月事未绝而与交合，令人成病。”

六、妊娠早期(前三月)及后期(后三月)不宜行房：即“男子贪淫纵精，女子好欲性偏”会造成“孕而多坠”的后果。

七、产后不宜行房：“妇人产后百日以来，极须殷勤”。在子宫复原以前(约6–7周)要严禁行房，否则容易引起女性各种疾病。

八、在气候剧变时不宜行房：自然界的风、寒、暑、湿、燥、火的气候变化，必然会影响到体内脏器的生理功能，所以，气候适宜，环境舒爽，对房事有利。如果气候剧变，超出了人们的调节功能，就会打破人体阴阳平衡，可发生气血逆乱，邪气极易侵犯人体，同时，气候剧变又会对夫妇双方的情绪产生很大的影响，此时行房，受孕亦不利。

九、在过度劳累后不宜行房：远行始归，或者持续紧张工作之后，精力大为消耗，此时行房，必然使精力耗散，身体极度疲乏，容易产生其他病症。

十、未经清洁不宜行房：无论男女都要注意保持外生殖器的清洁。

还有“七损八益”之说。所谓七损，是指七种性生活中有损人体健康长寿之事；所谓八益，是指有益于人体身心康寿的八种做法。

“七损”：一曰闭，二曰泄，三曰竭，四曰勿（弗），五曰烦，六曰绝，七曰费。”具体地说，在两性交接时动作粗暴、鲁莽而发生疼痛，叫“闭”；交合时虚汗淋漓，精气走泄，叫“泄”；房事没有节制，纵欲无度，气血耗竭，叫做“竭”；有强烈的性欲冲动，却因阳痿不举而不能进行，叫“勿”；交合时心中烦乱不安，心慌意乱，叫“烦”；一方无性欲要求而对方强行交合，叫做“绝”；交合时粗暴急促，既不愉悦情致，于身又没有补益，徒然浪费精力，这叫“费”。

“八益”：一曰治气，二曰致沫，三曰智时，四曰畜（含）气，五曰和沫，六曰窃气，七曰寺（持）赢，八曰定顷。具体地说，导引调理元气，并用意念使内气下行，是为“治气”；吞咽口中津液，收缩肛门，用意念引内气直达前阴，是为“致沫”；待双方“神合意感”，性欲亢奋时再行房事，是为“智时”；行房过程中，放松背部肌肉，提肛敛气，导气下行，是为“蓄气”；行房时从容徐缓，出入温和，是为“和沫”；射精后阴茎没有完全萎软时就抽出阴茎，停止性交，是为“窃气”；安静地休息以维持气血充盈，平静地等待女方性高潮的到来，是为“寺赢”；性高潮出现时将余精洒尽，在阴茎还没有完全萎软时就抽出阴茎离开女方，是为“定倾”。

除此之外，传统房中术还特别提到在病初愈之期切忌行房。因为病后康复阶段，精亏气虚，元气未复，极需静心休养。若行房耗精，则使正气更难复元，轻者旧疾复发，重者甚或丧命。《千金要方·伤寒劳复》指出：“病新差，未满百日、气力未平复，而以房室者，略无不死……近者有一士大大，小得伤寒，差已十余日，能乘马行来，自谓平复，以房室，即小腹急痛，手足拘挛而死”。元代《三元延寿参赞书》中更是引用史籍来证明这一观点：“《三国志》：子献病已差，华佗视脉曰：‘尚虚未复，勿为劳事，色复即死，死当舌出数寸。’其妻从百里外省之，止宿交接，三日病发，一如佗言，可畏哉。”

此外，传统房中术还确立了“欲不可早”的观念。

《寿世保元》一书有云：“男子破阳太早，则伤其精气；女子破阴太早，则伤其血脉”；《三元延寿参赞书》也说：“精未通而御女，以通其精，则五体有不满之处，异日有难状之疾”，“未笈之女天癸始至，已近男色，阴气早泄，未完而伤”。说明人倘若过早的“偷吃禁果”就会影响正常生理发育，危害身体健康，所以中国历代医家、养生家都主张青少年不可近欲，更不可以早育。因为年岁尚轻的人气血尚未刚壮，而胎孕生育又必然会耗伤人体大量精血。就如孙思邈在《千金方》中说：“字育太早，或童孺而擅气”，“生子愚痴，多病短寿”。可见，“早欲”和早育不仅会对自身十分有害，也会危及下一代。

应该说，最传统的房中术理论中的大部分内容，还是有其科学道理和借鉴价值的。但是很快，所谓“采补”的理论掺杂了进来，竟逐渐成为了房术的核心组成部分，使其走向了邪途歪路。

所谓采补，其实囊括的内容很广，方法也很多，如采气、采日月精华等。但是在房中术中，“采补”就仅仅是指“采阴补阳”了。

房中采补的理论和道教有着很深的关系。实际上，道教创立之初就吸纳了房中术。道教宗师张道陵，就是后世所说的“张天师”，就长于房中采补之道。《太平广记·神仙传·张道陵》道：“本太学书生，博通五经。晚乃叹曰：‘此无益于年命’，遂学长生之道……其治病事，皆采取玄素，但改易其大较，轻其道尾，而大途犹同归也。”这里提到的“玄素”即《玄女经》和《素女经》，都是房中术的经典著作。由此可知张天师经常用房中术来给群众治病，他还向其徒众传授房中术作为修炼之法：

"故陵语诸人曰:'尔辈多俗态未除,不能弃世,正可得吾行气导引房中之事,或可得服食草木数百岁之方耳。'"可见,房中采补和道教的渊源可是不浅。

早在战国时期,在四川青城山一带就已经形成了一个所谓的"房中炼养派",并尊容成公为始祖。容成公也称容成子,是道教兴起前后崇奉的一位传说中的人物,后很快被道教尊为正式的神仙,号称是黄帝和老子的老师。道家典籍《列仙传·容成公》云:"容成公者,自称黄帝师,见于周穆王。能善补导之事,取精于玄牝。其要谷神不死,守生养气者也。发白更黑,齿落更生,事与老子同。亦云老子师也。"这里的"玄牝"、"谷神不死"之语原出《老子》,本是来比喻"道"的,此处变成了房中之事的术语。

既然容成公是老子的老师,且"事与老子同",那么老子自然亦是精于采补之道的。于是,《列仙传·老子》中就有了"好养精气,贵接而不施"之语,至于其真实性值得商榷。随着道教的传播和宣传,这种说法依然流传了下来。武则天时期著名的章怀太子李贤曾召集学人给《后汉书》作注,在《后汉书·方术传》的注中就引用了此语,并进一步解释说,"御妇人之术,谓握固不泻,还精补脑。"

由于汉代很多人都相信容成公和老子均行房中术以致寿,于是房中采补盛行一时,从宫廷开始弥漫至民间。自宫廷始很容易理解,因为统治者有这个条件,而且所谓的房中采补、御女等内容都符合统治者们追求淫乐,同时又期望延年益寿、长生不老的心理需要。比如《汉书·王莽传》里记载王莽"日与方士涿郡昭君等于后宫考验方术,纵淫乐焉"。在后宫考验方术,"纵淫乐",想必就是房术无疑了。还有曹操,他也很相信这一套。

西晋张华著的《博物志》里记载:"魏时方士,甘陵甘始,庐江有左慈,阳城有郄俭。始能行气导引,慈晓房中之术,俭善辟谷不食,悉号二百岁人。凡如此之徒,武帝(曹操)皆集之于魏,不使游散","皆为操所录,问其术而行之”、“甘始、左元放(左慈字元放)、东郭延年,行容成御妇人法,并为丞相所录。间行其术,亦得其验。”这里的左慈,就是《三国演义》里“戏曹操”的那位道士,就擅长房术。曹操把他和其他方士都召集到身边来,便于学习研究“御妇人法”。

曹操的儿子曹丕在其名著《典论》里也记述了此事:“颍川却俭能辟谷,饵伏苓;甘陵甘始名善行气,老有少容;庐江左慈知补导之术;并为军史。初,俭至之所,伏苓价暴贵数倍。……后始来,众人无不鸱视狼顾,呼吸吐纳。……左慈到,又竞受其补导之术,至寺人严峻往从问受,奄竖真无事于斯术也。”这段话里提到太监(寺人)竟然也去学房中术,可以想见当时房术流行的盛况。

房中采补的理论和方法除了医家有所记述外,很大程度上是由道教中人传承的。宋徽宗赵佶就曾向茅山第二十五代宗师刘混康求“广嗣之法”,“广嗣之法”就是房术在道教里的别称。到了明、清时期,传说大名鼎鼎的张三丰就是房中术传承人之一,因为据传《采真机要》、《十二龙虎交奔之法》等采补之术就出自他手。

下面我们就简单说说采补本身。

“采阴补阳”有两个层次,低一级的是所谓“交而不泄,还精补脑”。

所谓“交而不泄,还精补脑”。简而言之,就是闭固不泄,使精液逆行上脑。采补理论中把男性精液视为极其珍贵的生命之液,把人脑视为主导衰老的关键,并且认为精液和大脑都是由肾来生发和主管的。据此相信精液不泄,使其上行至脑可以达到巨大的补益效果。

这完全是一些古人臆想得出的结论,现代科学告诉我们,无论使用何种手段忍精不射,精液都只会进入膀胱,随小便一起排出,根本没有什么途径“上行入脑”。即便精液逆行入了脑,但其成分主要是水和蛋白质,根本不会对人脑有什么补益的作用。况且,长期忍精不射反而可能引起男性后尿道和膀胱充血,引发性后尿频,影响性欲,甚至会导致前列腺炎。

可怜的是很多古人都笃信这一荒谬之说，在意念控制和特殊手法都无法奏效的情况下，竟然开始使用药物了。据五代时陶谷所著的《清异录》记载："昌黎公愈晚年颇亲脂粉。故事，服食用硫磺末搅粥饭啖鸡男，不使交，千日烹庖，名火灵库，间日进一双焉。始亦见功，终致绝命。"昌黎公就是大名鼎鼎的韩愈，连身为唐宋八大家之首的一代文宗都相信这套玩意，最终导致服用自制的春药而死，真是让人唏嘘不止。

而所谓高级别的"采阴补阳"，即交合过程中，在自己不泄的基础上通过特殊的意念控制和方法去采取对方的精气，使自己获得最大程度的补益，就更让现代人气愤了。它彻底抛弃了早期传统房术中两性和谐的理论，只把性交作为滋补男子、延长男方生命的手段，完全无视女性的身体和感受，甚至将女性变成了实验品，置于性工具的地位。

基于这种野蛮的理论，"采阴补阳"把被采补的女性称为"炉鼎"，这是源于道家的炼丹术。原本的炼丹术也是一种方术，是指用铅、汞等矿物配合药物炼化出所谓有"驻颜不老"、"长生不死"功效的丹药，炼丹的设备就是"炉鼎"。随后内丹术出现了，即主张凭借人体自身内部的精气神与天地元气相通，在人体内自我炼化出一种精华物质"内丹"的方术。内丹术很快成为了中国古代人体修炼方术的重要组成部分，其部分修练方法迅速和房中采补结合到了一起。所以"采阴补阳"对男性来说就变成了"炼内丹"的一种途径，既然是炼丹，女性自然就被当作了炼丹的工具，被引申比喻成了"炉鼎"。

不仅如此，采阴补阳之术还对所采的对象还做出了要求规范。比如作为"炉鼎"的女性须是"十五六岁以上，眉清目秀，齿白唇红，面貌光润，皮肤细腻，声音清亮，语音和畅者"，"若元气虚弱、黄瘦、红水不调，及四十岁上下者不可用也"（见于明朝洪基著《摄生总要·安置炉鼎篇》）。另如："女子十五至二十五，补阳和血，美颜色，悦精神，节而行之，能成地仙；二十五至三十五，我施彼受，虽无裨亦无大损耗；四十以上，能致疾；若天癸既绝，如枯枝吸水，不异鬼交，杀身而已。男子精血，

少如膏雨，壮如露零，枯嫩含滋，春芽吐润，老大如霜雪，使红颜萎黄凋谢耳。”（见于清代褚人获著《坚瓠集》）

这一理论还要求“御女”的数量不能少，认为“常御一女，女精气转弱，不能大益人”（见于《玉房秘诀》），“人常御一女，阴气转弱，为益亦少”（见于《房内补益》）；最好是“数数易女则益多，一夕易十人以上尤佳”（见于《医心方引玉房秘诀》），“但能御十二女而不复施泄者，令人不老，有美色。若御九十三女而自固者，年万岁矣。”（见于《千金翼方》）

荒唐啊，纵观历代统治者，无论如何研习所谓采补之道，纵欲贪淫的下场就只是短寿夭亡。“令人不老”、“年万岁矣”都是可笑的自我陶醉、虚妄的痴人说梦。

“房中采补”这种糟粕理论从一个侧面表明了生活在中国古代封建枷锁下的女性所受到的人格侮辱和身心摧残，是中国古代封建男权社会龌龊面的极端体现。我们在继承和发扬祖先留下的伟大文化的同时，一定要对其中的有害成分加以摒弃。只有这样，才是对传统文化真正的保护。

第二十五谈 中国人的预言——谶纬

20世纪90年代初，有一个宣称1999年是世界末日的西方预言传至我国，一度在社会上甚为流行。作出这个预言的人，是一位16世纪的法国预言家诺查丹玛斯，此预言见于其著作《百诗集》(或译为《诸世纪》)。事实证明，他的预测失败了。

2009年岁末，一部表现世界末日到来之时，人类挣扎求生的影片《2012》获得了全球影迷的一致好评。随即，影片中提到的玛雅文明关于"2012年12月21日黑暗降临后，12月22日的黎明永远不会到来"的末日预言迅速流行开来，以致于美国国家航空航天局的权威科学家都站出来辟谣，以正视听，这才消除了很多西方人内心的恐惧。美国国家航空航天局的官方回答是："2012年不会发生任何坏事。到目前为止我们的星球已经安稳度过了40亿年，而且全世界有威信的科学家都知道2012年不会发生任何坏事。"相信玛雅文化中的这个预言也离失败不远了，只待时间来证明。

我们中国的祖先在预言、预测这方面，也不会落后于西方。而且，给这门学问起了一个高古的名称——谶(音同"衬")纬。

谶，是巫师、方士编造的预测吉凶的预言隐语，称其为上天的启示，向人们昭示未来。历史上最有名的一条谶言，莫过于记载在《史记》

里的“亡秦者胡也”。

司马迁在《史记·秦始皇本纪第六》里记述道:“燕人卢生使入海还,以鬼神事,因奏录图书,曰‘亡秦者胡也’。始皇及使将军蒙恬发兵三十万人北击胡,略取河南地。”

其大意为,公元前221年,秦始皇统一了全国。但是北方的匈奴胡人势力也在日益壮大,这成了秦始皇的心头之患。后来,有一个方士燕人卢生,称自己能找到长生不老之术,于是秦始皇便派他前往蓬莱三岛,向仙人寻长生之术,并求仙人指点未来的发展方向。公元前215年,卢生回来了,他没有找到什么长生之术,却献给秦始皇一本《录图书》,上书一则惊天谶语:“亡秦者胡也”。秦始皇笃信方术,深信不疑,认为谶语中之“胡”正是指令其寝食难安的匈奴,于是遂命大将蒙恬率30万大军,北伐匈奴,以绝亡秦之患。但秦始皇仍旧不放心,接着又下令在北方边塞修筑万里长城,试图以此为屏障阻挡匈奴的南侵。

一句谶言直接导致了大规模的军事行动和超级伟大的工程——长城的建造。

历史证明了谶言,只是秦始皇理解错了。这里的“胡”指的是胡亥,即秦二世。秦始皇驾崩后,二世胡亥继位,横征暴敛,变本加厉,以致天下大乱,最终导致了陈胜、吴广起义,秦灭亡。就像东汉经学大师郑玄说的那样:“胡,胡亥,秦二世名也。秦(指始皇)见图书,不知此为人名,反备北胡。”

现代汉语中,“谶” 被解释为将来能应验的预言隐语,《说文解字》云:“谶,验也。”我们今天还有一句成语叫“一语成谶”,即“不幸言中”的意思。

纬,就是纬书,是儒生为解释儒家经典而编写的书籍,其大多假托古代圣人(如孔子)之名编写,是依附于“经”的各种相关著作。著名的“七纬”即:《易纬》、《书纬》、《诗纬》、《礼纬》、《乐纬》、《孝经纬》和《春秋纬》。

从纬书中(也包括“经”)进行考据、研究、探索、发现、获取预言的学问,叫做谶纬。谶纬之学涉及的范畴主要在政治上,也可以说它是对未来政治事件、权力格局、国家兴衰进行预言的一门学问。

两汉时期，谶纬之学十分流行。西汉的终结者也是篡权者王莽，就为自己的上台大量使用谶纬之说。

《资治通鉴》记载："前辉谢嚣奏武功长孟通浚井得白石，上圆下方，有丹书著石，文曰：'告安汉公莽为皇帝。'符命之起，自此始矣。"这只是开始，后来还有巴郡冒出石牛，扶风出石文，未央殿里出现铜符帛图等。所有这些，就一个意思：王莽是真命天子，汉高祖刘邦要把天下禅让给王莽。到了最后，"梓潼人哀章学问长安，素无行，好为大言，见莽居摄，即作铜匮，为两检，署其一曰'天帝行玺金匮图'，其一署曰'赤帝玺某传予黄帝金策书'。某者，高皇帝名也(即刘邦)。书言王莽为真天子，皇太后如天命。图书皆书莽大臣八人，又取令名王兴、王盛，章因自窜姓名，凡十一人，皆署官爵，为辅佐。章闻齐井、石牛事下，即日昏时，衣黄衣，持匮至高庙，以付仆射。仆射以闻。戊辰，莽至高庙拜受金匮神禅，御王冠，谒太后，还坐未央宫前殿，下书曰：'……以承皇天上帝威命也。'" 大意就是，大臣哀章在高祖庙里藏了一个铜匣子，里面有图和书，是高祖刘邦遗命，让王莽称帝，竟然还列出了大臣的名单，于是王莽就"顺理成章"地继位称帝了。

巧得很，推翻王莽的东汉的开国皇帝刘秀也用过这种手段。

据《后汉纪》卷一记载，刘秀的同乡李守造了"汉当复兴，李氏为辅"的谶语。李守的儿子李通就利用这条谶语去鼓动刘秀起兵。刘秀在长安时，"光武先在长安时，同舍生强华自关中奉赤伏符，曰'刘秀发兵捕不道，四夷云集龙斗野，四七之际火为主'。群臣因复奏曰：'受命之符，人应为大，万里合信，不议同情，周之白鱼，曷足比焉？今上无天子，海内淆乱，符瑞之应，昭然著闻，宜答天神，以塞群望。'"(见于《后汉书·光武帝纪》)所谓"四七之际火为主"，四七就是二十八。刘秀生于公元前六年，于王莽地皇三年(即公元二十二年)起兵，正好是二十八岁。

刘秀自己对谶纬也是亲力亲为，他称帝后发布了一篇告天祭文，其中有如下之语："……谶记曰'刘秀发兵捕不道，卯金修德为天子。'

秀犹固辞，至于再，至于三。群下佥曰：‘皇天大命，不可稽留。’敢不敬承。”（见于《后汉书·光武帝纪》）“卯金修德为天子”就暗指繁体的“刘”字，谶言源于上天，刘秀自然就把自己称帝归结为“答天神”了。

刘秀即位后“宣布图谶于天下”，就是把谶纬写成定本，使谶纬书籍定型化，并且用政治和法律的权力来维持谶纬神学的尊严。于是，谶纬之学遂成为东汉统治思想的重要组成部分，具有高度的神圣性。当时用人施政、各种重大问题的决策，都要依谶纬来决定。那一时间，谶纬被尊为“秘经”，称为“内学”，具有神学正宗的权威性。而原本的儒家经典反被称为“外学”，甚至对儒家经典的解释，也要向谶纬看齐，以致于“诏东平王苍正《五经》章句，皆命从谶。”（见于《隋书·经籍志》）

魏晋时期，魏取代汉时造出“代汉者当途高”（见于《后汉书·袁术传》）的谶语，“当途高”就是古代宫殿的两观，名叫“象魏”；“鬼在山，禾女连，王天下。”（见于《易运期》）也是意指曹魏当代汉为帝。此后，宋刘裕代晋即帝位，“大史令骆达陈天文符瑞数十条”，晋恭帝司马德文禅位玺书就说：“图谶祯瑞，皎然斯在”（见于《宋书·武帝纪中》）；南齐萧道成代宋称帝，说他“姓名骨体，及期运历数，并远应图谶，数十百条”（见于《南齐书·高帝纪下》）；萧衍代齐，沈约对萧衍说：“《谶》云：行中水，作天子”（见于《梁书·沈约传》）等。

此时，谶纬之学完全成了一些强者用来起义革命、改朝换代的工具，那些所谓源于上天的“谶言”几乎都是人造的。既然是人为制作的，自然就可以被另外一些人利用，散布出威胁当权者统治的预言。所以，魏晋时期开始，统治者逐渐认识到谶纬的危险，一上台就立即禁毁。下面就是历代禁毁谶纬的概况，摘引自《谶纬与<白虎通义>》一文：

三国时，曹魏“科禁内学、兵书。”凡谶纬诸书都须上缴，“匿不送官”的坐罪（见于《三国志·魏书·常林传》）；晋武帝司马炎“禁星气谶纬之学”（见于《晋书·武帝纪》）；北魏拓跋氏严禁谶纬，魏孝文帝拓跋宏大和九年：“图谶之兴，起于三季。既非经国之典，徒为妖邪所凭。自今图谶、秘纬及名为《孔子闭房记》者，一皆焚之，留者以大辟论”（见于

《魏书·高祖纪上》)；隋文帝杨坚取代北周时说："朕应箓受图，君临海内"(见于《隋书·高帝纪上》)，利用谶纬来表示天命所归，可是当他的政权稍加巩固，就在开皇十二年下令"私家不得隐藏纬候图谶"(仍见于《隋书·高祖纪上》)；到了隋炀帝时，"乃发使四出搜天下书籍与谶纬相涉者皆焚之。为吏所纠者至死。自是无复其学，秘府之内，亦多散亡"(见于《隋书·经籍志》)。

唐朝也禁止私家收藏图谶，并悬为禁令，著于法律。唐高宗时制定的《唐律疏义》规定私家不得藏有"天文、图书、谶书、兵书"，"违者徒二年"(卷9《职制》律)。唐代宗大历二年(767年)又重申"谶纬不经，蠹深于疑众，盖有国之禁，非私家所藏"，命令天下各州府查禁，"敕到十日内送官，本处长吏集众焚毁"(《旧唐书·代宗纪》)；宋真宗景德元年(1004年)正月诏："民间天象器物，谶候禁书，并纳所司焚之，匿不言者死"(《宋史·真宗纪》)；元世祖至元十年(1273年)禁"阴阳图谶等书"，至元二十一年(1284年)又重申"私藏天文图谶"的禁令，"有私习收匿者罪之"(《元史·世祖纪》)；明洪武六年(1373年)赵俶"请颁正定《十三经》于天下，屏《战国策》及阴阳谶卜诸书"(《明史·赵俶传》)。

总的来说，自隋炀帝发使四出搜缴谶纬以后，谶纬已大量散失。唐以后幸存下来的多属零篇断简。谶纬之所以到现在还能残存下来，一是由于《唐律》明确规定《七经纬》及《论语谶》不在收缴之内，所以这几种尚可幸免。二是历代禁谶纬大都是指民间私藏，皇家藏书不在此限，所以部分谶纬赖以流传，如清修《四库全书》就从明代《永乐大典》中辑出《易纬》等书。但皇家藏书由于战乱，天灾人祸，改朝换代损失很大，流传到现在的，自然不会太多 。

幸运的是，我们至今还能看到一些预言古籍，记载的也不是为帝王服务的零碎谶语，而是被系统化的完整预言著作，而且已经摆脱了传统谶纬浓重的神学迷信色彩，其预言的时间跨度也非常之大，甚至预测到了当今乃至未来的一些重大事件，这些著作亦被誉为中华文化里的"奇书"。

第二十六谈 谶纬奇书(上)

流传至今的谶纬著作被很多人称之为“奇书”,于是便有了“四大奇书”一说,即:《藏头诗》、《推背图》、《梅花诗》、《烧饼歌》。当然,“四大奇书”的说法也不统一,有观点认为其中应该包括《马前课》、《乾坤万年歌》、《步虚大师预言诗》等著作。

无论“四大奇书”究竟是指哪四本,谶书都有着如下共同的特点:

一、基本去除了传统谶纬书籍浓重的神学和迷信色彩。

二、预言的内容不是针对单一朝代,也不是服务于特定君王。

三、预言事件的时间跨度都很大,均在百年以上乃至更长。

四、预言是以诗歌的形式写成的,经过了人为有意识的加工。

五、预言诗所预测之内容并不直白,虽有易解之句,仍有大量晦涩之语,明了与含蓄并存。

六、预言使用了汉字的谐音、双关、拆字、反转等技巧,并大量运用假借、隐喻等写作手法。

七、预测的主体对象是国家,即中国;预测的内容为国家重大事件,即国运。

下面就来简单介绍一下最为出名的几部。

先来说说《梅花诗》。

《梅花诗》是十首预言诗的合集,作者是北宋的哲学家、易学家邵雍。邵雍,字尧夫,谥号康节,生于北宋真宗四年(公元1011年),卒于神宗十年(公元1077年)。他精于易数玄学,对于天地运化、阴阳消长的规律了如指掌,擅用先天易数来推算天地的演化和历史的循环。《宋史》记载他对于"远而古今世变,微而走飞草木之性情"都能"深造曲畅",通达不惑,而且"智虑绝人,遇事能前知"。当时的名流学士,如富弼、司马光等人都很敬重他,后人也尊称他为"邵子",位列北宋五子之一。如今人们常说的"一年之计在于春,一天之计在于晨,一生之计在于勤",就是出自邵雍。

邵雍的传世之作《梅花诗》,预言了他身后近千年中国发生的重大历史演变。和其他所有预言一样,他采用了十分晦涩的语言。《梅花诗》全文如下:

第一首:

荡荡天门万古开,几人归去几人来。山河虽好非完璧,不信黄金是祸胎。

——据说是预言北宋靖康事变。此事已经是邵雍死后50年(公元1126年)才发生的。

第二首:

湖山一梦事全非,再见云龙向北飞。三百年来终一日,长天碧水叹弥弥。

——据说是预言南宋兴废事。

第三首:

天地相乘数一原,忽逢甲子又兴元。年华二八乾坤改,看尽残花总不言。

——据说是预言元朝历史。

第四首:

毕竟英雄起布衣,朱门不是旧黄畿。飞来燕子寻常事,开到李花春已非。

——据说是预言明朝历史。

第五首：

胡儿骑马走长安，开辟中原海境宽。洪水乍平洪水起，清光宜向汉中看。

——据说是预言清朝历史。

第六首：

汉天一白汉江秋，憔悴黄花总带愁。吉曜半升箕斗隐，金乌起灭海山头。

——据说是预言中华民国前期史事。

第七首：

云雾苍茫各一天，可怜西北起烽烟。东来暴客西来盗，还有胡儿在眼前。

——据说是预言中华民国中期史事。

第八首：

如棋世事局初残，共济和衷却大难。豹死犹留皮一袭，最佳秋色在长安。

——据说是预言国民党事。

第九首：

火龙蛰起燕门秋，原壁应难赵氏收。一院奇花春有主，连宵风雨不需愁。

——据说是预言毛泽东建立新中国事。

第十首：

数点梅花天地春，欲将剥复问前因。寰中自有承平日，四海为家孰主宾。

——据说是预言华国锋、叶剑英，及邓小平中兴改革事。

上述十首诗里的“据说”都是一些高人分析后得出的结论。在这里介绍两个较为简单,自己能看得出的解读,其余的各位有兴趣可以自行钻研一下。

先解读第三首:

“天地相乘数一原”,据《周易·系辞》,天数为五、地数为六,“相乘”即相合之意。这样,天地相合即为十一,一原就是一个轮回。从元自世祖忽必烈定都北京到顺帝亡国恰好历经十一个皇帝。

“忽逢甲子又兴元”,元世祖忽必烈于1264甲子年(至元元年)定都燕京,国号大元,至1324甲子年元帝国达到全盛。这60年正好为一个甲子。

“年华二八乾坤改”,1368年即元至正二十八年朱元璋命徐达北伐攻克元大都,元朝灭亡,朱元璋亦于本年建立明朝。这当然是“乾坤改”了。

“看尽残花总不言”,元朝灭亡后,最后一位元顺帝逃回塞外,后来被一个名为“扑不花”的宦官暗害而死。

再解读第四首,这个就更加明了了:

“毕竟英雄起布衣”,明太祖朱元璋乞丐出身,当然是布衣了(布衣即平民百姓之意)。

“朱门不是旧黄畿”,“朱门”当然是指姓朱,“黄畿”谐音“皇基”,朱元璋定都于南京,后来明朝把北京定为首都,所以长久的“皇基”不会在此。

“飞来燕子寻常事”,这个明显是指燕王朱棣发动靖难之役夺取皇位。

“开到李花春已非”,“李花”就是李自成。李自成曾为流民,后为“流寇”,故被人称为“李花子”。1644年春,李自成攻入北京,崇祯帝自缢,明朝灭亡,当然是“春已非”了。

这两首是比较简单的,实际上,大部分诗句比这两首隐晦得多,有的还需要用典。

这种过于艰涩隐晦的东西,相信每个人都会有自己的见解。

下面再来说说另一部传奇谶书《烧饼歌》。

《烧饼歌》又名《帝师问答歌》,相传为明朝开国功臣刘基所作。刘基是一位了不起的军事家、政治家、阴阳家、文学家和诗人,史书上说其精通天文历法,有洞察世道变化之能,后人誉之为诸葛武侯再世,传奇色彩很浓。但是由于没有史料证明此歌出自刘基之手,所以有些学者认为此歌是清末之人假名伪作的。

不过,刘伯温确实是位神奇的人物,在辅佐朱元璋打天下的过程中,他曾多次未卜先知。其中最有名的莫过于"鄱阳湖救驾"事件。据《明史·刘基传》记载,公元1363年7月,朱元璋与陈友谅决战于鄱阳湖,这是生死定天下的一战。其时每天交锋十数次,士兵死伤无数,战斗极为惨烈。一天,朱元璋正坐在指挥船的临时坐具胡床之上指挥作战,刘伯温也在一边。忽然之间刘伯温跳起来大喝一声,催促朱元璋立即更换舰船。朱元璋匆忙转移到另一艘船上,还没有坐稳,只听轰的一声巨响,一发飞炮将朱元璋刚才乘坐的御船击成碎片。当时陈友谅看到朱元璋的指挥船已被打沉,大喜过望。不料忽见朱元璋驱水军疾冲而来,原来朱元璋毫发未伤,明军士兵见此士气大振,越战越勇。陈友谅落荒败走,于乱军之中中流矢毙命。这场"鄱阳湖之战"也是我国军事史上以少胜多,以弱胜强的著名战例。

鄱阳湖一战后,众人对刘伯温之能无不折服。朱元璋多次誉他为"张良再世"、"吾之子房也","以孔明之言引导朕躬",并称其为"老先生"而不直呼其名。

那么刘伯温的《帝师问答歌》为什么会被叫做《烧饼歌》呢?这有一个传说:洪武元年,也就是公元1368年的一天,南京的皇宫里,朱元璋正坐在龙椅上吃烧饼,才刚咬下一口,宫内太监紧急来报,说护国师刘伯温晋见。朱元璋有意要测试一下刘伯温的本事,于是便以碗盖着只咬了一口的烧饼,召刘基入殿晋见。刘基入殿后,太祖劈头便问:"先生明知数理,可知这碗中所覆为何物?”

刘伯温在袖内暗起一卦,是为火地晋,变卦为泽地萃,卦中坤为体,知此物多半是五谷之属,用卦为火,象征着日,体卦又象征着月亮,而变卦的卦象上又显示此物缺失了一角。由此,刘伯温断道:“半似日兮半似月,曾被金龙咬一缺。此食物也。”

朱元璋闻言赞叹不已,便继续向其请教大明王朝此后的国运。刘伯温不负所望,随即道出了一大串隐语歌谣,不仅全面地预测了此后大明王朝的几乎所有大事件,更连同清朝甚至包括清后的历史都进行了推演,形成了至今仍然在市井中流传的《烧饼歌》。其通篇以问答形式出现,全文如下:

明太祖一日身居内殿,食烧饼,方啖一口,内监忽报国师刘基进见,太祖以碗覆之,始召基入。礼毕,帝问曰:“先生深明数理,可知碗中是何物件?”

基乃捏指轮算,对曰:“半似日兮半似月,曾被金龙咬一缺,此食物也。”开视果然。

帝即问以天下后世之事若何。

基曰:“茫茫天数,我主万子万孙,何必问哉。”

帝曰:“虽然自古兴亡原有一定,况天下非一人之天下,惟有德者能享之,言之何妨,试略言之。”

基曰:“泄漏天机,臣罪非轻,陛下恕臣万死,才敢冒奏。”

帝即赐以免死金牌,基谢恩毕,奏曰:”我朝大明一统世界,南方终灭北方终,嫡裔太子是嫡裔,文星高拱日防西。”

帝曰:“朕今都城筑坚守密,何防之有?”

基曰:“臣见都城虽巩固,防守严密,似觉无虞,只恐燕子飞来。”

随作歌三首曰:

“此城御驾尽亲征,一院山河永乐平。

秃顶人来文墨苑,英雄一半尽还乡。
北方胡虏残生命,御驾亲征得太平。
失算功臣不敢谏,旧灵遮掩主惊魂。
国压瑞云七载长,胡人不敢害贤良。
相送金龙复故旧,云开日月振边疆。”

帝曰:“此时天下若何?”

基曰:“天下大乱矣。”

帝曰:“朕之天下,有谁乱者?”

基曰:

“天下饥寒有怪异,
栋梁龙德乘婴儿。(一作:栋梁龙德乘婴孩)
禁宫阔大任横走,
长大金龙太平时。
老练金龙尤壮旺,(一作:各练金龙精壮旺)
相传昆玉继龙堂。
阉人任用保社稷,(一作:任用阉人保社稷)
八千女鬼乱朝纲。”

帝曰:“八千女鬼乱,朕天下者何?”

基曰:

“忠良杀害崩如山,
无事水边成异潭。
救得蛟龙真骨肉,(一作:救得金论真骨肉)
可怜父子难顺当。”(一作:可怜父子在离宫)

帝曰:“莫非父子争国乎?”

基曰:“非也,树上挂曲尺,遇顺则止。至此天下未已。”

帝曰:“何谓未已?”

基曰:

“万子万孙层叠层，
祖宗山上贝衣行。
公侯不复朝金阙，
十八孩儿难上难。”(一作：十八儿孙兑上行)
基卜卦曰：
“木下一了头，
目上一刀一戊丁，
天下重文不重武，
英雄豪杰总无春，
戊子巳丑乱如麻，(一作：戊子巳丑乱如麻)
到处人民不在家，
偶遇饥荒草寇发，
平安镇守好桂花。”
帝曰：“偶遇饥荒，平常小丑，天下已乎？”
基曰：
“西方贼拥乱到前，(一作：西文乱贼到面前)
无个忠良敢谏言。
喜见子孙耻见日，
衰颓气运早升天。(一作：衰颓气运早隆天)
月缺两二吉在中，(一作：月缺两两吉在中)
奸人机发去西东。(一作：奸人栈发走西东)
黄河涉过开金阙，(一作：黄河岁运朝金阙)
奔走梅花上九重。”(一作：奔梅山，上九重)
帝曰：“莫非梅花山作乱乎？从今命人看守何如？”
基曰：
“非也，
迁南迁北定太平，

辅佐帝王有牛星。

运至六百又得半,(一作:传至六百半)

梦奇有字得心惊。”(一作:梦花有子得心惊)

帝曰:“有六百年之国祚,朕心足矣,尚望有半乎。”

帝曰:“天机卿难言明,何不留下锦囊一封,藏在库内,世世相传勿遗也,急时有难,则开视之,可乎?”

基曰:”臣亦有此意。臣封柜内,俟后开时自验。”

遂又歌曰:

“九尺红罗三尺刀,

劝君任意自游遨。(一作:观若一见任逍遥)

阉人尊贵不修武,(一作:阉人尊重不修武)

惟有胡人二八狄。(一作:虽有胡人二八秋)

桂花开放好英雄,(一作:臣谓桂花好英雄)

拆缺长城尽孝忠。

周家天下有重复,(一作:国家天下有复重)

摘尽李花枉劳功。(一作:摘尽季花任劳功)

黄牛背上鸭头绿,(一作:黄牛背上一绿鸭)

安享国家珍与粟。(一作:安享国家乐太平)

云盖中秋迷去路,(一作:石盖中秋迷人路)

胡人依旧胡人毒。(一作:胡人依旧胡人胜)

反覆从来折桂枝,(一作:反复后来折桂枝)

水浸月宫主上立。(一作:水浸月宫主上移)

禾米一木并将去,

二十三人八方居。”

帝曰:“二十三人乱朕天下,八方安居否?”

基曰:“臣该万死,不敢隐瞒,至此大明天下亡之久矣。”

帝大惊,即问此人生长何方?若何衣冠?称何国号?治天下何如?

基曰：

“还是胡人二八秋，

二八胡人二八忧。

二八牛郎二八月，

二八嫦娥配土牛。”

帝曰：“自古胡人无百年之国运，乃此竟有二百余年之运耶？”

基曰：

“雨水草头真主出，

路上行人一半僧。

赤头童子皆流血，

倒置三元总纔说。(一作：倒置三元听谗说)

须是川页合成出，(一作：而是川水入台阁)

十八年间水火夺。

庸人不用水火臣，(一作：庸人不用水臣火)

此中自己用汉人。

卦分气数少三数，

亲上加亲亲配亲。”

帝曰：“胡人至此，用人水夺火灭，亲上加亲，莫非驸马作乱乎？”

基曰：

“非也，

胡人英雄，水火既济。

安享太平，有位有势。

时值升平，称为盛世。

气数未尽，还有后继。

宝剑重磨又重磨，抄家灭族可奈何。

阉人社稷藏邪鬼，孝弟忠奸诛戮多。

李花结子正逢春，牛鸣二八倒插丁。

六十周甲多一甲，螺角倒吹也无声。
点画佳人丝自分，一止当年嗣失真。
泥鸡啼叫空无口，树产灵枝枝缺魂。
朝臣乞来月无光，叩首各人口渺茫。
一见生中相庆贺，逍遥周甲乐饥荒。”

帝曰：“胡人到此败亡否？”

基曰：“未也，虽然治久生乱，值此困苦，民怀异心，然气数未尽也。
廿岁力士开双口，人又一心度短长。
时俺寺僧八千众，火龙渡河热难当。
叩首之时头小兀，娥虽有，月无光。
太极殿前卦对卦，添香禳斗闹朝堂。
金羊水猴饥荒岁，犬吠猪鸣泪两行。
洞边去水台用水，方能复正旧朝网。
火烧鼠牛犹自可，虎入泥窝无处藏。
草头家上十口女，又抱孩儿作主张。
二四八旗难蔽日，辽阳思念旧家乡。
东拜斗，西拜旗，南逐鹿，北逐狮。
分南分北分东西，偶逢异人在楚归。
马行万里寻安歇，残害中女四木鸡。
六一人不识，山水倒相逢。
黄鬼早丧赤城中，猪羊鸡犬九家空。
饥荒灾害皆并至，一似风登民物同。
得见金龙民心开，刀兵水火一齐来。
文钱斗米无人籴，父死无人兄弟抬。
金龙绊马半乱甲，二十八星问士人。
蓬头幼女蓬头嫁，揖让新君让旧君。”

帝曰：“胡人至此败亡否？”

基曰：

“手执钢刀九十九，杀尽胡人方罢休。
炮响火烟迷去路，迁南迁北六三秋。
可怜难渡雁门关，摘尽李花灭尽胡。
黄牛山下有一洞，可投拾万八十众。
先到之人得安稳，后到之人半路送。
难恕有罪无不罪，天下算来民尽瘁。
火风鼎，两火初兴定太平。
火山旅，银河织女让牛星。
火德星君来下界，金殿楼台尽丙丁。
一个胡子大将军，按剑驰马察情形。
除暴去患人多爱，永享九州金满赢。”

帝曰：“胡人此时尚在否？”

基曰：

“胡人至此，亡之久矣。
四大八方有文星，品物咸亨一样形。
琴瑟和谐成古道，左中兴帝右中兴。
五百年间出圣君，周流天下贤良辅。
气运南方出将臣，圣人能化乱渊源。
八面夷人进贡临，宫女勤针望夜月。
乾坤有象聚黄金，北方胡虏害生灵。
更会南军诛戮行，匹马单骑安外国。
众君揖让留三星，上元复转气运开。
大修文武圣主裁，上下三元无倒置。
衣冠文物一齐来，七元无错又三元。
大开文风考对联，猴子沐盘鸡逃架。
犬吠猪鸣太平年，文武全才一戊丁。

流离散乱皆逃民，爱民如子亲兄弟。

创立新君修旧京，千言万语知虚实。

留与苍生作证盟。”

《烧饼歌》通篇用谐音、拆字、隐喻等手法预测了明朝的重大事件，比如说燕王朱棣发动靖难之役（“只恐燕子飞来”），年号改为永乐（“一院山河永乐平”），土木之变（“相送金龙复故旧，云开日月照边疆”），夺门之变（“老练金精龙壮旺，相传昆玉继龙堂”），魏忠贤乱政（“八千女鬼乱朝纲”）等。

对明末乱世也有预言：如李自成起义（“木下一头了，目上一刀一戊丁”），崇祯帝自缢（“奔走梅花上九重”），吴三桂引清兵入关（“桂花开放好英雄，拆缺长城尽孝忠”）等。清朝之事亦有预测：如预言顺治皇帝（“须是川页合成出”），康熙皇帝（“庸人不用水火臣”），预言乾隆皇帝，及其在位六十年（“朝臣乞来月无光，叩首各人口渺茫，一见生中相庆贺，逍遥周甲乐饥荒”）等。

此外，“炮响火烟迷去路，迁南迁北六三秋”之句，据说是预测中华民国统一之事。因为民国成立后，先有袁世凯窃国称帝，再有张勋复辟，南北分裂，经过了多年的内战，到民国十八年才正式统一，正合六三一十八之数。

世人对此句之后的解读，就极不统一了，可谓仁者见仁智者见智吧。

由于《烧饼歌》里的词句相对通俗且有折有韵，易于记忆，所以它在中国民间流传十分广泛，是存世的谶纬著作里影响力很大的一部。金庸先生的名著《鹿鼎记》里，连不识字的主人公韦小宝也能背上几句：“手执钢刀九十九，杀尽胡儿才罢手”（见于《鹿鼎记》第四十回：待兔只疑株可守，求鱼方悔木难缘）。

能写出预测如此精准的《烧饼歌》，刘伯温自然了得。但也正是因为这谶纬之术，害了他的性命。刘伯温晚年为了避免“兔死狗烹，鸟尽弓藏”的结局，坚决要求退隐山中。即便如此，仍被他的死对头、当时的左丞相胡惟庸参了一本，说：刘伯温运用“望气”之法，企图用一块有“王气”的土地作自己的墓地，有图谋不轨之意。

“望气”是古代星占之术里的一项内容，也属于图谶的范畴，是被历代皇家所严禁的，个人私自研习更是大罪。朱元璋接到奏章后，虽然没有直接降罪，却停发了刘伯温的俸禄。刘伯温吓得赶紧回京城请罪，惊惧中病倒在了南京。待朱元璋准许他回家后，刘伯温做的第一件事就是交给大儿子一本“天文书”，叮嘱儿子立刻将此书上交朝廷，而且让子孙后代永不习学这些东西，之后便撒手人寰了（也有说法称其是被胡惟庸毒死的）。

第二十七谈　谶纬奇书(下)

此谈我们来说说中国谶纬文化的代表之作，号称谶纬第一奇书的《推背图》。为什么在流传下来的几部预言著作中，《推背图》被列为首位，誉为“第一”呢？接下来就以此为纲，介绍一下这部奇书。

一、成书时间早。

谶纬著作一般都会假托古时圣贤之名，比如“七纬”里就有几部伪称是孔子所撰。流传下来的几部谶纬作品，也都有类似的情况。像《乾坤万年歌》号称是周朝的姜子牙所写，《马前课》号称是三国时的诸葛武侯所著，还有《烧饼歌》说是刘伯温所言等，这些说法其实很难使人采信。

它们令人怀疑的原因就是，史籍(包括外史、野史、文人笔记)中并无记载，而且从遣词造句上也不像古人手笔。举个例子，《诗经》里面许多今人看起来很雅的诗在周朝时都算民间歌谣，姜子牙作为一代名相怎么可能会写出《乾坤万年歌》里如“八双牛来力量大”、“那时走出草田来”之类的句子？有鉴于此，前辈学者通过搜集研读史料，基本可以推断出《推背图》大概的成书时间。其中有一篇著名的论文，名为《<推背图>的起源与变迁》，下面节引部分要点：

出现“推背图”一词的最早文献是北宋人庄季裕的《鸡肋编》,然后是南宋人岳珂的《桯史》。《鸡肋编》有云:“……乃云于公家见《推背图》,故有谋。时王介甫方怒公排议新法,遽请追逮。神考不许,曰:‘此书人皆有之,不足坐也。’”

推背图最早见于著录,不是《唐书·艺文志》,而是《宋史·艺文志》的“五行类”。

但总的看来,可信为不是二十世纪所造的几种《推背图》,对元代以前的事特别是五代时期“预言”较详,而对明、清较略,另外就是在三十象以前各本出入较小,而此后诸象,各本的差异就较大了。而前三十象的内容主要就是五代。我们以一种较接近原貌的《推背图》为例,全书共六十七象,其中预言“应验”的仅不足四十象,在这三十余象中,只五代就占了十三象……由此可以猜测,五代可能是《推背图》的重要形成期,而这时期所造的谶基本上被保存下来了。”

从这篇论文里就能看出,起码在北宋前期就有了《推背图》,而且还说“此书人皆有之”,可见当时就有了刻印传播。这篇论文中作者推断《推背图》应该成书于五代时期,也较为合理。

另外,《推背图》里的预言诗也比较符合当时的体例,如预言安史之乱,杨贵妃马嵬驿身亡的谶诗:“渔阳击鼓过潼关,此日君王幸剑山。木易若逢山下鬼,定于此处葬金环。”读起来颇有唐宋时诗句的风骨。

综上,去除那些今人附会圣贤所写的预言谶书,《推背图》比起成书时间也相对肯定的《梅花诗》还要早一些。

二、两位传说中的作者均为奇人,且二人的奇行奇事都见于史籍。

《推背图》传说是由唐代的李淳风和袁天罡二人合著,这两位在历史上都是确有其人。

先说李淳风。

据《旧唐书·李淳风传》记载,此人从小就被誉为“神童”,博览群书，尤钟情于天文、地理、道学、阴阳之学，九岁时便远赴河南南坨山静云观拜至元道长为师。十七岁回到家乡，经李世民好友刘文静推荐，成为李世民的谋士，参与反隋兴唐大起义。李渊称帝后，李淳风成为秦王府记室参军。唐贞观元年，李淳风以将仕郎直入太史局，后擢升为太史令。

李淳风编订了《麟德历》，取代了原来相对粗疏的《戊寅历》；改进过浑天仪；写了六壬典籍《六壬阴阳经》、风水宝典《宅经》、星象巨著《乙巳占》；还是世界上第一个给风力定级的人。

另外，史载其擅长预测吉凶，屡验不爽。连同时代的一些"同行"都对他敬佩不已，说他的预言能力深不可测，仿佛有鬼神相助。更重要的是，他和谶纬之术的关系竟然可以在官修正史中见到。

《旧唐书·李淳风传》载："初，太宗之世有《秘记》云：'唐三世之后，则女主武王代有天下。'太宗尝密召淳风以访其事，淳风曰：'臣据象推算，其兆已成。然其人已生，在陛下宫内，从今不逾三十年，当有天下，诛杀唐氏子孙殆尽。'帝曰：'疑似者尽杀之，如何？'淳风曰：'天之所命，必无禳避之理。王者不死，多恐枉及无辜。且据上象，今已成，复在宫内，已是陛下眷属。更三十年，又当衰老，老则仁慈，虽受终易姓，其于陛下子孙，或不甚损。今若杀之，即当复生，少壮严毒，杀之立仇。若如此，即杀戮陛下子孙，必无遗类。'太宗善其言而止。"

大意就是：唐太宗时代，社会上出现了一本《秘记》说："唐代在三世之后，将有女主武王取代其天下。"太宗皇帝就召来李淳风商议此事，李淳风说："我据天象推算，此事大势已成，这人已经出生，而且就在陛下的宫中。从现在开始算起，不过三十年，她就要据有天下，几乎要把唐姓子孙诛杀殆尽。"于是太宗想把可疑的人都杀了。李淳风却说："这是天命不可改变。尽管会出现篡权易姓的大事，但李唐政权还会维系下去。如果现在把她杀了，祸及无辜，上天一定会重新生出一个更年轻狠毒的人，那时陛下的子孙就会真得被杀尽了。"太宗觉得此言有理，于是就罢手了。

那本《秘记》想来就是一本类似图谶的东西，李淳风不用看也能预测到图谶所言之事，可见其谶纬之术的高超。而且关于武则天一事，在《推背图》里就有提及。

再来说说袁天罡。

袁天罡没当过什么大官，史籍里也不曾记载过他擅长谶纬预测之学，他最厉害的是相人相面之术。《旧唐书·袁天罡传》里说："在洛阳，与杜淹、王珪、韦挺游，天罡谓淹曰：'公兰台、学堂全且博，将以文章显。'谓珪'法令成，天地相临，不十年官五品'；谓挺'面如虎，当以武处官'；'然三君久皆得谴，吾且见之'。淹以侍御史入天策为学士，珪太子中允，挺善隐太子，荐为左卫率。武德中，俱以事流隽州，见天罡，曰：'公等终且贵……'"

译成白话就是说：袁天罡在洛阳曾给杜淹、王珪、韦挺三人相面，预言杜淹将以文章显贵而名扬天下；王珪不出十年将官至五品；韦挺面相如虎，将出任武官。并预言三人在宦海中还有沉浮，到时大家还会见面。果然在唐高祖武德年间，杜淹以侍御史入选天策学士，王珪当上五品太子中允，韦挺出任武官左卫率。三人正当仕途一帆风顺时，受宫廷政变牵连一起被贬隽州，在这里又遇到了袁天罡。袁天罡再次相面预测"公等终且贵"，最后都要官至三品。果然三人后来的经历和结局都与其预言丝毫不差。

最让人吃惊的是，袁天罡曾经给幼年的武则天相过面，竟然得出了以后可以当皇帝的结论。此事在《旧唐书》和《大唐新语》里均有记载。大略如下：

袁天罡在贞观初年经过利州时，给刺史武士彟(音同"获"，武则天之父)全家相过面。袁天罡一见到武则天的母亲杨氏便吃惊地说："夫人可生贵子！"武则天的母亲便把两个儿子武元庆、武元爽领出，袁天罡一看说此二子可官至三品，能够保住家业；杨氏又唤出武则天的姐姐(后封韩国夫人)让袁天罡相,袁天罡称“此女贵而不利夫”;最后,乳娘抱出尚在襁褓中的武则天,谎称是个男孩,谁知袁天罡一见大惊失色,连声说其面相贵不可言,道龙瞳凤颈,极其尊贵,如是女儿,长大当作天子!

那时可是封建男权社会,能仅凭相面就说出“乾坤颠倒”的话来,足见其相术之精准。

另外,袁天罡在死前数月,曾对人说自己的气数将于该年四月终结。果然,他于四月无疾而终。他也是中国古代所有术数家里,有据可查的唯一一位能精确推断自己死期的人(此事见于《新唐书》)。

三、《推背图》是流传于世的谶纬预言著作里,唯一一部完整的图文并茂的作品。

早期的谶纬作品都是配有图画的。图画与文字相结合,既直观真实,又有想象的空间,所以很多作品都被称之为图谶。然而时至今日,流传下来的谶纬作品只有《推背图》是图文兼备的。

《推背图》有不同的版本,但皆配有图画,所以被称为图本,如流行的六十图本和光绪年间东海野人题识的六十七图本等等。《推背图》以每一图为一象,再配谶诗和颂各一首对其进行解释,以此为体例集结成书。

推背图最后一象

《推背图》的最后一象绘有一前一后两个人,后者用手推前者之背,其颂云:“万万千千说不尽,不如推背去归休”,这就是《推背图》得名的原因。传说图画上的两个人就是李淳风和袁天罡。相传,李淳风某日观天象,发现日后会发生武曌夺权的事件,于是一时兴起,继续推算,没想到一发而不可收,竟推算到唐以后两千多年中国的命运,直到袁天罡推他的背,说道:“天机不可再泄,还是回去休息吧!”李淳风恍然惊醒,这才罢手。

四、有历史文化名人批注

谶纬作品一向被历代所禁,存世本就不易,有文人敢于点评批注者更是难得一见。《推背图》是一个幸运的特例,清初旷世奇才金圣叹就曾对它进行了批注。

金圣叹,名采,字若采,明亡后改名人瑞,字圣叹,是清初文学家、文学批评家。很多人知道金圣叹,是因为他评点并"腰斩"过四大名著之一的《水浒传》。《水浒传》原系一百二十回,金圣叹自己判定《水浒传》后五十回是施耐庵"横添狗尾",都是恶语,便尽行砍去,还自称此为"贯华堂古本"无续作,甚至还伪造施耐庵序于前。从此,《水浒传》便有了一个七十回的版本。

事实上,金圣叹的学问和本事绝不仅止于此。金圣叹博览群书,学富五车,不止评点过《水浒传》,还评点削删过《西厢记》,节评过《国语》、《国策》、《左传》等一系列典籍,当然还有《推背图》。他的评点注重思想内容的阐发,往往借题发挥,以小见大,提出了以塑造人物性格为中心的文学批评的观点和方法;他提出了较为系统的小说、戏曲创作理论,并论述了此类叙事文学创作的若干规律;他还总结出了诸如倒插法、草蛇灰线法、绵针泥刺法、獭尾法等全新的写作方法与文学批评方法。

此外,他对汉语语言的运用也已近乎化境,其文学功力、文字技巧更是令人赞叹不已。试举几例如下:

天上月圆,人间月半,月月月圆逢月半;

今夜年尾,明朝年头,年年年尾接年头。

——金圣叹题时令年节

大小子,上下街,走南到北买东西;

少老头,坐睡椅,由冬至夏读春秋。

——金圣叹撰机巧联

猫伏墙头风吹毛，毛动猫不动；

鹰立树梢月照影，影移鹰不移。

——金圣叹撰机巧联

上素月公饼；中糖云片糕。

——金圣叹撰机巧联（月公饼，即月饼，它和云片糕都为食物；"上素"谐音尚书，"中糖"谐音"中堂"，均为官名）

这老翁舍得几文钱，斋僧布道，加几年阳寿足矣。胡为乎，使金童玉女引上天堂。呀呀呀，玉帝也嫌贫爱富；

那婆子偷尝两片肉，破戒载荤，打两个嘴巴够了。又何必，差马面牛头拿归地狱。哈哈哈，阎王乃重畜轻人。

——金圣叹题戏台八十二字长联

雨入花心，自成甘苦；水归器内，各现方圆。

——金圣叹自题

这虽为文人游戏，但也能反映一个人的文学功底和人格风范。金圣叹一生奇人奇行，负才倨傲。他的死也是文人学者里面的一个传奇。在批点完《水浒传》、《西厢记》三年后，他因冒犯皇帝受"哭庙案"牵连，被朝廷判处斩首极刑。受刑前夜，他唤来狱卒说"有要事相告"。没想到竟指着狱卒给的饭菜说："花生米与豆干同嚼，大有火腿之滋味。得此一技传矣，死而无憾也！"

转天刑场上，金圣叹泰然自若，昂然向监斩官索酒酣然畅饮，边喝边说："割头，痛事也；饮酒，快事也；割头而先饮酒，痛快痛快！"

这时，他想起一天夜里留宿报国寺，由于睡不着觉去向方丈借佛经。老方丈说："我有一条件，如果你能对我出的上联，我便借你佛经。"当时正是午夜，老方丈随口说出上联："半夜二更半。"金圣叹冥思苦想，彻夜未眠，仍未对出下联。

此刻他的两个儿子梨儿、莲子（二子的小名）赶到刑场与父亲诀别，痛哭不已，金圣叹道："别哭了，今天是什么日子？"儿子答道："八月十五，中秋！”他听得中秋二字，忽然仰天大笑，说：“有了，有了。中秋八月中。”笑罢，他让儿子马上去报国寺告诉方丈，他已对出了下联。

当两个儿子赶回来时已是行刑在即，儿子悲痛万分，金圣叹也是心中凄苦，他安慰儿子说：“哭是没有用的。来，我出个上联你对对看，上联是‘莲子心中苦’。”儿子哪有心思想对联。金圣叹略一思索，道：“起来吧，别哭了，我替你对下联。下联可对‘梨儿腹内酸’。”这一联里用了两个儿子的小名，而且上联的“莲”与“怜”谐音，意为看到儿子悲戚之状深感可怜；下联的“梨”与“离”谐音，意为与儿子永别心中酸楚万分。一语双关，对仗严谨，旁观者闻言均是唏嘘不已。

此时忽又下起雪来，金圣叹仰望苍天，高声吟了一首诗：“天悲悼我地亦忧，万里河山带白头。明日太阳来吊唁，家家屋檐泪长流。”吟罢慨然赴死。

“天悲悼我地亦忧，万里河山带白头。”这就是一代大师的气魄！今天通行的《推背图》就是带有金圣叹批注的六十图本，原本现藏于台北故宫博物院。其扉页上，有金圣叹的自序：“……唐臣袁天罡、李淳风著有《推背图》，父老相传，迄未寓目。壬戌之夏，得一抄本，展而读之，其经过之事若合符节，其数耶，其数之可知者耶，其数之可知而不可知而可知者耶。玩其词，参其意，胡运不长，可立而待。毋以天之骄子自处也。”

金圣叹敢在清朝初年说“胡运不长，可立而待。毋以天之骄子自处也”，胆识可见一斑，这样的人评点《推背图》，岂不是谶纬之幸事？

五、预测的时间跨度大，准确度极高

通行的金批六十图本《推背图》，由唐朝为始，预言了其后中国两千多年的国运盛衰，甚至包括了当今乃至未来的国家大事，而且其准确度十分惊人，前四十二象均已被历史所证明。

六十象《推背图》，除去第一象引言和最后一象结言并非预言外，共有五十八象预言，从大唐气数一直预言到世界大同。而且每象相接，并无次序错乱，金圣叹点评时已应验到第三十三像。由此可见，即使作者不是李、袁那个时代的人，哪怕是清初人所作，我们也可以从第三十四象开始，来验证其后来的准确性了。三十四象之前的部分，我们选取二三象简单介绍一下。

《推背图》的第一象只画了两个相交的圆环，据说表示日月交替、昼夜轮回，也可引申为国家治乱兴衰的更迭。谶诗云：“茫茫天地，不知所止。日月循环，周而复始。”可见第一象是一篇引言，奠定了作者用阴阳循环的理论来预测后世的基调。

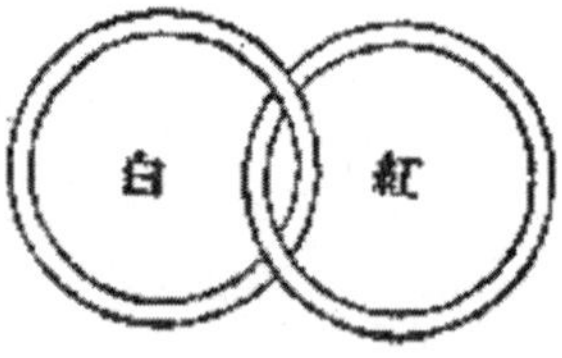

推背图第一象

第五象预言的是唐朝的安史之乱。此象画的是一个马鞍，一箱史书，一个女子卧于地上。谶曰：“杨花飞，蜀道难。截断竹箫方见日，更无一史乃平安。”颂曰：“渔阳击鼓过潼关，此日君王幸剑山。木易若逢山下鬼，定于此处葬金环。”金圣叹的批注：“一马鞍指安禄山，一史书指史思明，一妇人死卧地上，乃贵妃死于马嵬驿。截断竹箫者肃宗即位，而安史之乱平。”

推背图第五象

第三十三象预言的是清朝入主中原。此象画的是一艘大船渡河，船舱之上立有八杆大旗。谶曰：“黄河水清，气顺则治。主客不分，地支无子。”颂曰：“天长白瀑来，胡人气不衰。藩篱多撤去，稚子半可哀。”金圣叹的批注：“此象乃满清入关之徵。反客为主殆亦气数使然，非人力所能挽回欤。辽金而后胡人两主中原，璜璜汉族对之得毋有愧。”

推背图第三十三象

这一象稍微解释一下。统治中原的人国

号曰“清”，应了“黄河水清”；来的皇帝是清世祖，建年号为“顺治”，应了第二句“气顺则治”；本来满清乃明朝的客人，现在入关，喧宾夺主，正又应了“主客不分”；清朝共有十一位皇帝，应了第四句“地支无子”。因为地支有十二：子、丑、寅、卯、辰、巳、午、未、申、酉、戌、亥。今少了子，只余十一支，正合清朝皇帝之数。另外，清太祖努尔哈赤兴于长白山一带，“天长白瀑来”，即意指清兵来自“长白”；满清灭明，当然是“胡人气不衰”；清圣祖康熙后来削了三藩，应了 “藩篱多撤去”的预言；最后，满清令汉人都要剃发，光着额头恰似小孩子一般，所以叫“稚子可哀”，另外此语本来就有汉人可哀之意。

这前三十三象大致如上述两象，金圣叹也一一评点分析出了各象所预测的史实。下面我们着重来看看其后的预测，择其中较为明了，且有代表性的几象以飨读者。

先来看第三十四象，此象预言的是太平天国之事。此象画的是洪水泛滥，芦苇边上有数具白骨。谶曰：“头有发，衣怕白，太平时，王杀王。”颂曰：“太平又见血花飞。五色章城里外衣。洪水滔天苗不秀。中原曾见梦全非。”金圣叹的批注：“证已往之事易，推未来之事难，然既证已往，似不得不推及将来。吾但愿自此以后，吾所谓平治者皆幸而中，吾所谓不平治者幸而不中，而吾可告无罪矣。此象疑遭水灾或兵戎与天灾共见，此一乱也。”

推背图第三十四象

金圣叹告诉我们，此事发生在他身后，他不知道此象确切预言了何事，只能推测出此乃一乱也。金圣叹生活于清初顺治年间，自然不知道后来的太平天国之事。但是今人当然了解，于是就有了学者们如下解释。

“头有发，衣怕白”形容的是太平军的服饰，“太平时，王杀王”则直接提到了太平天国的名号，以及最后领导者互相残杀的命运。“太平又见血花飞”，太平即是指太平年景的终结，也是暗示了太平天国的名号；“五色章成里外衣”亦是形容太平军的服饰；“洪水滔天苗不秀”暗示了洪秀全的名字；“中原曾见梦全非"”则指的是太平天国一度占了中原的大好河山，但终是一场梦。象里描绘的洪水即暗示了洪秀全的名字，几具骷髅白骨则暗示了太平天国最后的悲惨结局。

再来看看第三十九象，此象预测了日本发动侵华战争之事。此象画的是一只鸟立在一个山头之上，后面有一旭日正在东升。谶曰：“鸟无足，山有月，旭初升，人都哭。”颂曰：“十二月中气不和，南山有雀北山罗。一朝听得金鸡叫，大海沉沉日已过。”金圣叹的批注：“此象疑一外夷扰乱中原，必至酉年始得平也。”

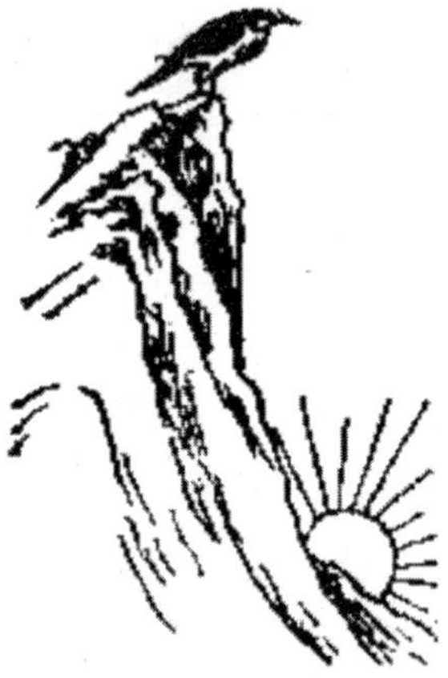

推背图第三十九象

“鸟无足，山有月”为一字谜，将“鸟“中的四点(繁体“鸟”字下方是四个点)去掉，将“山“加进去，就成为一个“岛“字(图鸟在山上，也暗示的是“岛”字)，预示岛国作乱；“旭初升，人都哭”，日本开始大举侵华，人人都在哭泣；“十二月中气不和”，十二月中为农历六月，即公历7月7日，“卢沟桥事变”发生；“南山有雀北山罗”，雀，精卫鸟也——汪精卫，罗，爱新觉罗——伪满国，意指南面有日本扶植的汪精卫政权，北面有日本扶植的伪满国政权；“一朝听得金鸡叫，大海沉沉日已过”，1945年8月，日本正式宣布投降，此年正是农历乙酉年，即鸡年，且在这次战事中，只有1945年是鸡年，所以此句明确指出了时至鸡年日本就会失败。

若依此解，听上去确实言之有理。事实上，正像金圣叹所言“证已往之事易，推未来之事难”，有关预测未来的各象，专家高人有着不同的看法，有兴趣的朋友可以自己去找些资料看一看。至于其他如《藏头诗》、《马前课》、《乾坤万年歌》、《步虚大师预言诗》等谶纬著作，写作手法都大同小异。

谶纬预言这种事，无论相信与否，不能全然算作迷信或是巫术。尤其从流传下来的著作上来看，即便是后人伪作，即便预测的真实性值得商榷，但是这些作品依旧展现出了高超的文字技巧和语言智慧，绝非一般百姓可以完成的，它们的存在还是有其自身的内在价值。

第二十八谈 方术之王(上)

中国传统方术种类繁多，其中有一种用来占筮吉凶祸福的方术，历来被术士们尊为中国方术之王，号称“帝王之学”，这就是——奇门遁甲。

奇门遁甲，简称“遁甲”或者“奇门”，起源有两种说法。

一说是九天玄女传授给黄帝的。

九天玄女，传说是西灵圣母元君之弟子，就是今人所说的西王母的弟子。相传上古时期，黄帝与蚩尤鏖战于涿鹿(今河北省涿鹿县)，九战而不胜。蚩尤祭起法术，使三日三夜大雾冥冥，令军士不见天日，难辨山川四野方向，困黄帝于太山之下。黄帝见军士无法作战，引兵退归，夜间昏然忧寝。西灵圣母遂遣使者，披玄狐之裘，以符授黄帝曰：“太一在前，天一在后，得之者胜，战则克矣。”西灵圣母所授神符，“广三寸，长一尺，青莹为玉，丹血为文。”授符既毕，西灵圣母又命弟子九天玄女向黄帝传授“三宫五意阴阳之略，太一遁甲六壬步斗之术，阴符之机，灵宝五符五胜之文”。这才使黄帝取得了最终的胜利，天下始得大定。此事在《龙鱼河图》、《旧唐书·经籍志》、《广博物志》等史籍和《墉城集仙录》、《云笈七签》等道家典籍中均有记载。

另一说是由风后所创。

风后不是神仙，是伏羲氏的后裔，是黄帝的第一任宰相，后人称之为“开辟首相”。今天山西省芮城县西南端的风陵渡，据说就是其所葬之地。《史记·五帝本纪》记载，黄帝“举风后、力牧、常先、大鸿以治民。顺天地之记，幽明之占，死生之说，存亡之难。时播百谷草木，淳化鸟兽虫蛾，旁罗日月星辰水波土石金玉。劳动心力耳目，节用水火财物。”足见风后对黄帝的帮助是多方面的。风后是一位了不起的军事家和发明家，他发明了“八阵图”和指南车，在黄帝与蚩尤大战中，因此立下了赫赫战功。成语“闻风丧胆”的本义就是用来形容蚩尤部落对风后的忌惮。后来，黄帝在列侯论官时，独擢风后为三公之首。在《汉书·艺文志》里，所有方术类著作的作者均被冠以“风后”二字。

抛去神话与传说，奇门遁甲实际上也是随着占筮的历史一步步发展而来的，它是式占的一种，前身是太乙式和六壬式。这三者也号称术数三大秘宝。

太乙式简称“太乙”，是推算国家政治命运、政治格局走向以及国家气数和历史变化规律的一种方术。据《太乙统宗神数》记载，上古时有一年冬至日的半夜，出现了“日月合璧，五星联珠”的神奇天象。五星联珠，是指水、金、木、火、土五颗行星在天空中一字排开，联成一串的天体现象。把太阳和月亮加进去，使这七个天体形成一条线，就是“日月合璧，五星联珠”，也可叫做“日月合璧，七曜同宫”。于是，人们就把这一时刻定为四甲子，即甲子年、甲子月、甲子日、甲子时，统称“太极上元”。上元甲子以来的年数称为“太乙积年”。再以“太乙积年”推演出“太乙流年”的太岁之卦，以此来预测一年中的吉凶气数和重大政治事件。

太乙的预测主要服务于政治，尤其是推算国运，所以历代帝王都很忌讳，社会上鲜有流传。我国现有的最早的一部行政法典《唐六典》中就记载：“……一曰雷公式，二曰太乙式，并禁私家蓄，三曰六壬式，士庶通用之”。

太乙式"禁私家蓄"就是禁止私人学习使用。而六壬式"士庶通用之",就是谁都可以用。为什么六壬式谁都能用呢?很简单,因为六壬式是用来预测人事的。

六壬式,简称"六壬",是推算人事吉凶祸福的一种占卜方术。它大概是以占卜月的季节、日的干支和时的地支三者为基准组成六壬课式,配以"六亲",即父母、兄弟、姐妹、妻子、官鬼、子孙;还有十二天将,即贵人、腾蛇、朱雀、六合、勾陈、青龙、天后、天空、大阴、玄武、太常、白虎。再辅以三传(初传、中传、末传)和四课(一课、二课、三课、四课)的五行生克关系来预测吉凶。据专家说,"六壬"有七百二十式,错综复杂变化繁多,民间术士常使用的"文王课"就是"六壬"的极简化变形版。

奇门遁甲就是由"太乙"和"六壬"演化而来的,吸收了二者的全部精华,将八卦、《周易》、阴阳、五行、九宫、干支、天文、律历等融合在一起,通过选择时间和方位,辅以"排局布盘"的手段来预测吉凶。据前辈学者考证,奇门遁甲在秦汉之际已基本完整成形,但作为独立的方术在正史中出现,则是在南朝大史学家范晔所著的《后汉书》里。

奇门遁甲可以说是式占的集大成者,它既可以预测国运,也可以占筮人事,用途十分广泛,但这只是它成为"方术之王"的原因之一。另外一个原因则是源于其预测卜筮的精准。

三国时期有一蜀人,名叫张裕,精通奇门遁甲。他曾私下对人说:"岁在庚子,天下当易代,刘氏祚尽矣。主公得益州,九年之后,寅卯之间当失之。"(见于《三国志·蜀书十二·周群传》)译成白话,就是说在庚子年,天下就会改朝换代了,刘家人的运气就耗尽了。九年后的寅、卯年间,刘备(就是主公)就会失去得来的益州。事实果然如此,公元220年,即黄初元年庚子年,曹丕废汉帝立魏。黄初三、四年,即壬寅、癸卯年间,刘备亡故,益州失守。

到了宋代,奇门遁甲由于和宋史第一疑案有了关联,而声名大振。这一疑案就是著名的"斧声烛影"。

简而言之,就是宋太祖赵匡胤离奇暴亡,他并没有按照传统将皇位传给自己的儿子,而是传给了弟弟赵光义这一谜案。笔者要说的事,与“斧声烛影”发生在同一天。

《宋史·马韶传》记载:“马韶,赵州平棘人,习天文三式。开宝中,太宗以晋王尹京,申严私习天文之禁,韶素与太宗亲吏程德玄善,德玄每戒韶不令及门。九年冬十月十九日,既夕,韶忽造德玄,德玄恐甚,诘其所以来,韶曰:‘明日乃晋王利见之辰,韶故以相告。’德玄惶骇,止韶一室,遽入白太宗。太宗命德玄以人防守之,将闻于太祖。及诘旦,太宗入谒,果受遗践阼。韶以赦获免。逾月,起家为司天监主簿。”

大意是,有一位赵州平棘人名叫马韶,此人通晓天文“三式”。他曾经与程德玄是好友,但是当时宋朝严禁“私习天文”,所以程德玄一般不和他来往,更不允许他靠近开封府。但是在九年冬十月十九日的黄昏(就是“斧声烛影”发生之前),马韶突然来找程德玄,说“明日乃晋王(即赵光义)大吉之辰,吾特来告知。”程德玄闻言“惶骇”,把马韶藏在一间密室里,并且急忙入禀赵光义。赵光义要程德玄把马韶看住,说自己会向太祖禀告此事。然而第二天清晨,就传来了赵匡胤亡故的消息,而赵光义受赵匡胤的遗诏登基了。于是马韶被放了出来,不到一个月就被擢升为司天监主簿。

史籍里虽然没有明确说明马韶是如何预测出赵光义的“大吉之辰”的,却写明此人精通天文“三式”,即太乙、六壬和遁甲。而遁甲之术在宋代是全盛之时,且又是“三式”中的集大成者,所以马韶使用的预测之法十之八九为奇门遁甲。

通过上述两个例子,可见用奇门遁甲来预测国运还是颇为准确神奇的。但是它如果只能服务于政治,恐怕也流传不到今天。奇门遁甲在历代禁毁的进程中能得以保存,一是得益于它涉及人事预测的领域。《隋书·经籍志》里录有的《遁甲行日时》、《遁甲要用》等书目都是用来预测人事吉凶的,绝无涉及国家政治的部分;二是得益于道家对它的吸纳运用。如"小仙翁"葛洪就撰有《遁甲反复图》、《遁甲秘要》(已佚)等著作。另外,在我国现存的唯一官修道藏(即道教经籍的总集)《正统道藏》的《洞神部·方法类》里,也录有《黄庭遁甲缘身经》、《秘藏通玄变化六阴洞微遁甲真经》等书目。

利弊互见,虽然道教的进入帮助了奇门遁甲的存世,同时也给奇门遁甲加入了很多不着边际的东西。比如把符箓、图咒之类等很多不靠谱的玩艺儿,作为一种预测工具或手段,强行附于遁甲学之上,这使得本就复杂异常的奇门遁甲之术,变得更加诡异怪诞。以至于明清之时,有识之士都对其鄙薄不已,"后人又掺杂以道家符箓之法,益怪诞不可究诘。于是六壬盛行而遁甲之学几废"(见于《四库总目提要》),遁甲遂不再复王者风采。

第二十九谈　方术之王(下)

奇门遁甲的复杂程度是远远高于易占和签占的，因为它融合了多方面的内容，据有关专家粗略统计，其变化有34万种之多，即便按照最传统的“阴阳遁十八局”来计算，也至少有8640种变化，这还是在“吉格”和“凶格”不相互配比变化的情况下。奇门遁甲如此复杂多样，很多人穷毕生之力也无法完全参透。在此仅粗略介绍一下相关的基本概念，只为让大家心中有个大略的形象。

首先，“奇门遁甲”这四个字是由三个部分组成的，即“奇”、“门”和“遁甲”。

奇：指的是天干中的乙、丙、丁三奇。

门：指的是休、生、伤、杜、景、死、惊、开八门。也象征八卦，按照上述顺序，分别对应坎、艮、震、巽、离、坤、兑、乾。这八门之中，开、生、休三门一般认为属吉门，景、伤、杜、死、惊五门大多看作凶门。

遁甲：“甲”为天干之首，是最为尊贵的，乙、丙、丁为三奇，剩下的戊、已、庚、辛、壬、癸六个天干被称为“六仪”。甲没有专门的位置，又不能与“三奇”相合，所以只能隐藏在“六仪”之中，即“遁”之意，所以称其为“遁甲”。

另外这“三奇六仪”还有注解：

六仪解为：戊（甲子）、己（甲戌）、庚（甲申）、辛（甲午）、壬（甲辰）、癸（甲寅）。

三奇解为：乙奇（日奇）、丙奇（月奇）、丁奇（星奇）。

古人易占用蓍草，签占用竹签，奇门遁甲用罗盘和奇子，而且是四层罗盘和十八枚奇子。

先来说说这四层罗盘。它们是由四个大小不同的同心圆盘组成的，从下到上、从大到小分别叫做“地盘”、“天盘”、“人盘”和“八诈门盘”。

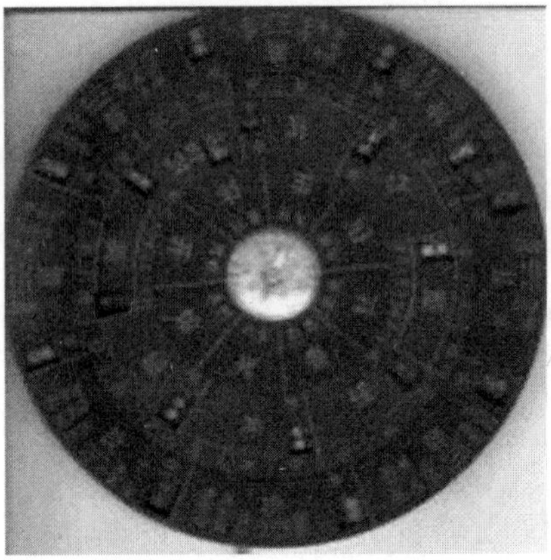

罗 盘

地盘：最下面的一盘，也是四盘中最大的一个盘，它是固定不动的。盘面分成八等份，每一等分里写有具体说明。具体如下：

正北方：一宫坎、休门、天蓬，生死加制；

西南方：二宫坤、死门、天芮，癸时干制，伤杜加制，甲戌符制；

正东方：三宫震、伤门、天冲，开惊加制，甲子符刑；

东南方：四宫巽、杜门、天辅，壬时干制，开惊加制，甲辰寅符制；

盘中心：五宫，即中宫，无字，表示其寄于地，上面要盖天盘；

西北方：六宫乾、开门、天心，景加制，丙丁奇墓；

正西方：七宫兑、惊门、天柱，景加制；

东北方：八宫艮、生门、天任，伤杜加制，丁奇墓，丁时干墓，甲申符刑；

正南方：九宫离、景门、天英，休加制，甲午符刑。

天盘：略小于地盘，套于地盘之上，亦分成八等份。天盘代表的是天象星图，所以在八等份内写上九星，即：天蓬、天芮、天冲、天辅、天禽、天心、天柱、天任、天英,其中天芮和天禽写在同一等份内。这九星中有吉星有凶星,据《遁甲符应经》载:“《三元经》曰:时下得天辅、天禽、天心为上吉;得天冲、天任为次吉;得天蓬、天芮为大凶;天英、天柱为小凶。”在演局拨转罗盘之前,天盘的摆放要和地盘相对应,即天盘的“天蓬”等分要和地盘的“一宫坎、休门、天蓬”相对应叠放好,其余依次序自然全部对应,这样也就是天地对应。

人盘:略小于天盘,套于天盘之上,亦分成八等份。每一等份标注为一门,即休、生、伤、杜、景、死、惊、开。在演局拨转罗盘之前,人盘的摆放要和地盘、天盘相对应。

八诈门盘:略小于人盘,套于人盘之上,也称“神盘”,上面标注八神。这个盘两面都会用到,所以两面都要分成八等份。一面为“阳遁”,顺时针分别标注为:勾陈、朱雀、九地、九天、直符、腾蛇、太阴、六合;另一面为“阴遁”,逆时针分别标注为:白虎、六合、太阴、腾蛇、直符、九天、九地、玄武。

再来说说奇子,这是在预测推演中需要用到的。一式二副,二副一样,一副九个棋子,其中六个标注六仪,六仪要二面标写,一面用红色,一面用黑色。六甲作直符时,用红的一面,不作直符时用黑的一面。余下三个均用红色标三奇乙丙丁,标记一面即可。

奇门遁甲的预测过程大概可分为定时、排局(或叫布局)、演局和分析四个步骤。

定时就是确定用事日和预测日的时间,要把年月日时全部转化为干支。年月日可以通过万年历查询干支,时辰的地支从晚上二十三点到凌晨一点是子时开始依此类推即可。而时辰的天干则需要推算一下,最常见的就是“五鼠遁法”,此法可以通过日干求得时干,其口诀为“甲己还加甲,乙庚丙作初,丙辛从戊起,丁壬庚子属,戊癸何方发,壬子是真途。”解释一下,就是说:

如果日干是甲或己,那么此日的子时的天干还是甲,丑时的天干就是乙，寅时的天干就是丙……以此类推；如果日干是乙或庚，那么此日的子时的天干就是丙，丑时的天干就是丁，寅时的天干就是戊……以此类推；同理，如果日干是丙或辛，那么此日的子时的天干就是戊；如果日干是丁或壬，那么此日的子时的天干就是庚；如果日干是戊或癸，那么此日的子时的天干就是壬；其余皆按顺序一推即可。

第二步的排局就比较复杂了，单从数目上说就有“阴阳遁十八局”，即“阳遁九局”和“阴遁九局”。下面的介绍节引自《奇门遁甲入门》一文：

“我国古代把每天二十四个小时分为子、丑、寅、卯、辰、巳、午、未、申、酉、戌、亥十二个时辰，每个时辰相当于现在的两个小时。奇门遁甲是一个时辰一个格局，按奇门历法，每年冬至上元到第二年冬至上元为一个循环，总共是360日。每天十二个时辰，一个时辰一个格局，全年的局数是12×360=4320。在这4320局中，实际上每一局重复了四次。拿阳遁一局来说，冬至上元、惊蛰上元、清明中元、立夏中元，皆属于阳遁一局。这四个元共20天，但落实到奇门排局，其格局类型以每个时辰一个格局计算，并不是12×20=240，而是12×20/4=60（因每一局重复了四次），即六十个格局，正好占据了从甲子到癸亥这十天干与十二地支的六十种结合。其它各局也无不如此，所以全年就格局讲都重得了四次，时辰的格局类型就为4320/4=1080（局）。这就是传说的黄帝命风后创立1080局。又据说传到姜太公吕望时，将这1080局简化为72局。这72局不难理解，因按二十四节气算，每个节气为15天，一节又分上、中、下三元，每元为5天。一节三元，全年二十四节气的元数则是3×24=72。

全年1080个局，但并不是每一局都要用一个盘去演示，如果用活盘演示，每个活盘可演示从甲子到癸亥60个时辰的格局，即1080/60=18，用18个活盘就可以演示整个年所有时辰的格局。一共18局，就是阳遁九局、阴遁九局。

虽说是时家奇门,却不能不顾日,不同日干的日,会产生不同时干的时,如甲、己日和乙、庚日的子时并不相同。所以每个时辰定为几局,是受节气和日干制约的,即看这个时辰所在的这一天属于哪一个节气,是这个节气的哪一元,上元、中元还是下元。

从大的方面说,从冬至开始到芒种结束为阳遁;从夏至开始到大雪为阴遁,局的序数与节气的关系是:

阳遁:

冬至、惊蛰一七四,小寒二八五,

大寒、春分三九六,雨水九六三,

清明、立夏四一七,立春八五二,

谷雨、小满五二八,芒种六三九。

阴遁:

夏至、白露九三六,小暑八二五,

大暑、秋分七一四,立秋二五八,

寒露、立冬六九三,处暑一四七,

霜降、小雪五八二,大雪四七一。

即冬至、惊蛰的上元为阳遁一局,中元为阳遁七局,下元为阳遁四局;其它以此类推。

在奇门排局时,五天为一局。因为每天十二个时辰,都是从子时到亥时,这是时辰的地支;至于五天之内这一天和那一天同一地支的时辰,天干却是不相同的。如昨天夜半为甲子,今天夜半为丙子,后天夜半成了戊子。这样每天十二个时辰,五天就是六十个时辰,正好把从甲子到癸亥60个花甲子用完。到第六天,夜半的时辰又从甲子开始,这就是五天为一局的道理。所谓几局,就是排局时甲子戊居于几宫,一局就是甲子戊在坎一宫,二局就是甲子戊在坤二宫,其他各局以此类推。

所以要根据节气确定阳遁还是阴遁。如为阳遁顺局,则八诈门盘要用阳遁面,奇子的排布要依据“顺布六仪,逆布三奇”的法则;如为阴遁逆局,则八诈门盘要用阴遁面,奇子的排布要依据“逆布六仪,顺布三奇”的法则。

第三步演局是指对除地盘之外其余三盘的拨转。在这之前要首先确定“旬首”,再依此来取“直符”和“直使”。直符就是九星中当值的星符,直使就是八门中当值的门使。十天或十个时辰叫一旬,确定了预测事的旬首,再在罗盘上寻找其被排在哪个宫中,与此宫相对应的天盘九星之一即为直符,与此宫相对应的人盘八门之一即为直使。在确定了直符和直使之后,就可以根据时辰的干支来拨转天盘的直符和人盘的直使,以此来预测分析吉凶了。

还有一种稍微简单的排局演局方法,即:第一步依据用事日确定用某遁某局,如用阳遁,则把八诈门盘翻作阳面;如用阴遁,则把八诈门盘翻作阴面;第二步根据某局甲子时定式,将一副棋子摆在地盘上,即排该局地盘的三奇六仪;第三步将另一副棋子对应地盘摆在星盘上;第四步根据用事时干支找出直符直使,将地盘和星盘在直符宫位上的棋子都翻成红色的一面;第五步根据用事时的干支分别按“直符寻干”、“直使觅支”的办法转动星盘和门盘;第六步转动八诈门盘,将小直符转到星盘大直符所在的宫位上。

最后就是分析了,用奇门遁甲术进行预测,判断吉凶祸福的主要依据是“吉格”和“凶格”。所谓“格”,就是演局后罗盘和奇子的排列组合情况。其种类名目异常繁多,现介绍一些主要的格:

主要吉格:

青龙回首:天盘六戊(甲子),地盘丙奇。作为大利。如遇门克宫或地盘为震三宫(击刑)则吉事成凶。

飞鸟跌穴:天盘丙奇,地盘六戊(甲子)。百事洞彻。

天遁:天盘丙奇,中盘生门,地盘丁奇。生门主兴隆,又得月华之气,百事生旺,利上书,求官,行商,隐迹,婚姻等。

地遁:天盘乙奇,中盘开门,地盘六已。此遁开门通达,又得日精之蔽，百事皆吉。宜扎寨藏兵，修造，逃亡绝迹，安坟等。

人遁：天盘丁奇，中盘休门，神盘太阴。此遁得星精之蔽，其方可以和谈，探密，伏藏，求贤，结婚，交易，献策。

云遁：天盘乙奇，中盘开、休、生三吉门之一，地盘六辛。此遁得云精之蔽，宜求雨，立营寨，造军械。

风遁：天盘乙奇，中盘开、休、生三吉门之一，地盘为巽四宫。如风从西北方来，宜顺风击敌；如风从东方来，敌方在东方、南方，皆不可交战。

龙遁：天盘乙奇，中盘开、休、生三吉门之一，地盘坎一宫或六癸。宜求雨，利水路，修桥凿井。

虎遁：天盘乙奇，中盘休门，地盘六辛艮八宫。宜招降，立寨，守御。

神遁：天盘丙奇，中盘生门，神盘九天。宜攻虚，开路，塞河，造像。

鬼遁：天盘丁奇，中盘杜门，神盘九地。宜偷袭攻虚。

三奇得使：天盘乙奇加临地盘甲戌或甲午；天盘丙奇加临地盘甲子或甲申；天盘丁奇加临地盘甲辰或甲寅，得使可以用事，若无吉门亦有小助。

玉女守门：门盘直使加临地盘丁奇。利婚恋，相会，宴喜娱乐之事。

遁甲开：六甲加会阳星，为开。主动，百事吉。

日奇伏吟：天盘乙奇加临地盘乙奇。主安守，不宜谋求。

奇仪顺遂：天盘乙奇加临地盘丙奇。主迁进，不利阴阳。

奇仪相佐：天盘乙奇加临地盘丁奇。主事吉，尤利文书。

日月并行：天盘丙奇加临地盘乙奇。主阴阳相宜，公私皆吉。

月奇朱雀：天盘丁奇加临地盘乙奇。君子主吉，常人逢喜。

吉同人遁：天盘丁奇加临地盘乙奇。君子加进，常人逢喜。

主要凶格：

青龙逃走：天盘乙奇，地盘六辛。奴仆拐带，六畜皆伤，失财破败，百事皆凶。

白虎猖狂:天盘六辛,地盘乙奇。主客两伤,不宜举事。出入则有惊恐,婚姻修造大凶,远行多有灾殃。

朱雀投江:天盘丁奇,地盘六癸。百事皆凶,文书口舌俱消,音信沉溺,有惊恐怪异。

腾蛇夭矫:天盘六癸,地盘丁奇。百事不利,虚惊不宁,文书官司。

太白入荧:天盘六庚,地盘丙奇。庚为太白金星,丙为荧惑(火星),故庚加丙称太白入荧。利客不利主,须防贼来偷营,宜于北方伏击之。为客进利,为主破财。

火入金乡:天盘丙奇,地盘六庚。利主,宜退避不宜冲击,贼恐自退。

岁格:天盘六庚,地盘丙奇。用事大凶。

月格:天盘六庚,地盘月干。用事大凶。

日格(伏干格):天盘六庚,地盘日干。用事凶。

时格:天盘六庚,地盘时干。用事凶。

大格:天盘六庚,地盘六癸。百事皆凶,求人不在,反招其咎;修造人财破散;出行车破马死。

上格:(小格):天盘六庚,地盘六壬。远行失迷道路,求谋破财得病。

刑格:天盘六庚,地盘六已。主管司受刑,求谋主破财,疾病。

奇格:天盘六庚,地盘乙,丙,丁三奇。出行用兵大凶。

飞干格:天盘日干,地盘六庚。交战主客两伤。

天乙飞宫格:天盘直符,地盘六庚。主客皆不利,尤不利客。

三奇入墓:天盘乙奇,地盘乾六宫(乙阴木长于午,墓于戌);天盘丙奇,地盘乾六宫;天盘丁奇,地盘艮八宫(丁阴火长生于酉,墓于丑)。百事不宜,谋事尽休。

六仪击刑:天盘甲子,地盘震三宫(子刑卯);天盘甲戌,地盘坤二宫(戌刑未);天盘甲申,地盘艮八宫(申刑寅);天盘甲午,地盘离九宫(午自刑);天盘甲辰,地盘巽四宫(辰自刑);天盘甲寅,地盘巽四宫(寅刑巳)。极凶,即使六仪为直符,也不可用。

天网四张:天盘六癸,地盘时干。天网四张不可挡,此时行事有灾殃。若是有人强出者,立便身躯见血光。值坎一至巽四宫,网低可匍匐而出;中五至离九宫,网高难出不用。

地网遮蔽:天盘六壬,地盘时干。不宜出兵,出行大凶。

九星伏吟:星在本宫不动。孝服损人口。

直符伏吟:天盘六甲在本宫不动,宜藏兵。

九星反吟:天盘之星加临地盘对宫。诸事皆凶。

直符反吟:天盘甲子,地盘甲午;天盘甲戌,地盘甲辰;天盘甲申,地盘甲寅。灾祸立至,遇奇门无妨。

八门伏吟:门在对宫。万事皆凶,得奇也不可用。

五不遇:时干克日干。百事皆凶,得奇得门也不可用。

在奇门遁甲里,吉凶格不是死的。它们就如同阴阳一样,当具备某些条件时,吉凶是可以转化的。另外,在排局时还有“置闰”、“超神”、“接气”之类的讲究,这些都使得奇门遁甲的变化更加纷繁多样,也愈发高深复杂。

顺便说一句,上述的吉凶格均见于《烟波钓叟歌》(见附录),这是一篇七言诗歌体的文章,共224四句,托名为姜子牙所写,真实作者已不可考,此文历来被称为学习奇门遁甲术的钥匙。它虽以诗歌形式写就,却十分艰深,其内容涵盖了《周易》、天文、地理、历法等各方面知识,还涉及了大量的术语名词。因此历代术数家要想掌握奇门遁甲术,都必须熟读此文。

奇门遁甲作为一种预测方术,即便其中有令人费解怪诞之处,但它和迷信是有着本质的区别的。它吸收了中国传统文化中许多精华的理论思想,可以说是了解先人思想的重要途径之一。在今人编著的《图解奇门遁甲大全》的前言里的一段话可作为此谈的结语:“在古代的各种易学决策学中,奇门遁甲是一种比较完整的数理模型,应验率很高。它把天时、地利、人和与影响人类生产生活的某些能量场,与时间、空间巧妙地组合在一起，为人们提供了一个模拟宇宙统一信息场的立体动态象数理模型，既可以用于决策自然、社会、人生各种各样的事物，也可以向人们提供趋吉避凶的时空选择。”

附：《烟波钓叟歌》

阴阳顺逆妙难穷，二至还乡一九宫。若能了达阴阳理，天地都来一掌中。
轩辕黄帝战蚩尤，涿鹿经年苦未休，偶梦天神授符诀，登坛致祭谨虔修。
神龙负图出洛水，彩凤衔书碧云里，因命风后演成文，遁甲奇门从此始。
一千八十当时制，太公删成七十二。逮于汉代张子房，一十八局为精艺。
先须掌上排九宫，纵横十五在其中。次将八卦论八节，一气统三为正宗。
阴阳二遁分顺逆，一气三元人莫测。五日都来换一元，超神接气为准的。
认取九宫为九星，八门又逐九宫行。九宫逢甲为直符，八门值使自分明。
符上之门为直使，十时一位堪凭据。直符常遣加时干，直使逆顺遁宫去。
六甲元号六仪名，三奇即是乙丙丁。阳遁顺仪奇逆布，阴遁逆仪奇顺行。
吉门偶尔合三奇，值此须云百事宜。更合从旁加检点，余宫不可有微疵。
三奇得使诚堪使，六甲遇之非小补。乙逢犬马丙鼠猴，六丁玉女骑龙虎。
又有三奇游六仪，号为玉女守门扉。若作阴私和合事，请君但向此中推。
天三门兮地四户，问君此法如何处？太冲小吉与从魁，此是天门私出路。
地户除危定与开，举事皆从此中去。六合太阴太常君，三辰元是地私门。
更得奇门相照耀，出门百事总欣欣。太冲天马最为贵，卒然有难宜逃避。
但当乘取天马行，剑戟如山不足畏。三为生气五为死，胜在三兮衰在五。
能识游三避五时，造化真机须记取。就中伏吟最为凶，天蓬加着地天蓬。
天蓬若到天英上，须知即是反吟宫。八门反复皆如此，生在生兮死在死。
假令吉宿得奇门。万事皆凶不堪使。六仪击刑何太凶，甲子直符愁向东。
戌刑在未申刑虎，寅巳辰辰午刑午。三奇入墓好思推，甲日那堪见未宫。
丙奇属火火墓戌，此时诸事不须为。更加天乙来临六，月奇临六亦同论。
又有时干入墓宫，课中时下忌相逢。戊戌壬辰兼丙戌，癸未丁丑一同凶。

五不遇时龙不精，号为日月损光明。时干来克日干上，甲日须知时忌庚。
奇与门兮共太阴，三般难得总加临。若还得二亦为吉，举措行藏必遂心。
更得值符值使利，兵家用事最为贵。常从此地击其冲，百战百胜君须记。
天乙之神所在宫，大将宜居击对冲。假令直符居离九，天英坐取击天篷。
甲乙丙丁戊阳时，神居天上要君知。坐击须凭天上奇，阴时地下亦如之。
若见三奇在五阳，偏宜为客自高强；忽然逢着五阴位，又宜为主好裁详。
直符前三六合位，太阴之神在前二，后一宫中为九天，后二之神为九地。
九天之上好扬兵，九地潜藏可立营，伏兵但向太阴位，若逢六合利逃形。
天地人分三遁名，天遁月精华盖临，地遁日精紫云蔽，人遁当知是太阴。
开门六乙合六己，地遁如斯而已矣。休门六丁共太阴，欲求人遁无过此。
要知三遁何所宜，藏形遁迹斯为美。庚为太白丙荧惑，庚丙相加谁会得？
六庚加丙白入荧，六丙加庚荧入白。白入荧兮贼即来，荧入白兮贼须灭。
丙为悖兮庚为格，格则不通悖乱逆。丙加天乙为悖符，天乙加丙为飞悖。
庚加日干为伏干，日干加庚飞干格。加一宫兮战在野，同一宫兮战在国。
庚加直符天乙伏，直符加庚天乙飞。庚加癸兮为大格，加己为刑最不宜。
加壬之时为上格，又嫌岁月日时逢；更有一般奇格者，六庚谨勿加三奇。
此时若也行兵去，匹马只轮无返期。六癸加丁蛇夭矫，六丁加癸雀入江，
六乙加辛龙逃走，六辛加乙虎猖狂。请观四者是吉神，百事逢之莫措手。
丙加甲兮鸟跌穴，甲加丙兮龙反首。只此二者是吉神，为事如意十八九。
八门若遇开休生，诸事逢之总称情。伤官捕猎终须获，杜好邀遮及隐形。
景上投书并破阵，惊能擒讼有声名。若问死门何所主，只宜吊死与行刑。
篷任冲辅禽阳星，英芮柱心阴宿名。辅禽心星为上吉，冲任小吉未全亨。
大凶篷芮不堪使，小凶英柱不精明。大凶无气变为吉，小凶无气亦同之。
要识九星配五行，各随八卦考羲经：坎篷星水离英火，中宫坤艮土为营，
乾兑为金震巽木，旺相休囚看重轻。与我同行即为相，我生之月诚为旺。
废于父母休于财，囚于鬼兮真不妄。假令水宿号天篷，相在初冬与仲冬，
旺于正二休四五，其余仿此自研穷。急则从神缓从门，三五反复天道亨。

十干加伏若加错，入库休囚吉事危。十精为使用为贵，起宫天乙用无遗
天目为客地为主，六甲推兮无差理。劝君莫失此玄机，洞彻九宫扶明主。
宫制其门不为迫，门制其宫是迫雄。天网四张无路走，一二网低有路通，
三至四宫行入墓，八九高强任西东。节气推移时候定，阴阳顺逆要精通。
三元积数成六纪，天地未成有一理。请观歌里精微诀，非是贤人莫传与。

第三十谈 察颜观色(上)

中国的传统术数多种多样，分类方法也不尽相同。网上有“玄学五术”的说法，即：山、医、相、命、卜。

“山”包含《玄典》、《养生》、《修密》三部分，是修心养性、锻炼身体的秘术；“医”包括三部分：“方剂”、“针灸”、“灵疗”；“相”包括两种：“人相”和“地相”；“命”是以时空关系来判断人的命运的一种方法，有“占星术”和“干支术”；“卜”术最为渊源流长，如梅花易数、六壬神课、太乙神数、奇门遁甲等。

上述这种说法从何而来，正确与否，无从考证。据笔者所知，中国术数大致分为四个部分，即：象纬(或称易纬)、青乌、姑布、壬遁。

象纬：也称易纬，即指易学象数、谶纬之术。

青乌：即指风水术，也叫堪舆术，是取传说中的一代风水大师“青乌子”名字而来。

姑布：即相术，是取春秋时期著名的相术大师“姑布子卿”名字而来。

壬遁：即六壬、遁甲等相关预测占卜之术。

此谈我们就来说说“姑布”。

说到相术，人们往往想到的就是“看相”、“相面”之类的东西，不过它们只是相术的一个部分，是狭义的相术。广义的相术又被称为“形法”,《汉书·艺文志·数术略》云:“形法者,大举九州之势以立城郭室舍形,人及六畜骨法之度数、器物之形容以求其声气贵贱吉凶……”译成白话,就是说所谓形法,就是指根据地理形势来建造城市和房屋,还有就是根据人和六畜(即猪、马、牛、羊、鸡、狗)的骨骼长短大小以及各种器物的形制样式来判断它们的吉凶贵贱。

《汉书·艺文志》收录有相山川河流的《山海经》十三篇、相城市的《国朝》七卷、相宫殿房屋的《宫宅地形》二十卷、相人的《相人》二十四卷、相兵械器物的《相宝剑刀》二十卷以及相六畜动物的《相六畜》三十八卷。

相术随着历史的发展,也逐渐开始了细化。相地形建筑的独立出去,并逐步发展成了风水堪舆术,即“青乌”;相动物的也分离了出去,进入了以伯乐(相马大师)为代言人的农艺遴选学的学科范畴;至于相器物的部分,更是成为了文人雅士生活的注脚,如明人袁宏道就写过《瓶史》来讲折花插瓶的,清人李渔的《闲情偶寄·器玩部》里也有茶壶等器物如何品评的详细记述。

所以到了现在,我们所说的相术就只剩下“相人”的部分了。相人术的历史很悠久,《大戴礼记》有云:“昔尧取人以状,舜取人以色,禹取人以言,汤取人以声,文王取人以度。”上古先贤选拔人才有不同的看人侧重点,估计这也就是相人术出现的源头之一。相人之术比较早的记载还见于《左传》。《左传·文公元年》有云:“王使内史叔服来会葬,公孙敖闻其能相人也,见其二子焉。”

下面我们来聊聊相人术的代言人姑布子卿。

《史记·赵世家》里有如下记载:“姑布子卿见简子,简子遍召诸子相之。子卿曰:‘无为将军者。’简子曰:‘赵氏其灭乎?’子卿曰:‘吾尝见一子于路,殆君之子也。’简子召子毋恤。毋恤至,则子卿起曰:‘此真将军矣!’简子曰:‘此其母贱,翟婢也,奚道贵哉?’子卿曰:‘天所授,虽贱必贵。’自是之后,简子尽召诸子与语,毋恤最贤。简子乃告诸子曰:‘吾藏宝符于常山上,先得者赏。’诸子驰之常山上,求,无所得。毋恤还，曰：‘已得符矣。’简子曰：‘奏之。’毋恤曰：‘从常山上临代，代可取也。’简子于是知毋恤果贤，乃废太子伯鲁，而以毋恤为太子。”

大意是：姑布子卿拜见赵简子，简子把儿子们全叫进来让他看相。子卿说：“没有能当将军的人。”简子说：“赵氏难道就完了吗？”子卿说：“我在路上看见一个孩子，应该也是您的孩子。”简子于是就把这个叫毋恤的儿子叫来。毋恤一到，子卿就立刻起身道：“这才是真正的将军哪。”简子说：“这个孩子的生母地位低贱，是从翟地来的婢女，怎么说他尊贵呢？”子卿说：“这是天命所授，即使现在卑贱将来也一定显贵。”从此以后，简子经常把儿子们全都叫来谈话，毋恤的表现是最好的。有一次简子和儿子们说：“我在常山之上藏了一个宝符，你们谁先找到我就有赏。”于是这些儿子们就争先恐后地跑到常山上寻找，可是谁也没找到。毋恤回来后，说：“已经找到宝符了。在常山之上往下可以看到代国，我们可以把代国攻取下来，这就是宝符。”简子闻言肯定了毋恤果然是位贤才，于是废了原来的太子伯鲁，把毋恤立为太子。

由此可见，姑布子卿相人还是很准的。姑布子卿还给至圣先师孔子看过相。

据西汉人韩婴的《韩诗外传》记载：“孔子出卫之东门，逆姑布子卿，曰：‘二三子使车避。有人将来，必相我者也。志之。’姑布子卿亦曰：‘二三子引车避，有圣人将来。’孔子下步，姑布子卿迎而视之五十步，从而望之五十五步，顾子贡曰：‘是何为者也？’子贡曰：‘赐之师也，所谓鲁孔丘也。’姑布子卿曰：‘是鲁孔丘欤？吾固闻之。’子贡曰：‘赐之师何如？’姑布子卿曰：‘得尧之颡，舜之目，禹之颈，皋陶之喙。从前视之，盎盎乎似有王者；从后视之，高肩弱脊，循循固得之转广一尺四寸，此惟不及四圣者也。’子贡吁然……”

大意就是说：姑布子卿相了一下孔子，说他额头像尧，眼睛像舜，脖子像禹，嘴像皋陶，从前面看真是长相不凡很有王者之气；但从后面观察，孔子的肩膀耸起，脊背瘦弱，就导致孔子一辈子郁郁不得志，此生无法像前面那四位圣贤一样开创王者之业。

姑布子卿凭着他的高超相术，逐渐成为了相术的祖师。而且随着相人之术的进一步发展，不仅可以用来判断贫富吉凶、仕途顺厄，还能用来判断性格品行了。

《史记·秦始皇本纪》记载了一个名叫尉缭的大梁人对秦始皇的相语："缭曰：'秦王为人，蜂准，长目，挚鸟膺，豺声，少恩而虎狼心，居约易出人下，得志亦轻视人。我布衣，然见我常身自下我。诚使秦王得志于天下，天下皆为虏矣。不可与久游。'乃亡去。"大意就是说，秦始皇鼻子像翘起尾巴的蜂蝎，眼睛又细又长，挺胸耸肩像鹰鹫，说话的声音像豺狼。这样的人如果得了天下，天下人就都会成为他的俘虏了。

《史记·越王勾践世家》记载："范蠡遂去，自齐遗大夫种书曰：'飞鸟尽，良弓藏；狡兔死，走狗烹。越王为人长颈鸟喙，可与共患难，不可与共乐。子何不去？'"大意就是说，范蠡离开越国后，从齐国写信给越国大夫文种，信上说："鸟尽弓藏，兔死狗烹。勾践这个人长得脖子长而又有一张鸟嘴，这样的人只能共患难而不能共享乐，你怎么还不离开？"

很遗憾文种没听范蠡的话，后来果然被勾践逼死了。

到了两汉时期，由于阴阳五行理论的普及，相术也从中找到了自己的理论根据，一时间很是繁盛。《史记》里就多次提到汉代相人的事情，其中最有名的相人记载莫过于相汉高祖刘邦之事。

《史记·高祖本纪》云："高祖为人，隆准而龙颜，美须髯，左股有七十二黑子"，"……吕公者，好相人，……曰：'臣少好相人，相人多矣，无如季相，愿季自爱。臣有息女，愿为季箕帚妾。'……卒与刘季。吕公女乃吕后也，生孝惠帝、鲁元公主。"这刘邦的岳父吕公相术果然了得，一见高祖就相出其为大贵之人，非得把闺女嫁给他不可；还有相术更精深的，"有一老父过请饮，吕后因哺之。老父相吕后曰：'夫人天下贵人。'令相两子，见孝惠，曰：'夫人所以贵者，乃此男也。'相鲁元，亦皆贵。老父已去，高祖适从旁舍来，吕后具言客有过，相我子母皆大贵。高祖问，曰：

‘未远。’乃追及，问老父。老父曰：‘乡者夫人婴儿皆似君，君相贵不可言。’”这“老父”说刘邦“君相贵不可言”，一般说某人“贵不可言”通常都是指皇帝天子的命相，可见“老父”此时已相出刘邦将来会君临天下。

《史记》里还记载了一位著名相师许负的故事：“条侯亚夫自未侯为河内守时，许负相之，曰：‘君后三岁而侯。侯八岁为将相，持国秉，贵重矣，于人臣无两。其后九岁而君饿死。’亚夫笑曰：‘臣之兄已代父侯矣，有如卒，子当代，亚夫何说侯乎？然既已贵如负言，又何说饿死？指示我。’许负指其口曰：‘有从理入口，此饿死法也。’”

大意就是说，许负相周亚夫，说他三年后封侯，封侯八年后会为将相，位高权重执掌国家大权，这以后九年会饿死。亚夫不信，尤其是不相信自己会饿死。于是许负就指着他的嘴说：“有一条纵向的纹理入口，这就是饿死之相。”

事实果然如许负所言，周亚夫最后因事获罪“不食五日”，饿死在了狱中。

两汉之后直到唐宋，相术理论不断发展丰富，出现了很多著名相师，如魏晋时的刘邵，三国时的管辂(音同“路”)、朱建平，唐时的袁天罡，宋时的麻衣道人等。到了明清时，出现了大量相学著作，如《水镜集》、《金铰剪》、《铁关刀》等，不过这些著作大多都是对唐宋前相术理论的阐释发挥，并无什么创见。而且此时相术也走上了职业化的道路，出现了专门收费的相师，使其成为了一门“生意”。不过也有学人依旧重视此术，据说清末名臣曾国藩就精于相人之道。

当然，也不是所有古人都相信相人之术。儒家宗师荀子就不信这一套，还专门写了一篇文章《非相》来批驳相术，说相术是“相人，古之人无有也，学者不道也”，即相面是古代所没有、学者所不齿的方术。他还举了大量古代人物的长相与其行为、遭遇矛盾之处，以此来说明相面术的虚妄。不过从他驳斥的内容来看，也从反面证明了相术早在春秋时代就比较流行了。

第三十一谈 察颜观色(下)

所谓相人之术,就是通过观察人的头部、面部、手部、足部、骨骼、神气等外貌特征,来推断人的贫富、贵贱、顺厄、寿夭等。

事实上,早期的相人之术所相的范围要大得多。有一部早期相学著作,据传为西汉著名相师许负所撰(实不可采信),名为《相法十六篇》。这"十六篇"是指相人的十六个方面,即:相目、相鼻、相人中、相耳、相唇、相口、相齿、相舌、相胸、相腹、相手、相脚、相阴、相屎尿、相行、听声。

随着历史的发展,相术也在慢慢地自我完善,其理论的基本完善和成型,大抵为唐宋时期,标志就是几部相学代表性著作的问世,如后周王朴所著的《太清神鉴》、南唐宋齐邱所著的《玉管照神局》、以及传说为南宋麻衣道人所著的《麻衣神相》等。

《太清神鉴》卷首开篇即说:"道为貌兮天与形,默授阴阳禀性情。阴阳之气天地真,化出尘寰几样人。五岳四渎皆有神,金木水火土为分。君须识取造化理,相逢始可论人伦。"《麻衣神相》里亦有类似的话:"人禀阴阳之气,肖天地之形,受五行之资,为万物之灵者也。"由此可见,相术已经把阴阳五行理论引入其中,可以通过观察人相来推断性格命运。而且此时的相人之术已经抛弃了此前荒诞的成分,只相人体比较重要的部分,其中最重要的莫过于"面相"和"手相",这二者也是流传至今最为常见的相人之法。

"面相"是相学中最重要和最完整的一个部分。相书《月波洞中记》有云:"凡欲相人,先视其首。头者,五脏之主,百体之宗",就是说面部是相人的主导和中枢,是排在第一位的。

首先是"三停"。所谓"三停",即上停,从发际至眉间(印堂);中停,从眉间到鼻准;下停,从人中至下颏(地阁)。此"三停"即象征天、地、人"三才",分别主贵、寿、富三种命运。"三停"要平等、相称,才是所谓"吉人天相",具体就是上停要方正广阔,中停要丰隆端峻,下停要圆实丰厚。

其次是"五官"。五官者,即眉、目、鼻、口、耳,是面相里的重中之重。我们现在依然沿用这一词作为面部主要器官的合称,医院里就设有"五官科"。这五官究竟是五位什么"官"呢?相法中又是如何论述的呢?

眉——保寿官

《相理衡真》一书中,论及保寿官,有诗五首:

眉骨棱高起孝心,女眉弯曲恋情淫。粗眉低压愚而贱,散乱又加惹祸侵。
眉上纹生八字形,知群两妾闹家庭。淫波孽浪何时足,四十年间折寿龄。
张眉竖目似金刚,一片粗心孰敢当。设若性强神带火,害人常惯扰村坊。
眉目分明骨气清,双双弯曲玉堂行。秋波不澈无官职,大器文章空负名。
眉交面黑好衔杯,爱管闲情喜挂怀。冷眼看人笑一面,不知毒在暗中来。

目——监察官

论及监察官,亦有诗五首:

眼如日月要分明,黑白分明事事成。若问荣枯全在此,智愚夭寿凭任君。
亭亭凤目最超群,仔细推详说与君。若不登朝为宰辅,声名定是冠三军。
鹰视光芒彩身人,便知为宰辅斯民。额宽眉秀还相助,定近君王作侍臣。
目睛最怕媚无威,有媚无威事事非。多少人流如此相,傍人门第也诽谤。

正大心肠两目和，淫邪飘荡送秋波。偷窥斜侧终为盗，虎视眈眈可羡他。

鼻——审辨官

论及审辨官，亦有诗五首：

截筒悬胆相中稀，龙虎伏犀佐帝几。劈面惊人称上格，堂堂富贵貌巍巍。
鼻耸山根事事成，雁行妻子有贤声。知君是个青云客，上佐朝纲得令名。
鼻宜丰厚准头圆，年寿山根势插天。额角峥嵘相拱望，名扬四海福绵绵。
鼻头光小为贪忙，思想家无隔宿粮。还怕曲如鹰嘴样，一生奸巧最猖狂。
两边厨烛莫教空，厨灶一空柱自雄。看尔少年挥霍大，将来五十必奇穷。

口——出纳官

论及出纳官，亦有诗五首：

富贵唇红似泼砂，口方四字享荣华。此身不入公卿位，必向名山作人家。
口方须正与唇红，两角弯朝回土弓。要问初年何所虑，犹看他日迈群雄。
口角歪斜晚景寒，倔强言语起争端。立朝束带如花者，如恐西风一夜残。
口薄唇掀说是非，交游不近远庭帏。摇唇鼓舌斯人也，所入网罗惹祸机。
疾方撮嘴总多虑，先富后贫相矣夫。家有黄金盈巨万，冰消瓦解是糊涂。

耳——采听官

论及采听官，亦有诗五首：

轮郭分明有坠珠，怀仁抱义不模糊。木星得地多文学，自是雄才迈众儒。
耳反无轮性最狠，形如箭羽定空囊。命门窄小应无寿，青黑皮粗枉自忙。
贴肉高寿响出群，耳门开阔自凌云。毫抽寿永歌纯暇，廓应轮红富孔般。
形耳虽小廓轮全，衣食丰荣福泽绵。高耸印堂非俗士，名成利就在人前。
两耳红花大海潮，生成富足异丰标。上兴下薄门兼小，用尽计谋总寂寥。

由上可知，祖先就是根据五官各自的功能起的名字，而且相法对五官都有各自的评判标准。简言之,五官要长得清秀丰隆才好,《柳庄相法》云:"耳须要色明高耸过于眉,轮廓完成,贴肉敦厚,命门宽大,谓之采听官成;眉须要宽广清长,双分入鬓,或如玄犀新月,首尾丰盈,高居额中,乃为保寿官成;眼须要含藏不露,黑白分明,瞳子端正,光彩射人,或凤目细长藏秀,乃为监察官成;鼻须要梁柱明直,上接山根印堂明润,下连年寿高隆,不宜起节,准头隆起,形如悬胆,鼻如签筒,黄明色鲜,为审辨官成;口须要角弓开大含小,上下唇配齿配四方,为出纳官成。"总的说来,"五者欲得清而秀,丰而隆。或一官好,则贵十年,或有缺陷者及丑恶者,凶。"(见于《太清神鉴》卷二)

再次是"五岳",即把中国的山川比附到人的面相上。具体是:额为衡岳(南岳衡山)、鼻为嵩岳(中岳嵩山)、左颧(音同"全",即左颧骨)为泰岳(东岳泰山)、右颧(即右颧骨)为华岳(西岳华山)、颔(即下巴)为恒岳(北岳恒山)。对"五岳"的评判也以"丰而隆,高峻而不陷"者为佳。

下面是"四渎",即把中国的河流比附到人的面相上。具体是:目为淮(淮河)、耳为江(长江)、口为河(黄河)、鼻为济(济水)。对"四渎"的评判也和水相仿,以端清、明净、流畅为佳,以"深远成就,而涯岸不走"为吉。

最后是"一百二十部位",即将面部划分为一百二十个点。以"中央直下一十三位"即鼻子为中轴线,从上至下十三个点具体为:天中、天庭、司空、中正、印堂、山根、年上、寿上、准头、人中、正中、承浆、地角。剩下的均为这十三部位所在横线上的各个部位,如"天中横列七位"等。这一百二十部位主的事就比较多了,根据位置不同,分别主贵贱、贫富、吉凶、寿夭、贤愚、人际关系等。

此外,面部的纹理也很重要,尤其是额头上的纹理。额头上有老虎那样的"王字纹",就表明此人有公侯之相,"十字纹"则主吉昌,而"川字纹"则主凶。当然还有其他很多纹相,如"井字纹"、"山字纹"、"悬云纹”、“偃月纹”等,都有各自的说法。

还有就是脸上的痦子,即面部的痣。根据它在“一百二十部位”的不同部位,也有着各种说法。如痣在印堂心主贵,在耳内主寿,在唇上主吉,在天中主克父,在天庭主克母等等。

除了这些分部位的分类面相学之外,相书中大多还有概括型的总论内容,即把一个人的面相做综合考量。如《玉管照神局》就把人的面相一共分为十种,称之为“形分十相”,即:丑相、古相、妍相、清相、伛(音同“与”)相、老相、少相、粗相、奇相、直相。《相理衡真》根据面部的形状也分了十种,即由字面、甲字面、申字面、田字面、同字面、王字面、国字面、目字面、用字面、风字面。

另外,相学还指出在相面要特别注意人种的地域之分。“山川丽秀而气不同,此人之生其形,性所以有厚薄轻重清浊之异也。故闽山清耸,人俗于骨;南水平而土薄,人俗于情;北土厚重,人俗于鼻;淮水泛浊,人俗于重;宋人俗于口;蜀人俗于眼;鲁人俗于轩昂;江东、江西人俗于色。如此类者,皆风土致异故也。”(见于《太清神鉴》卷二)这一理论一直延续至今,许多相书和相师都有所谓闽人不相骨,川人不相眼,北人不相背,宋人(河南人)不相口等类似的原则理论。

除此之外,面相里还有“九州”、“四学堂位”、“十二宫”等诸多琐细繁冗的组成部分,此谈就不再继续探讨了。

下面再来简单说说“手相”。“手相”相对“面相”来说,就简单了一些。它主要是指观察人手的长短、胖瘦、指形、掌形和掌纹等来推断命运,最主要的就是观察手掌上的纹路。

《太清神鉴》在其“相掌纹”部分中这样说道:“手掌不可无纹。有纹者上相,无纹者下贱;纹深而细者吉,纹浅而粗者贱。掌上三纹,上画应天,像君、像父,定其贵贱;中画应人,像贤、像愚,辨其贫富;下画应地,像臣、像母,主其寿夭。”这同“面相”一样,都是借鉴了传统中的“三才”理论。有意思的是,这和我们现代一些“新手相学”将掌上三纹定为“感情线”、“事业线”和“生命线”有着异曲同工之处，甚至可以理解为是今人对传统手相学进行的一种“现代化”引申和发展。

用“手相”进行命运推断的依据，主要是看横纵掌纹的排列布局以及纹路的起迄点。在不同的相书上有多种多样的划分和术语，如“拜相纹”、“带印纹”、“四季纹”、“双鱼纹”、“金龟纹”、“雁阵纹”、“独朝纹”等，每种样式都有着专门的评语。

此外，手相在民间比较流行的还有“相指纹”，就是相我们俗称的“斗”和“簸箕”(简称“箕”)的分布。“斗”纹就是螺纹，形如水流中的漩涡，故又称为涡纹；相对的就是“簸箕”，即箕纹，也称流纹，即不封口呈簸箕形或流线形的指纹。相指纹要遵循“男左女右”的准则，即男相左手，女相右手。一手有五指，所以斗纹和箕纹的分布组合共有32种情形，相学上又给它们配上了三十二卦，称为“三十二卦指纹”，每一种皆附有解说诗。现抄录于下：

乾纹　斗斗斗斗斗

诗曰：信念坚深为人直，贫贱不移威不屈。行正得尊邪入寇，躬身修行富贵职。

姤纹　斗斗斗斗箕

诗曰：尊长顺上仕途顺，男带女腔女悍威。勤于进取得多助，处世切莫太疑心。

同人纹　斗斗斗箕斗

诗曰：温厚笃实重信誉，人人称许有仁义。出殿为帅亲角逐，更著功勋留后世。

中孚纹　斗斗箕斗斗

诗曰：为女窈窕娇人喜，为男两眼藏真睛。女者多义男侠义，坚修正果功名立。

大有纹　斗箕斗斗斗

诗曰：生于富贵王子仪，出之贫寒亦扬名。思绪高远求明理，面壁精研最相宜。

央纹　箕斗斗斗斗

诗曰：心想行随不失机，不烂之舌战群儒。闯荡半生晚思静，雅量戒暴处世宜。

遁纹　斗斗斗箕箕

诗曰：古朴之石藏真玉，弃之荒野人不识。终生劳碌多憾事，他日碎身惊人世。

益纹　斗斗箕箕斗

诗曰：精于策略谋算深，处心积虑有得失。属下称道属上警，纷纷纠缠多焦心。

损纹　斗箕箕斗斗

诗曰：勤于博览疏于行，愿掷万贯休之情。莫叹坎坷中年路，意坚躬行终成名。

大壮纹　箕箕斗斗斗

诗曰：心高志远机谋深，帷幄运筹惊世人。从来才贤招人算，义利权衡常记心。

大过纹　箕斗斗斗箕

诗曰：求财易得求情难，只为性倔心地顽。若得扬长避其短，自有安康福寿来。

涣纹　斗斗箕斗箕

诗曰：仁义肝肠慈悲心，纵情山水自怡情。太过敏感欠决断，依性择业名有成。

鼎纹　斗箕斗斗箕

诗曰：胸怀大度思虑深，慈悲心肠乐助人。好走仁途风险路，抑恶扬善求功名。

离纹　斗箕斗箕斗

诗曰:纵然贫寒奈若何,映面桃花惹人注。若戒骄奢修技艺,自得功名人前著。

革纹 箕斗斗箕斗

诗曰:看似闲静实伺机,出山之虎何等威。平阳坦道亦是险,密林修行自有成。

节纹 箕斗箕斗斗

诗曰:面挂笑容聪灵心,男儿女身招人钦。不思衣食长富有,但求今日得欢心。

观纹 斗斗箕箕箕

诗曰:不信妄言究事理,尊长怜幼有声誉。朗朗心性人称许,分明处处得宠人。

颐纹 斗箕箕箕斗

诗曰:能言善辩不轻露,吞象之心胸中捂。一旦功成自欢喜,若失所求酒色路。

临纹 箕箕箕斗斗

诗曰:口齿伶俐心性灵,为人爽朗得称心。在男得助多成事,在女切忌墙外情。

恒纹 箕箕斗斗箕

诗曰:英俊男儿俏丽女,遇事容人晓事理。不傲其貌多耕耘,步入蟾宫攀桂枝。

咸纹 箕斗斗箕箕

诗曰:灵性聪慧本天赋,正门邪道任尔步。若行阳关锦秀景,折入黑道叹自误。

屯纹 箕斗箕箕斗

诗曰:青云高远本不俗,真为恍惚不为惑。心迹不露人难识,蹉跎岁月忘难遂。

丰纹 箕箕斗箕斗

诗曰：心高性强多自信，急进勇退太过急。三十五六逢盛运，乘势奋力绘晚晴。

旅纹　斗箕斗箕箕

诗曰：只雁巡空自遨游，孤奋飘泊一叶舟。辞乡离土踪不定，体验一生博识翁。

蒙纹　斗箕箕斗箕

诗曰：欲成其才先励志，闯荡半生未虚掷。时到晚来入佳境，大器晚成无须虑。

坎纹　箕斗箕斗箕

诗曰：性情刚烈语多刺，惧强欺弱人不齿。钟情一事精一道，择优耽劣再论理。

复纹　箕箕箕箕斗

诗曰：聪颖不露显机智，择事而行终有成。寻友结伴须谨慎，成败半己半赖人。

师纹　箕箕箕斗箕

诗曰：性直之人不虚伪，举纲挚目得要领。争强好胜非不取，只惜难吃半点亏。

小过纹　箕箕斗箕箕

诗曰：本是天资聪灵人，思虑飘逸让人奇。曲高和寡多自叹，伯牙何处觅子琪。

比纹　箕斗箕箕箕

诗曰：莫迷年长人之妻，莫惑姑表兄之情。本是究事探理者，志心修炼扬身名。

剥纹　斗箕箕箕箕

诗曰：天生执印栋梁材，一时磨炼励志刚。真龙岂是池中物，乘雷腾空任遨翔。

坤纹　箕箕箕箕箕

诗曰:重情富义品格高,多行体验取中庸。乾坤大道勤求索,功成名就富贵荣。

注:上述斗箕的排列顺序为从拇指到小指

另外,同"面相"相仿,手上不同位置的黑痣也是用来判断手相的一个重要因素。此外,手相里还有"相手指"、"相指甲"、"相皮肉"等内容。

应该说,相人之术如果作为中医"望、闻、问、切"四诊法里"望诊"的辅助手法,兴许还有一定道理。但如果说仅凭容貌、掌纹就能推定一生命运,实在有些不着边际。不过这些相学著作也并非全无可取之处,其中老祖宗肯定了人的"德行"才是第一要素。如《玉管照神局》有云:"皮骨虽奇怎可恃,亦须修心理仁义。心形相称可有根,不在天机在人事。休说形凶必遭辱,能行忠孝亦增福。不然形善心火烧,定见沦亡陷刑狱。"

到此,不妨用《太清神鉴·论德》里的话做个结语:

"善相者,先察其德,后相其形。故德美而形恶,无妨为君子;形善而行凶,不害为小人。"

第三十二谈 天文占星

我们在描述一个人学问极大、见识极广时，常常会用到“上知天文，下知地理”。这里的“天文”并不是现代意义上的天文学，实际上指的是我国传统的天象预测学。《汉书·艺文志》即云：“天文者，序二十八宿，步五星日月，以纪吉凶之象，圣王所以参政也。”

用现代语言给传统的天文学下个定义，就是指通过观察日、月、星等天体的移动、出没、明暗、排列等情况，来预测人事吉凶的一门学科。由于其中核心的内容是观察星体，所以人们也常用“占星术”或“星占术”来指称这门学科。鉴于东西方的占星术体系不同，此处论及的占星术仅指中国传统的星占预测之术。

星占术根源于古人的天体崇拜，随着“天人感应”观念(参见第十一谈)的确立，人们相信世间发生的一切都是天意的反映，而天象的变化就是“天”传达给人间的一种信号，所以通过对天象变化的解读就可以预测人世间的吉凶祸福，就如《周易·系辞》里所言“天垂象，见吉凶。”

星占学作为一种“沟通天人之际”的占筮之术，起源很早，也备受统治者重视，因此占星家和占星活动屡见于史籍。《周礼·春官》中记载：“保章氏，掌天星，以志星辰日月之变动，以见天下之迁，辨其吉凶。”可见在周代就有了负责占星的专门官员。

《史记》中还专有《天官书》一节，列出了一份古代占星家的具体名单：“昔之传天数者：高辛之前，重黎；于唐虞，羲和；有唐，昆吾；殷商，巫咸；周室，史佚、苌弘；于宋，子韦；郑则裨灶；在齐，甘公；楚，唐昧；赵，尹皋；魏，石申。”这里的“高辛”指的是高辛氏帝喾（音同“酷”），帝喾是“五帝”之一。连“高辛之前”的上古占星家的名讳都能传世，可见其受重视的程度，当然这也从一个侧面说明了星占学历史的悠久。事实上，司马迁本人曾任太史令，而太史令除了修史外，也是皇家天文机构的负责人。也许是基于这个缘故，司马迁把这些占星家誉之为“传天数者”，就是把天意传达到人间的人。

进行星占活动，首先要对星体进行划分。传统中已经定型的星体分类系统主要有以下几种。

首先是“七曜”，即日、月加上金、木、水、火、土五星。其中金星又名太白，木星又名岁星，水星又名辰星，火星又名荧惑，土星又名填星或称镇星。这五星又可合称为“五纬”。

其中，木星之所以又被称为“岁星”，是因为古人根据木星的运行周期创制了一种纪年法，叫做“岁星纪年法”。祖先们很早就发现木星的公转周期是12年左右，而每一年木星的运动区域是基本固定的。于是人们把木星运行的轨道，即黄道附近的一周天进行了十二等分，称之为“十二星次”。这样木星每年行经一次星次，人们便用此星次来纪年。因为木星的运行轨迹是由西向东，所以这十二星次便按照由西向东的顺序来命名，分别为：星纪，玄枵（音同“销”），娵訾（音同“居姿”），降娄，大梁，实沈（音读“陈”），鹑首，鹑火，鹑尾，寿星，大火，析木。而且，这种黄道十二等分方式和西方的所谓“十二宫”十分一致，且具有对应关系：

星纪——摩羯宫；玄枵——宝瓶宫；娵訾——双鱼宫；降娄——白羊宫；

大梁——金牛宫；实沈——双子宫；鹑首——巨蟹宫；鹑火——狮子宫；

鹑尾——室女宫；寿星——天秤宫；大火——天蝎宫；析木——人马宫。

《国语·周语》记载的："武王伐纣，岁在鹑火"、《国语·晋语》记载的："岁在大梁，将集天行"等，都是这种岁星纪年法的实例。

但是这样纪年后，又出现了一个问题，因为还有一套黄道十二等分法，是用十二地支（或称十二辰）来命名的，而且这十二辰的排布是由东向西的，和十二星次的排布完全相反。具体地说，十二星次由西向东对应的十二辰即为：

星纪——丑；玄枵——子；娵訾——亥；降娄——戌；大梁——酉；实沈——申；鹑首——未；鹑火——午；鹑尾——巳；寿星——辰；大火——卯；析木——寅。

面对如此顺序互逆不利的情况，如何使二者更加便于使用呢？祖先们又想出了一招，即虚拟了一个相对岁星做反向运动的星体，名为"太岁"，假设它和真岁星背道而驰，这样就和十二辰的方向顺序一致，并用此虚拟的"太岁"所在位置来纪年，是为"太岁纪年法"。"太岁"是《汉书·天文志》的叫法，《史记·天官书》叫"岁阴"，《淮南子·天文训》叫"太阴"。另外，天文家为了回避地支之名，又对"太岁"所在的寅、卯、辰、巳、午、未、申、酉、戌、亥、子、丑十二辰，配以相应的专有名称，具体为：摄提格、单阏（音同"丹额"）、执徐、大荒落、敦牂（音同"脏"）、协洽、涒（音同"晕"）滩、作噩、阉茂、大渊献、困敦、赤奋若。

笔者做个表格来帮助大家理清思路：

太岁年名	太岁位置	岁星位置
摄提格	寅（析木）	星纪（丑）
单阏	卯（大火）	玄枵（子）

执徐	辰(寿星)	娵訾(亥)
大荒落	巳(鹑尾)	降娄(戌)
敦牂	午(鹑火)	大梁(酉)
协洽	未(鹑首)	实沈(申)
涒滩	申(实沈)	鹑首(未)
作噩	酉(大梁)	鹑火(午)
阉茂	戌(降娄)	鹑尾(巳)
大渊献	亥(娵訾)	寿星(辰)
困敦	子(玄枵)	大火(卯)
奋赤若	丑(星纪)	析木(寅)

由上表可知,若某年岁星在星纪,太岁便运行到析木(寅),这一年就是“太岁在寅”,或称“岁在星纪”;第二年岁星运行到玄枵,太岁便运行到大火(卯),这一年就是“太岁在卯”,或称“岁在玄枵”,以此类推。

由于用太岁配十二地支纪年,只能纪十二年。所以西汉年间,天文历法家又给十天干分别取名,叫做“岁阳”。具体为:

甲——阏逢;乙——旃蒙;丙——柔兆;丁——强圉;戊——箸雍;

已——屠维;庚——上章;辛——重光;壬——玄黓;癸——昭阳。

上述依次和十二个太岁年名相配,组成六十个年名,方法同六十甲子相同。即以“阏逢摄提格”为第一年,“旃蒙单阏”为第二年,依此类推。六十年周而复始,这种纪年法自西汉太初元年就开始使用了。

实际上,木星并不是十二年绕天一周,而是11.8622年,每年移动的范围比一个星次稍微多一点,渐积至86年,便会多走一个星次,与实际天象不符,这种情况叫“超辰”或“超次”。遇到这种情况,就必须改革历法,调整岁星和太岁的位置。因此,当时各种历法的岁星纪年法是有出入的。东汉改用《四分历》后,采用了后世一统的干支纪年法,岁星纪年遂退出了历史舞台。但后人还有用这种方法纪年的,不过其实是根据当年的干支来对照的,已经失去了其原本的天文意义了。

司马光的《资治通鉴·汉纪三》开头第一句话就是:“起屠维大渊献,尽重光赤奋若,凡三年。”这句话的意思就是:起于己(屠维)亥(大渊献),终于辛(重光)丑(赤奋若),总共三年。其实就是干支纪年的变种说法而已。事实上,《资治通鉴》通篇都是使用这样的古语来指代干支纪年的。

又如,明末清初的著名书画家朱耷,号“八大山人”,在他著名的画册《杂画十二幅》的最后一幅题款:“旃蒙大渊献之重阳日,写一十二副,八大山人”。“旃蒙大渊献”即干支纪年的农历乙亥年(康熙三十四年),也就是公元1695年。

“七曜”之后,便是“三垣二十八宿”。

为了认识星辰和观测天象,先人把天上若干相近的恒星用想象组合到一起,称为“星官”。各个星官所包含的星数多寡不等,所占的天区范围也各不相同。这些星官的命名和体系化,也是逐步完善起来的。到了隋代(一说为唐)丹元子的《步天歌》里,出现了将星空划分为“三垣二十八宿”的标准体系,此后历代都沿用。

“三垣”者,即:紫微垣、太微垣、天市垣。大体上说,紫微垣包括的是北天极附近的天区,大概相当于拱极星区,如大熊、小熊、天龙、仙王、仙后等;太微垣包括的是室女、后发、狮子等星座的一部分;天市垣包括的是蛇夫、武仙、巨蛇、天鹰等星座的一部分。

“二十八宿”就是“二十八星宿”。古代天文家以北极星为中心,把南中天沿黄道或天球赤道(地球赤道延伸到天上)所分布的一圈肉眼可见的恒星分成二十八组,叫做二十八星宿,东西南北四方各七宿。“二十八宿”从角宿开始,自西向东排列,与日、月视运动的方向相同。具体为:

东方青龙七宿:角、亢、氐、房、心、尾、箕;

北方玄武七宿:斗、牛(牵牛)、女(须女)、虚、危、室(营室)、壁(东壁);

西方白虎七宿：是奎、娄、胃、昴、毕、觜（音同“资”）、参（读“深”）；

南方朱雀七宿：井（东井）、鬼（舆鬼）、柳、星、张、翼、轸（音同“诊”）。

这二十八宿和十二星次在位置上存在对应关系，具体为：

星纪：斗、牛、女；玄枵：女、虚、危；娵訾：危、室、壁、奎；

降娄：奎、娄、胃；大梁：胃、昴、毕；实沈：毕、觜、参、井；鹑首：井、鬼、柳；鹑火：柳、星、张；鹑尾：张、冀、轸；

寿星：轸、角、亢、氐；大火：氐、房、心、尾；析木：尾、箕、斗。

接下来介绍一下占星术的另一个操作理论，那就是分野理论。

占星家在观测到星相变化之后，一个问题便会立刻接踵而至：此次的星相变化究竟预示的是何处人世的吉凶呢？比如说看到将星殒落，到底是驻守何处的将军要亡故呢？所以占星家必须制定出一套天地对应的标准，就是所谓“分野”。精确一点说，就是将天上的星体（包括星次和星宿）同地上的区域一一对应起来，确定星体所主的区域范围。

这是一个很实际的需要，所以占星家们很早就开始了这个工作。《周礼·春官》记载：“掌天星，以志星辰日月之变动，……以星土辨九州之地，所封之域，皆有分星，以观妖祥。”这里的“以星土辨九州之地，所封之域，皆有分星”就是分野理论的表述。由于历朝历代的疆域不同，所以分野理论也有所差异。《国语·晋语》记载：“天事必象，十有二年，必获此土，二三子志之。岁在寿星及鹑尾，其有此土乎？”这里用的是十二星次分野法；《吕氏春秋·制乐》有云：“宋景公之时，荧惑在心，公惧，召子韦而问焉。曰：‘荧惑在心，何也？’子韦曰：‘荧惑者，天罚也；心者，宋之分野也，祸当于君。’”此处用的是二十八宿分野法。论述得最详细的莫过于《晋书·天文志》，它把星次和星宿都用上了，不仅给出了对应的地域，甚至连战国时期的列国所对应的星体也都交代了一下：

班固取《三统历》十二次配十二野，其言最详。又有费直说《周易》、蔡邕《月令章句》,所言颇有先后。魏太史令陈卓更言郡国所入宿度,今附而次之。

自轸十二度至氐四度为寿星,于辰在辰,郑之分野,属兖州。费直《周易分野》,寿星起轸七度。蔡邕《月令章句》,寿星起轸六度。

自氐五度至尾九度为大火,于辰在卯,宋之分野,属豫州。费直,起氐十一度。蔡邕,起亢八度。

自尾十度至南斗十一度为析木,于辰在寅,燕之分野,属幽州。费直,起尾九度。蔡邕,起尾四度。

自南斗十二度至须女七度为星纪,于辰在丑,吴越之分野,属扬州。费直,起斗十度。蔡邕,起斗六度。

自须女八度至危十五度为玄枵,于辰在子,齐之分野,属青州。费直,起女六度。蔡邕,起女十度。

自危十六度至奎四度为诹訾,于辰在亥,卫之分野,属并州。费直,起危十四度。蔡邕,起危十度。

自奎五度至胃六度为降娄,于辰在戌,鲁之分野,属徐州。费直,起奎二度。蔡邕,起奎八度。

自胃七度至毕十一度为大梁,于辰在酉,赵之分野,属冀州。费直,起娄十度。蔡邕,起胃一度。

自毕十二度至东井十五度为实沈,于辰在申,魏之分野,属益州。费直,起毕九度。蔡邕,起毕六度。

自东井十六度至柳八度为鹑首,于辰在未,秦之分野,属雍州。费直,起井十二度。蔡邕,起井十度。

自柳九度至张十六度为鹑火,于辰在午,周之分野,属三河。费直,起柳五度。蔡邕,起柳三度。

自张十七度至轸十一度为鹑尾,于辰在巳,楚之分野,属荆州。费直,起张十三度。蔡邕,起张十二度。

做一表格,如下:

星次	星辰	古国	十二州	二十八星宿
星纪	丑	吴越	扬州	斗$_{十二}$ 牵牛 须女$_{七}$
玄枵	子	齐	青州	须女$_{八}$ 虚 危
娵訾	亥	卫	并州	危$_{十六}$ 室 壁 奎$_{四}$
降娄	戌	鲁	徐州	奎$_{五}$ 娄 胃
大梁	酉	赵	冀州	胃$_{七}$ 昴 毕$_{十一}$
实沈	申	魏	益州	毕$_{十二}$ 觜 参 东井$_{十五}$
鹑首	未	秦	雍州	东井$_{十六}$ 舆鬼 柳$_{八}$
鹑火	午	周	三河	柳$_{九}$ 星 张$_{十六}$
鹑尾	巳	楚	荆州	张$_{十七}$ 翼 轸$_{十一}$
寿星	辰	郑	兖州	轸$_{十二}$ 角 亢 氐$_{四}$
大火	卯	宋	豫州	氐$_{五}$ 房 心 尾$_{九}$
析木	寅	燕	幽州	尾$_{十}$ 箕 斗$_{十一}$

上表中星宿右下角的数字，也就是原文中的“自某某度”的含义。黄道一周天的二十八宿每宿的范围大小不一，所辖天区宽窄不等，但是十二星次则是完全将黄道平均分成了十二等份。所以为了使星次和星宿精确对应，某些星宿就必须进行分割。表中星宿右下角所标的数字，即表示此星宿在数字所示的度数上被分割。未标识数字的则表示此星宿全部属于对应的星次。

《晋书·天文志》还对十二州内的各个主要州郡再一次进行了细化分野。用现在的行政区域来打个比方，假如说刚才的一步是把某一省份和某一星次、星宿进行了对应分野，那么接下来的细化分野就是把该省的各个主要城市再和星体建立精确的对应关系。仅举“娵訾”一个星次为例：

营室、东壁，卫，并州：

安定入营室一度；天水入营室八度；

陇西入营室四度；酒泉入营室十一度；

张掖入营室十二度；武都入东壁一度；

金城入东壁四度；武威入东壁六度；

敦煌入东壁八度。

有了如此精确的天地对应法则，占星家在观测到星相变化后就能知道其预示的是地上何处的情况了。除了上述主流的星次星宿分野理论外，还有如北斗七星分野、五纬（五星）分野、九宫分野等其他理论，但很少被人采用。

乱世时期，分野理论甚至可以用来“证实”真正的“天命”所归，是证明“真命天子”的有力证据。《晋书·天文志》就记载了这样一则史料：“魏文帝黄初四年三月癸卯，……《蜀记》称明帝问黄权曰：‘天下鼎立，何地为正？’对曰：‘当验天文。往者荧惑守心而文帝崩，吴、蜀无事，此其征也。’”大意就是，三国时魏明帝问黄权：“现在天下三分鼎力，到底那一处是正统呢？”黄权回答说：“这得求证于星相。往年曾出现过一次‘荧惑守心’的天象（指火星滞行于心宿，是一种大凶之象，主天子大危），结果魏文帝曹丕就驾崩了，而吴、蜀两国的国君却都没有什么事发生。这就说明正统在魏这一方。”

又如，宋人邵博著的《邵氏闻见后录》里有云：“梁武帝以荧惑入南斗，跣而下殿，以禳‘荧惑入南斗，天子下殿走’之谶。及闻魏主西奔，惭曰：‘虏亦应天象邪？’”大意为，天空出现了“荧惑入南斗”的星相，其时有星占谶语说：“荧惑入南斗，天子下殿走”。于是梁武帝为了证明自己的正统地位，便脱了鞋袜光脚下殿，刻意来应此星谶。后来听说北魏孝武帝西奔关中，梁武帝有点尴尬的自我解嘲说：“那厮（指北魏孝武帝）也能上应天象不成？”

当时，梁武帝偏安东南江左一隅，刻意去应星谶，不像孝武帝是被丞相高欢打得没辙了才“下殿走”的，这样看起来孝武帝才是真正上应天象的“真命天子”。所以梁武帝闻听人家西奔关中，心里就老大不自在。

说完了分野理论和星体划分，还需要介绍一下“星经”。所谓“星经”，即是记录恒星、星官的名称、体系以及天象、占辞等书籍的统称。通俗说，就是我国古代的星占学秘籍。

今天能见到的最早的完整星经，就是司马迁的《史记·天官书》，后世史书中的“天文志”等也都可以归到星经一类。事实上，历史上的星经专著也有不少，据说战国时楚国人甘德著有《天文星占》八卷，魏国人石申著有《天文》八卷，后人把这两部著作合起来，称为《甘石星经》，不过均已失传。魏晋南北朝时，也有《天文集占》、《天文星占》、《五星占》、《天官星占》、《四方宿占》、《天文杂占》、《天文录》、《灵台秘苑》等著作，也已经十亡其九，存者寥寥。《新唐书·艺文志》亦辑录占星之书十三种，大部分也已亡佚。

星经存世极少的原因和谶纬著作的亡佚原因一样，都是由于当权者担心有人借此祸乱生事，危及统治，下令禁缴。尤其星经可以结合天象，更具有煽动力，所以历代都严禁私藏私习。比如唐玄宗时期的一代名相张说，被罢中书令的直接导火索就是被人参了一本，说他“引术士占星”；一代奸相李林甫陷害唐玄宗宠臣杨慎矜也用的这招，诬其“与凶人往来，家有谶书，谋复祖业”，这里的“凶人”指的就是一位叫史敬忠的占星术士，“谶书”就是星谶著作。由此可见，星经能够传世是多么不容易。

即便如此，还是有部分星经侥幸存世，主要有三部：唐人瞿昙悉达著的《开元占经》、《晋书·天文志》以及北周庾季才著的《灵台秘苑》。

《开元占经》的作者瞿昙悉达，祖籍印度，先世由印度迁居中国，一家四代皆仕唐为天文官员。《开元占经》是瞿昙悉达奉敕而作，书著成后便不知所踪，宋后就已经没有了此书的相关记载，甚至连明代的皇家天文台也无藏本。直到明万历四十四年(1616年)，安徽歙县有位叫程明善的士人，因给古佛像布施装金，竟在古佛腹中发现了这部《开元占经》的抄本。

之所以特别介绍《开元占经》，除了其传奇经历，更主要的是因为现世之人能够一睹许多古代星占著作的概貌，全是拜此书所赐。《开元占经》中摘录有现已失传的古代天文星占学著作共约77种，纬书共约82种。这些佚书在其他古籍中间或有记载，但不如《开元占经》丰富。此外，《开元占经》中还摘有若干现已佚失的经学、史学和兵家著作。总之，《开元占经》保存了大量已失传的古代文献资料，称得上是一座星经宝库。

下面就来介绍一下“七曜”的星相吉凶，由于占测的方面很多，在此仅简述节引主要的要素。

一、日

《晋书·天文志》云：“日为太阳之精，主生恩德，人君之象也。”

日占中最重要的一种天象就是日蚀，这在占星术里是一种大凶之象，“日蚀，阴侵阳，臣掩君之象，有亡国”（见于《晋书·天文志》）。由于此象太凶，所以必须禳救，有一种办法是：“凡日蚀者，皆有赤帻（红色头巾），以助阳也。日将蚀，天子素服避正殿，内外严警。太史灵台（皇家天文台）伺日有变，变伐鼓；闻鼓音作，侍臣皆着赤帻，带剑以助阳，顺之也。”（见于《乙巳占》）

此外占测的要素还有日变色、日无光、日明暗等，如《开元占经》云：“主不敬天地，犯名山大川，则日色青白黄黑”、“日无光，主主势夺，群臣盗谗蔽行”、“日正昼而复晦者，阴反为阳，臣反制君也。”

二、月

《晋书·天文志》云：“月为太阴之精，以之配日，女主之象；以之比德，刑罚之义；列之朝廷，诸侯大臣之类。”

月蚀和日蚀不同，因为月蚀发生的频率要比日蚀高得多，所以月蚀虽然也非吉相，但并没有日蚀那么“凶险”。月占主要看月色、月形：“故君明，则月行依度；臣执权，则月行失道；大臣用事，兵刑失理，则月行乍南乍北；女主外戚擅权，则或进或退。月变色，将有殃。月昼明，奸邪并作，君臣争明，女主失行，阴国兵强，中国饥，天下谋僭。数月重见，

国以乱亡。”(见于《晋书·天文志》)

《开元占经》则云:“月变色青为饥与丧,赤为争与兵,黄为德与喜,白为旱与丧,黑为水民半死”、“月始出有黑云贯月,名曰激云,不出三日,异雨有害人者,客且至”。

月占的另一个重点是月球和其他星体之间的位置关系,《开元占经》卷十三通篇都是“月犯列星”和“月犯列宿”的占辞。

三、木星(岁星)

《晋书·天文志》云:“岁星曰东方春木,于人,五常,仁也;五事,貌也。仁亏貌失,逆春令,伤木气,则罚见岁星。岁星盈缩,以其舍命国。其所居久,其国有德厚,五谷丰昌,不可伐。其对为冲,岁乃有殃。岁星安静中度,吉。盈缩失次,其国有忧,不可举事用兵。又曰,人主之象也,色欲明,光色润泽,德合同。又曰,进退如度,奸邪息;变色乱行,主无福。又主福,主大司农,主齐吴,主司天下诸侯人君之过,主岁五谷。赤而角,其国昌;赤黄而沈,其野大穰。”

《灵台秘苑》云:“若人君之行德政,貌恭肃,星则光盈满大润泽,而降福祥,人主寿昌,五谷丰登,天下安而四夷服,其分丰乐,从谏则如度;酷乱恣情,谗臣竞进,则失度芒角,君道不昌,百谷不登,庶士不宁,天下兵起。君明则星明,暗则星暗。”

简而言之,木星主福德,又司人君诸侯之过。

四、火星(荧惑)

《晋书·天文志》云:“荧惑曰南方夏火,礼也,视也。礼亏视失,逆夏令,伤火气,罚见荧惑。荧惑法使行无常,出则有兵,入则兵散。以舍命国,为乱为贼,为疾为丧,为饥为兵,所居国受殃。环绕钩已,芒角动摇,变色,乍前乍后,乍左乍右,其为殃愈甚。其南丈夫、北女子丧。周旋止息,乃为死丧;寇乱其野,亡地。其失行而速,兵聚其下,顺之战胜。又曰,荧惑主大鸿胪,主死丧,主司空。又为司马,主楚吴越以南;又司天下群臣之过,司骄奢亡乱妖孽,主岁成败。又曰,荧惑不动,兵不战,有诛将。其出色赤怒，逆行成钩已，战凶，有围军；钩已，有芒角如锋刃，人主无出宫，下有伏兵；芒大则人众怒。又为理，外则理兵，内则理政，为天子之理也。故曰，虽有明天子，必视荧惑所在。其入守犯太微、轩辕、营室、房、心，主命恶之。”

《灵台秘苑》云：“若夏行秋令，则太白之气干之，其星色白而昧，若雨数来，五谷不熟，草木早落，菜实不成，人伤于疫；行春令则岁星之气干之，色青而变，则蝗虫为灾，暴虫来格，莠草不实，五谷晚熟，麦稼时起；行冬令则辰星之气干之，色黑而怒，则草木早降，水败城郭，冻雹伤杀，暴兵来至。”

简而言之，火星主祸灾、恶逆、死丧。

五、土星（填星）

《晋书·天文志》云：“填星曰中央季夏土，信也，思心也。仁义礼智，以信为主，貌言视德，以心为正，故四星皆失，填乃为之动。动而盈，侯王不宁。缩，有军不复。所居之宿，国吉，得地及女子，有福，不可伐；去之，失地，若有女忧。居宿久，国福厚；易则薄。失次而上二三宿曰盈，有主命不成，不乃大水。失次而下曰缩，后戚，其岁不复，不乃天裂若地动。一曰，填为黄帝之德，女主之象，主德厚安危存亡之机，司天下女主之过。又曰，天子之星也。天子失信，则填星大动。”

《灵台秘苑》云：“春青，夏赤，秋白，冬黑，皆为女后有喜；若失色，而为忧；出黄道北，匿谋动。”

简而言之，土星主宗庙福泽，天子信义，又司天下女主之过。

六、金星（太白）

《晋书·天文志》云：“太白曰西方秋金，义也，言也。义亏言失，逆秋令，伤金气，罚见太白。太白进退以候兵，高埤迟速，静躁见伏，用兵皆象之，吉。其出西方，失行，夷狄败；出东方，失行，中国败。未尽期日，过参天，病其对国。若经天，天下革，民更王，是谓乱纪，人众流亡。昼见，与日争明，强国弱，小国强，女主昌。又曰，太白主大臣，其号上公也，大司马位谨候此。"

《灵台秘苑》云："若赤而怒，天下有兵，虽胜而不战；其状炎然而上，有大兵起；炎然而下，当在天狗所下，其野流血；若光明见影，战胜，岁丰；休下而昧，军败国忧。"

简而言之，金星主用兵、民气、革命。

七、水星（辰星）

《晋书·天文志》云："辰星曰北方冬水，智也，听也。智亏听失，逆冬令，伤水气，罚见辰星。辰星见，则主刑，主廷尉，主燕赵，又为燕、赵、代以北；宰相之象。亦为杀伐之气，战斗之象。又曰，军于野，辰星为偏将之象，无军为刑事。和阴阳，应效不效，其时不和。出失其时，寒暑失其节，邦当大饥。当出不出，是谓击卒，兵大起。在于房心间，地动。亦曰，辰星出入躁疾，常主夷狄。又曰，蛮夷之星也，亦主刑法之得失。色黄而小，地大动。光明与月相逮，其国大水。"

《灵台秘苑》云："非时则占，为盗，为阴，主杀伐战斗，刑法得失，亦为蛮夷之星，欲其小而明则吉；小而愦，地大动；动而光明，则刑狱繁；若光明与日相近，其分大水；色虚白，有大丧，人君当之。"

简而言之，水星主杀伐战斗，刑法得失，亦主辅弼。

此外，星占书中还论述了"七曜"之间的位置关系、运行速度等其他内容，并皆有占辞。

下面介绍一下"三垣二十八宿"的星相学含义。先说三垣：

紫微垣：此垣中比较重要的星体是北斗七星、文昌六星、天理四星。其中北斗七星是重中之重。北斗七星的名字分别为：天枢、天璇、天玑、天权、玉衡、开阳、摇光。其各有所主："第一星曰天枢，二曰璇，三曰玑，四曰权，五曰玉衡，六曰开阳，七曰摇光，一至四为魁，五至七为杓。……第一曰正星，主阳德，天子之象也。二曰法星，主阴刑，女主之位也。三曰令星，主中祸。四曰伐星，主天理，伐无道。五曰杀星，主中央，助四旁，杀有罪。六曰危星，主天仓五谷。七曰部星，亦曰应星，主兵。"

(见于《晋书·天文志》)

太微垣:此垣中比较重要的星体是五帝坐、三台六星、摄提六星等。其主要是主天子、帝储、诸侯、公卿等人事。

天市垣:此垣中比较重要的星体是帝坐一星、天江四星、天籥(音同“岳”)八星、贯索九星等。其主要是主权衡、聚众、斩戮、法制等。

再来说说二十八宿。

东方苍龙七宿:

角宿有两星,主刑兵;亢宿由四星组成,主狱讼、疾病;氐宿由四星组成,主后宫、侍臣;房宿由四星组成,主将相、车驾、闭藏;心宿由三星组成,天王正位,主赏罚;尾宿有九星,主后宫、妃嫔;箕宿有四星,主八风,又主口舌。

北方玄武七宿:

斗宿有六星,主褒贤进士,禀授爵禄;牛宿有六星,主祭祀;女宿有四星,主布帛、裁制、嫁娶;虚宿有二星,主祷祝,又主死丧哭泣;危宿有三星,主庙堂,亦主坟墓死丧;室宿有二星,主土木之事;壁宿有二星,主书图章册。

西方白虎七宿:

奎有十六星,主以兵禁暴,又主沟渎;娄有三星,主苑牧牺牲,供给郊祀;胃宿有三星,主库仓、食廪;昴宿有七星,主牢狱;毕宿有八星,主边防、弋猎;觜宿有三星,主军旅储备;参宿有十星,主征战、杀伐,又主权衡。

南方朱雀七宿:

井宿有八星,主法令;鬼宿有四星,主察奸;柳宿有八星,主尚食,和滋味,又主草木、雷雨;星宿有七星,主衣裳文绣,又主急兵盗贼;张宿有六星,主珍宝、宗庙所用及衣服,又主天厨饮食赏赍之事;翼宿有二十二星,主礼乐,又主夷狄远客、负海之宾;轸宿有四星,主车骑、行兵。

此外,还有一种常见的星相——彗星,就是俗称的“扫帚星”。在星占学里，彗星分两种，一种即名为“慧”，另一种则名为“孛(音同“被”)，二者的区别在于慧尾。“慧”的慧尾长，形如扫帚；“孛”的慧尾极短(或无慧尾)，状如粉絮。《乙巳占》有云：“彗星，状如帚；孛星，圆状如粉絮，孛孛然。”

这二者都是极为凶险的天象，甚至超过了日蚀。如《乙巳占》还云：“二者(指慧、孛二星)皆逆乱凶孛之气。状虽异，为一殃也。为兵、丧、除旧布新之象。……凡慧孛见，亦为大臣谋反，以家坐罪；破军流血，死人如麻，哭泣之声遍天下，臣杀君，子杀父，妻害夫，小凌长，众暴寡，百姓不安，干戈并兴，四夷来侵……”《晋书·天文志》还举了很多慧孛出现后的乱象实例，如“安帝隆安四年二月己丑，有星孛于奎，长三丈，上至阁道、紫宫西蕃，入北斗魁，至三台，三月，遂经于太微帝坐端门。占曰：‘彗星扫天子庭阁道，易主之象。’经三台入北斗。占同上条。十二月戊寅，有星孛于贯索、天市、天津。占曰：‘贵臣狱死，内外有兵丧。天津为贼断，王道天下不通。’案占：‘灾在吴越。’五年二月，有孙恩兵乱，攻侵郡国。于是内外戒严，营阵屯守，栅断淮口。九月，桓玄表至，逆旨陵上。其后玄遂篡位，乱京都，大饥，人相食，百姓流亡，皆其应也。”

又如“穆帝永和五年十一月乙卯，彗星见于亢。芒西向，色白，长一丈。六年正月丁丑，彗星又见于亢。占曰：‘为兵丧、疾疫。’其五年八月，褚裒北征，兵败。十一月，冉闵杀石遵，又尽杀胡十余万人，于是中土大乱。十二月，褚裒薨。是年，大疫。”

最夸张的事例见于《左传·文公十四年》，其云：“有星孛入于北斗。周内史叔服曰：不出七年，宋、齐、晋之君皆将死乱。”据专家测算，文中的“星孛入于北斗”就是哈雷慧星在公元前614年的那次回归。记述得虽很简单，但是历史进程竟完全符合他的预测。三年后，宋昭公被宋襄夫人谋害；五年后，齐懿公被大夫邴歜、阎职杀害；七年后，晋灵公被赵穿杀死在桃园。

除了上述的占彗星、占七曜、占三垣二十八宿之外，民间对占星术的认识很大程度上是占流星，尤以“星人相应”、“星陨人亡”之说最为普及，《水浒传》第二回就说一百单八将都是天星下界，星人相应：“此殿内镇锁着三十六员天罡星，七十二座地煞星，共是一百单八个魔君在里面。”

又如《三国演义》第一百零四回“陨大星汉丞相归天，见木像魏都督丧胆”里描写道：“却说司马懿夜观天文，见一大星，赤色，光芒有角，自东北方流于西南方，坠于蜀营内，三投再起，隐隐有声。懿惊喜曰：‘孔明死矣！’”

这个故事太有名了，以致《晋书·天文志》的“星流陨”一节里举的第一个史实也是它：“蜀后主建兴十三年，诸葛亮帅大众伐魏，屯于渭南。有长星赤而芒角，自东北西南流，投亮营，三投再还，往大还小。占曰：‘两军相当，有大流星来走军上及坠军中者，皆破败之征也。’九月，亮卒于军，焚营而退，群帅交怨，多相诛残。”

这种“星人相应”的理论在星占学里确实是存在的，如《开元占经》即云：“国易主则星坠；国有大凶，其主亡，则众星坠。”由于其直观易懂，所以民间比较流行。

最后我们再附带提一下星占命理学的代表——紫微斗数。

“紫微”就是指紫微垣；“斗”就是星斗，也有衡量之意；“数”就是命数、命运。以南派紫微为例，其基本原理就是以紫微星为坐标，以人的生辰八字为依据，求出十二宫（命宫、父母宫、兄弟宫、夫妻宫、男女宫、奴仆宫、财帛宫、疾厄宫、迁移宫、官禄宫、福德宫、田宅宫）以及十四主星（紫微星、七杀星、破军星、廉贞星、贪狼星、天府星、武曲星、天相星、太阳星、巨门星、天机星、太阴星、天梁星、天同星），然后根据各星所在宫位来推断命运。实际上，紫微斗数是占星算命和八字算命结合的产物，它只是借用了星占学的一些名称和含义而已，和传统的占星术已经没有什么关系了。

第三十三谈 风水那些事儿

改革开放以来，我国经济高速发展，商品经济大潮汹涌澎湃。在这一浪潮中，很多门类的传统文化逐渐远离了人们的生活，诸多传统的东西渐渐被大家漠视和抛弃。但风水学，却是一个例外。

“风水”一词出于东晋郭璞所著的《葬书》，原文为：“葬者，乘生气也。气乘风则散，界水则止。古人聚之使不散，行之使有止，故谓之风水。”

风水学，简单一点说，是一门占测居宅和葬地吉凶的学问。它的别称有很多，如堪舆术、青乌术、相地术、青囊术、地理术等，其中最有名的别称是堪舆和青乌。

“堪舆”一词始见于《淮南子·天文训》，原文为：“堪舆徐行，雄以音知雌。”至于“堪舆”究竟作何解释，一般有两种说法。

其一，《文选·甘泉赋注》里提到“许慎（《说文解字》的作者）曰：‘堪，天道也；舆，地道也。’”所以，“堪舆”一词指天地之道，或者说天地对应之道。

其二，三国时期的孟康注《汉书·扬雄传》，说：“堪舆，神名，造图宅书者”，即谓“堪舆”是一位神祇的名字。

而“青乌”一词指的是另一位风水祖师青乌子。此人的身世，众说不一。一说青乌子是黄帝时期的人物,《轩辕本经》称:“黄帝始划野分州,有青乌子善相地理,帝问之以制经。”现代学者多认为青乌子是汉代人物,《旧唐书·经籍志》也记载青乌子是汉代相地家,著有《相冢书》三卷流行于世。南北朝学者刘孝标注《世说新语》曾引用《相冢书》云:“葬龙之角暴富贵,后当灭门”;唐代欧阳询在《艺文类聚》卷七也引《相冢书》云:“青乌子称山望之如却月形,或如覆舟,葬之出富贵,山望之如鸡栖,葬之灭门。山有重叠,望之如鼓吹楼,葬之连州二千石。”

这说明青乌子的《相冢书》确实存在,而且流传甚广,影响甚大,连文学作品都有提到。“诗豪”刘禹锡便有“地得青乌相,宾惊白鹤飞”之语,“唐宋八大家”之一的柳宗元也说过:“子孙万代承灵祉,谁之言者青乌子”。基于此,“青乌”一词逐渐演变成了风水术的别称和代名词。

鉴于风水术的神秘性,其师承谱系和人物生平学界仍有很多争议。下面就介绍其中几位重要的里程碑式人物和其传闻轶事,以飨读者。

第一位宗师级人物,当是三国时期的管辂(音同“路”)。

管辂,字公明,三国时魏人。管辂自幼就是奇人,《三国志·管辂传》记载说:“辂年八九岁,便喜仰视星辰,得人辄问其名,夜不肯寐。父母常禁之,犹不可止。自言‘我年虽小,然眼中喜视天文。’常云:‘家鸡野鹄,犹尚知时,况于人乎?’与邻比儿共戏土壤中,辄画地作天文及日月星辰。每答言说事,语皆不常,宿学耆人不能折之,皆知其当有大异之才。”“及成人,果明周易,仰观、风角、占、相之道,无不精微。”简单说,就是管辂精通各种门类的术数。

《三国志》也记载了他的很多轶事,《管辂传》云:“辂随军西行,过毌(音同“灌”)丘俭墓下,倚树哀吟,精神不乐。人问其故,辂曰:‘林木虽茂,无形可久;碑诔虽美,无后可守。玄武藏头,苍龙无足,白虎衔尸,朱雀悲哭,四危以备,法当灭族。不过二载,其应至矣。’卒如其言。”大意就是说,管辂路过毌丘俭的坟墓,哀叹说此墓的位置真是太惨了,是

“玄武藏头，苍龙无足，白虎衔尸，朱雀悲哭”的“四危以备”之地，葬在此地不出两年就会被灭族。

毌丘俭是三国时期魏末名将，曾辅佐司马懿破公孙渊，战合肥，远征高句骊，可以说功勋累累。后来司马师废帝，毌丘俭感昔日明帝之恩，力保曹魏政权，可惜准备不足，战败逃匿时被一个叫张属的平民射杀身亡。毌丘俭死后偏偏葬在了管辂认为的绝户地上。果然，毌丘俭死后被枭首送入洛阳，后被诛灭三族。

可见管辂风水术的高超，不过很遗憾，管辂没有关于风水堪舆的理论专著传世(有一部风水学巨著《管氏地理指蒙》，书中有管辂的自序，其实是伪托，那个“自序”也是后人伪作的)，所以风水后学一般将管辂视为前辈祖师，而非理论创始的“宗师”。

真正享有“风水鼻祖”、“风水宗师”之誉的乃是东晋的郭璞。

郭璞，字景纯，河东闻喜县人(今山西省闻喜县)。郭璞是一个很有学问的人，曾耗时十八年研究和注解《尔雅》，此外他还注释了《周易》、《山海经》、《穆天子传》、《方言》和《楚辞》等各类古籍，如今的《辞海》或《辞源》上都能见到郭璞的注释。

郭璞能被风水界尊奉为宗师，主要源于他写了一本书——《葬书》(也作《葬经》)。在这部书里，郭璞把风水术从传统的相地术中分离了出来，并对“风水”一词下了定义。全书系统地论述了风水术的理论和实践，为后世风水学说专一门类的形成和发展奠定了基础。

作为风水鼻祖，郭璞自然也有很多奇事传说。《晋书·郭璞传》里就记载了很多，《世说新语笺疏》中也有，原文如下：

南史张裕传曰：“初裕曾祖澄当葬父，郭璞为占墓地曰：‘葬某处，年过百岁，位至三司，而子孙不蕃。某处，年几减半，位裁卿校，而累世贵显。’澄乃葬其劣处。位光禄，年六十四而亡。其子孙遂昌云。”

大意就是说，张裕的曾祖父张澄要葬父，请郭璞给占选墓地。郭璞给选了两处葬地，对张澄说："如果葬在第一处，你能活过百岁，官能至三司，但是你的后世子孙就凋零不济了。如果葬在第二处，你的寿数减半(百岁减半)，官只能做到卿校，但是你的后世子孙则会显贵。"张澄选择了第二处。果然，后来他仅官至光禄卿，享年只有64岁，但是他的后世子孙皆兴旺显贵。

正是由于诸多类似的事例广为流传，所以后世的风水学人都对郭璞崇拜不已，潜心研学他的堪舆理论，并在他的基础上开始了进一步的发展。

到了唐代，又一位风水学的里程碑式人物出现了。有观点认为此人是中国历史上第二代风水学的伟大传承者，是继郭璞之后的是第二代风水宗师。这个人就是丘延翰。

丘延翰，字翼之，唐时闻喜人，和郭璞是同乡。《平阳府志·唐丘廷翰传》记载："丘廷翰……尝游泰山，于石室中遇神人，授玉经，即《海角经》也。洞晓阴阳，依法扦择，罔有不吉。开元中为县人卜葬地理气，交见太史奏曰：'河东闻喜有天子气'，朝廷忌之，断其所扦山，下诏捕之，大索弗获，诏原其罪，诣阙下陈阴阳之说，以《天机素书》等书进呈，秘以金函玉篆，号《八字头天玄机》，赐之以爵，拜亚大夫之官。祀'三仙洞'。撰有《搬砂经》一卷，《铜函记》一卷，《五家通天局》一卷，《金镜图》一卷，《海角经》一卷，《唐蒙求》三卷。"

上述记载中说丘延翰"尝游泰山，于石室中遇神人，授玉经，即《海角经》也。洞晓阴阳，依法扦择，罔有不吉。"传说这个石室中的"神人"，就是黄帝的老师九天玄女。中华毌丘俭研究会会长邱中民先生在《第二代风水名师丘延翰》一文中还对上述《丘廷翰传》中所录之事进行了详细的解读，节选如下：

唐玄宗李隆基的开元年间，丘延翰应邀为裴氏族人卜葬地，丘延翰踏遍了邑境的北垣、南川、西域、东镇,从汉代古葬区到裴氏所有庄园,他的足迹最后停留在邑境东域的凤凰垣上。这里是裴氏家族的祖居和裴氏家族的祖茔,丘延翰翻开自己抄录恩师郭璞启语的小册子,把郭璞关于堪舆方面的名言和眼前的山形、地理、气流、穴位一一对照,竟然大惊失色,连连声称:"绝,绝。"一时慌得裴家人不知所措。回到裴村家中,丘延翰才慢慢说出自己的看法。他说:"裴家祖茔方园十里,是个风水宝地,远山清贵,近山有托,青龙胜腾,白虎伟立,若以子午结穴,按照郭璞先生的动静天机,子阳午阴,这个穴左为双狮戏珠,右为金牛出洞,皆是拜相出公候之地,前为汪洋深潭大泽,福寿双全之象,中为龙穴,这里会很快出天子的,是真的龙穴,此穴的中后方形如飞凤骑金狮,是出皇后、嫔妃、状元、驸马的地形,这里理气交见,大富大贵啊!"

这些话不胫而走,太史官传到皇上李隆基那里,李隆基心情沉重,心想,难道大唐江山真会落到裴氏宰臣之手?想来想去还是面对面问问这位大师才好。于是皇上便派官员来河东闻喜上邱村抓捕丘延翰。丘延翰知道捕快已到,一不躲二不藏,还在捕快身边走来走去,尽管捕快到处张贴告示,手持丘延翰的画像,察道禁行,挨户寻找,都没能抓获,捕臣禀告皇上丘延翰无法捕获,后来皇上下诏赦免丘延翰造谣惑众图谋另立天子的欺天大罪,颁旨令其进宫携阴阳之说和玄妙天机之书进京面上陈辞。于是,丘延翰向唐玄宗献上自己著述的《搬砂经》、《海角经》和所谓从九天玄女那里学到的《八字偷天玄机》三卷人间奇书异著,并和玄宗皇帝谈阴阳说数象,谈得十分投机,深得玄宗皇帝的赏识,玄宗令祭酒造金匣玉盒,秘藏宫中,封丘延翰为亚大夫,食千户。丘延翰返乡后托皇上福,名声显赫,但仍重操旧业,四处云游,为人相宅、卜葬。

送走丘延翰后,玄宗皇帝做了两件事,一是令当代禅师名僧伪造一部颠倒阴阳五行、视乱休囚、飞走天星湮乱视听的书,名曰皇家《铜函经》,在社会上广泛流传,"只因一行扰外国,遂把五行颠倒编",给后世学者造成极坏影响,难以辨别真伪。二是玄宗皇帝马上派大队人马,从今侯马向南经闻喜县凤凰垣上的"龙脉",挖一道宽敞的衡道,这样既便利了交通,又从龙脉的肚脐眼上开沟扦山(即今隘口沟),自然闻喜的天子气就消失了。兴于隋,盛于唐,延续千余年,出了五十九位宰相、五十九位大将军,数以千计的公、侯、伯、子、男和皇后、皇妃、驸马等,闻名遐迩的裴氏望族,从此也逐渐远离了中国政坛。"

可见丘延翰确实全盘承袭了郭璞的风水堪舆学理论和占测方法,并在此基础上进行了发展。有鉴于此,部分学者认为丘延翰应是真正的第二代风水宗师。

不过,丘延翰的名头在民间却远远没有他的后来者那么响亮,这位后来者就是世称"救贫先生"的杨筠松。

杨筠松,名益,字叔茂,号筠松,生于唐文宗太和八年(公元834年),死于唐光化三年(公元900年)。《江西通志》记载:"筠松,窦州人。唐僖宗朝国师,官至金紫光禄大夫,掌灵台地理事。"由此可知,杨大师乃是国师级别的人物。而且,由于杨筠松平素自奉节俭,常以一身布衣芒鞋深入民间,怜贫恤苦、多方周济,以他的风水堪舆之术使贫者致富,在民间有口皆碑,所以世人称其为"救贫"先生,后人由此也称其为"杨救贫"。

杨大师风水学造诣极其深厚,传说轶事也极多。但由于官修唐史中没有他的列传,所以他的事迹除了传闻之外,只零散地见诸于地方文献之中,如《江西通志》、《赣州府志》、《三僚曾氏族谱》等。其中最有名的就是他和虔州(今江西赣州)府城的故事。

杨筠松晚年时唐室衰危,诸侯称霸,于是他来到当时经济文化相对落后的虔州隐居。其时统辖虔州的诸侯叫卢光稠,他得悉此事后,以民生福祉为由,请杨大师择基地重筑虔州城。虔州府城,最早是东晋永和五年筑的土城，故址相传在章贡二水之间，至义熙二年水毁，存在不过46年，后府治迁于水东。南北朝的宋时，赣南为南康国，城治在于都，赣州城遂被废弃。

此次杨筠松所选的虔州城新址，为上水龟形，龟头处筑南门，龟尾在章贡两江合流处，至今仍名龟尾角。东门、西门为龟的两足，均是临水。从地形上看，赣州城有两条来龙，一是南方九连山（离方，属火）发脉，从崆峒山起祖，蜿蜒而至城内的贺兰山落穴聚气，结成一处立州设府的大穴位，这条龙还有一个小支落在欧潭。此外，虔州的北龙脉来自武夷山，经宁都、万安、赣县，分成数小支，落穴于储潭、汶潭。这欧、储、汶三潭乃是虔州的水口，和虔州城外的峰山、马祖岩、杨仙岭、摇篮山等山峰一起形成虔州城山环水抱的局势。如此一来，虔州城遂成为一座三面临水、易守难攻的铁城。卢光稠得以拥兵一隅，面南称王达30余年。

此事到这里并没有结束。《赣州府志》记载："唐都监杨筠松避地于虔，谒卢光稠，为其卜地云出天子，卢遂改葬其父母，复问还有此地否？曰：'有，一席十八面。'曰：'何面出天子？'曰：'面面出天子。'卢恐他姓得之，遂毒杨。杨觉，携其徒曾文辿亟去之。至一处间，问何地名，曾答：'药口'。曰：'药到口死矣！仇不可不报也。'小子志之。说卢王于虔州磨车湾安水碓，十字路口开一井，则世世为天子矣。曾曰：'何谓也？'曰：'磨车湾安碓，单打卢王背，十字路口开井，卢王自缢颈。'后卢果疽发背，痛不能忍，缢死。"

大意如下：卢光稠由于拥此铁城，至五代十六国时，野心日益膨胀，便有了独霸天下之意，于是自立为王，号称卢王。为了实现自己君临天下之梦，卢光稠又以造福万民为幌请杨筠松为其相天子地，意在相得后，将其母改葬。杨筠松百般推脱不得，无奈应允。相得后，在答谢杨筠松的宴席上，卢光稠问杨筠松是否还有其他的天子地，杨筠松答道：'一席十八面，面面出天子。'卢光稠自不愿别人也得到天子地，于是在杨筠松的酒里下毒。杨筠松察觉后，立刻乘船告辞，可惜船到雩都药口坝，便毒性发作。杨筠松问身旁弟子曾文辿(音同“搀”，曾文辿后来也成为了一位风水名家)船到何处了，曾文辿说：“船到药口了”，杨筠松闻言叹道：“药到口死矣！仇不可不报也。”临死之前告诉曾文辿，让他游说卢光稠在赣州磨车湾安装水碓，十字路口开凿一口水井，如此则世世代代为天子了。曾文辿不解，询问其中之奥妙。杨筠松解释道：‘磨车湾安碓，单打卢王背，十字路口开井，卢王自缢颈。’原来在特定的位置上安碓凿井，便在风水上破了赣州的‘天子气’，制煞了卢光稠。后来卢光稠果真背长痈疽，疼痛难忍，自缢身亡。

这些事迹的真假暂且不论，杨筠松确实继承并总结了前人的风水理论，并在此基础上进行了发展。比如他首倡形势之说，改革了风水罗盘；创立了一套因地之宜，因形寻龙、点穴、观水、察砂、立向的完备风水理论体系及操作方法；还勤于著述，撰有《疑龙经》、《撼龙经》、《青囊奥语》、《天玉经》、《三十六龙》等多部风水专著(也有观点认为只有《疑龙经》和《撼龙经》是真书，其余都是伪托之作)；还广收门徒，桃李满天下，为继承和传播风水学说做出了很大的贡献。

正是由于上述原因，杨筠松在风水堪舆学上具有极高的地位，可以说和孟子在儒学上的地位相当，其所有的著作均为地理风水上的经典著作，所以杨筠松也被后学们尊称为杨公。直到今天，他生前隐居的江西省兴国县三僚村仍被誉为“中国风水地理文化第一村”，村中祭奠他的杨公祠也一直保存，其中还有一副南宋一代名相文天祥赞颂他的对联，曰：“抽爻换象堪移一天星斗；避凶趋吉真乃万国神仙”。

这些足以表明，杨筠松为风水学界一位承上启下的里程碑式人物。

正是由于这些大师和风水学人的不懈努力，风水学说到了宋代就已经发展成为了一套极富体系且庞杂艰深的学科，非专业人士已经很难掌握其中复杂的吉凶判断标准了。从风水师的专业工具——风水罗盘就可见一斑。

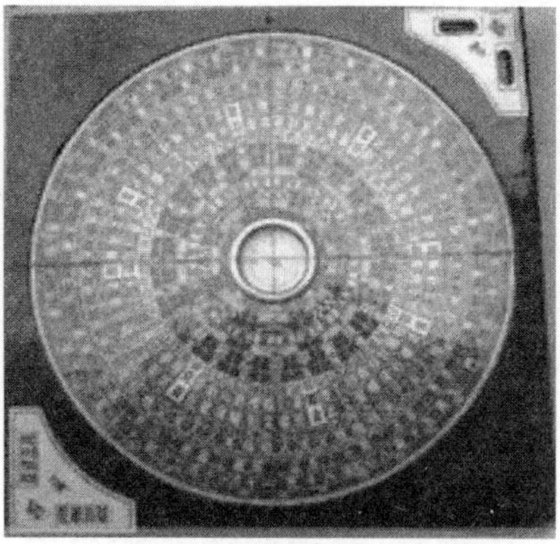
风水罗盘

风水罗盘一般由两部分构成，即“天盘”和“地盘”。地盘是正方形的，上面有十字形交叉的两条线，中心有一个圆形凹陷，是用来放置圆形天盘的。天盘可以在圆形凹陷中旋转，中间装有一根磁针，叫做“正针”。磁针大致指向南方，但并不是精确的正南方向。为了便于测定正南，风水师又设立了“缝针”，缝针和正针之间正好形成了磁偏角。风水罗盘的这种基本形制完全是依“天圆地方”之说来构造的。

罗盘的盘面由八方各分出三向，共二十四向，称为“二十四山”；二十四山分为十二室，每室两向，称为“双山”；进一步细分，可配合六十甲子占向，称为“透地六十龙”(简称“六十龙”)；“六十龙”还可以再根据二十四向每向分出三位，变成七十二位标志，称为“七十二分金”(也称“穿山七十二”)。

罗盘盘面上一圈圈标注的项目远远不止这些，而且数目并不固定。例如有：

一、八卦

二、洪范五行

三、九星

即北斗七星加上辅、弼二星，具体为：贪狼、巨门、禄存、文曲、廉贞、武曲、破军、辅星、弼星。

四、二十八星宿

五、二十四向

六、二十四节气

七、穿山七十二

八、透地六十龙

九、十二星次(详见第三十谈)

十、对应星次的十二分野(详见第三十谈)

十一、宿度(二十八星宿测量周天的度数)五行

十二、《洛书》变四象分金

十三、八煞黄泉

一般有坎龙、坤龙、艮虎、兑蛇、乾马、震猴、巽鸡、离猪等煞,黄泉忌之。

十三、八路四路黄泉

十四、透地奇门

十五、阴阳龙

即盘面上画二十四个黑白圆圈,分别表示阴龙和阳龙。

十六、纳音五行

十七、十二神

具体为:贵人、腾蛇、朱雀、六合、勾神、青龙、天后、太阴、玄武、太常、白虎、天空

十八、登明十二将

具体为:

亥——登明;戌——河魁;酉——从魁;申——传送;未——小吉;

午——胜光;巳——太乙;辰——天罡;卯——太冲;寅——功曹;

丑——大吉;子——神后

除了上述这些,罗盘上还标注各类风水口诀、劫煞取用、定四吉五亲、差错空亡等指示,每种标注都有与其相对应的吉凶理论,实在是纷繁得很。所以说,风水理论就如同这罗盘一样,融汇了各门类的学说,有着高度的复杂性和神秘性。

一般说来,风水学包括五大方面的内容,即:寻龙、点穴、观水、察砂、立向,简称为"龙、穴、水、砂、向",也就是所谓的"地理五诀"。

所谓"龙",也就是"龙脉",即指山脉、山肪之意。在风水学里,天下

的山脉都成祖于昆仑，昆仑被视为天下龙脉之祖。昆仑山的东南支麓布于中国，风水家便把这些山脉分为了三支，是为“三龙”。具体就是：“左支环阴山贺兰，入山西起太行，渡海而止，为‘北龙’。中支循西蕃入趋岷山，沿岷江左右，出右江者叙州而止；江左者北去，趋关中，脉系大散阙，左渭右汉为终南太华；下泰岳起嵩山，右转荆山，抱淮水，左落平原，起泰山入海为‘中龙’。右支出吐蕃以西，下丽江，趋云南，绕沾益、贵州关索，而东去沅陵。分其一由武关出湘江，西至武陵止。又分其一由桂林海阳山过九嶷衡山，出湘江东趋匡庐止。又分其一支过庾岭，渡草坪，去黄山天目三吴止。过庾岭者又分仙霞关，至闽止；分衢为大拌山，右下括苍，左为天台四明，渡海而止，总为‘南龙’也。”(见于王玉德先生《神秘的风水》)

当然，这只是一个概貌，风水家对每一座山还要进行具体分析。风水家一般将“龙”分为“九形五势”。“九形”即：回龙，即山势盘旋，如首尾相接状；降龙，即山势陡峭，如从天而降状；生龙，即山势委蛇，如蠢蠢欲动状；飞龙，即山势生翼，如插翅欲飞状；卧龙，即山势蜷屈，如蹲踞停卧状；隐龙，即山势隐约，如乍隐还现状；腾龙，即山势连绵，如伸张舒展状；出洋龙，即山势突兀，如急泻直下状；领群龙，即山势环抱，如拱绕合围状。“五势”即：“龙北发朝南来为正势，龙西发北作穴南作朝为侧势，龙逆水上朝顺水下洲乃逆势，龙顺水下朝逆水上此乃顺势，龙身回顾祖山作朝此乃回势。”(见于清人黄妙应《博山篇》)

一句话，“形”和“势”都很重要，而且龙脉的“势”还关系着“倒杖”，所谓“倒杖”。就是指放置棺椁的规则。龙势缓曲则用“顺杖”，即以顺势安放棺椁，以仰生气；龙势急硬则用“逆杖”，即采取逆势放棺，以避锋气。

所谓“穴”，阳宅时指宅址，阴宅时即指墓址。“点穴”是风水术最为重要的一环，可以说寻龙、观水、察砂、立向等都是为点对正确的“穴”而服务的。就如《玄女青囊海角经》里所说：“定穴之法如人之有窍，当细审阴阳，熟辨形势，若差毫厘，谬诸千里，非惟无福荫佑，抑且酿祸立至，可不慎欤！”

“点穴”也是风水术里最神秘最困难的一步，能够点对一个吉穴，不但需要风水师精熟堪舆理论，很大程度上还要靠其自身的悟性，所以风水界有句俗话叫：“三年寻龙，十年点穴”。

“点穴”的指导理论有很多，说得比较具体的是《风水讲义》一书，其云：“按龙之结穴，大地多从腰里落穴，普通都行至尽头结穴。寻龙逐节行来，遇见束气清真，穴星特起，开口开手，即是结穴之地。当于龙虎砂之内，小明堂之间，下一罗盘，用绵牵在近穴两水交会处，看在何字上，先以定局。又用绵牵在后龙入首处，看在内盘何字上，以定龙之生旺死绝，即在此小明堂一块地内，不拘上下左右，务将水口拨在墓绝胎之方位。凡后龙入首丰肥，形如鳌盖者，方为真气。又要是龙之生旺方，左右前后，山峦山高耸者；又尽在吉秀官禄方，挪移转动，般般合法，然后酌量棺之当胸处，点作正穴。金井不宜过大，以防泄气。至于深浅度数，随地酌定。见浮土已尽，土色已变，或五色全备，或红黄滋润，即是得气之证。不必拘高山宜深、平洋宜浅。只须不犯二十四凶”。

王玉德先生在《神秘的风水》一书中解释说：“最末一句‘只须不犯二十四凶’，就非常复杂，有死块、露胎、反肘、欺主、背主、白虎捶胸、吐穴、无辅、无实、擎拳、覆体、假抱、断颈缠头、操戈、相斗、龙虎成图、斜飞、边活边死、仰瓦、吹胎、龙衔虎、绷面、头破、青龙钻怀，这不是谁能搞得清楚的。”由此可见，“点穴”需要考察的方面繁琐非常，所以它也是业界的不传之秘。

所谓“水”，指的是穴周围的水流。有一本专门论述“观水”的著作叫做《水龙经》，其开篇就说：“山群，以山为龙；水群，以水为龙”，可见水的重要性。

“观水”的总体原则大致就是“宜动不宜静，宜曲不宜直，宜清不宜浊”，就如《从厚录》所言：“水有屈曲向还则为动，动则气旺而生；无屈曲向还则为静，静则其气衰而死。”除此之外，其他的理论还有很多，在此抄录《水龙经》中的一首自然水法歌于此，以飨读者。

自然水法君须记，无非屈曲有情意。来不欲冲去不直，横不欲反斜不急。横须环抱及弯绕，来则之元去屈曲。澄清渟畜甚为佳，倾泻急流有何益？八字分开男女淫，川流三派业将倾。急泻急流财不聚，直来直去损人丁。左身长男必遭诛，右射幼子受灾伤。若还水从中心射，中房之子命难长。扫却罗城子息外，冲心射胁孤兼寡。反跳人离及退财，卷帘填房与入赘。澄清出人多俊秀，污浊生子多愚钝。大江汪洋朝万顷，暗扶爵禄食五鼎。池湖凝聚卿相职，汪洋水朝贵无敌。飘飘斜出是桃花，男女荒淫总破家。生人出入好游荡，终朝吹唱逞奢华。屈曲流来秀水朝，定然金榜有名标。水如流去无妨碍，财丰亦主官高迈。水法不拘去与来，总须屈曲去仍回。三回五转来顾穴，悠悠眷恋不忍别。何用九星并八卦，生旺死绝皆虚说。述此一篇真口诀，读者胸中须透彻。

所谓“砂”，是指穴周围的小山、沙丘和土陵。《山龙语类》中有：“砂者，龙之余气”，所以说“砂”是龙脉之外用来庇护、屏障穴地的重要组成部分，因此“察砂”也是风水师必不可少的一项工作。

“察砂”主要是观察“砂”所处的方位和形状。大体上说，风水师根据砂之方位，分别配以四象五行，分为五种，即左为青龙属木，右为白虎属金，前为朱雀属火，后为玄武属水，中央者属土。但凡木砂，宜顶圆体直；金砂，宜头圆足润；火砂，宜头尖足阔；水砂，宜头平有波；土砂，宜头平体秀。

而且还要考虑“砂”和“水”的关系，所谓“水左来，砂右转；水右来，砂左转”。特别是“水口砂”，就是进出水口两旁的山，有一套专门的理论，这也是风水师需要掌握的内容。

所谓“向”，指的就是穴的朝向，“立向”就是确定穴的朝向。一般说来，“立向”有两个原则，一是要背阴向阳，二是要藏风。藏风就是避开凹风，凹风就是风口，即指穴地不可朝向风口。

无论是看阳宅还是占阴宅，都离不开上述的五个步骤。当然，阳宅和阴宅作为风水术的两个分支，尽管占测步骤一致，但在吉凶判定上却有着各自的理论标准。另外，由于这些理论原则繁复多样，为了便于记忆，其中很多原则都被前辈学人汇编成了口诀诗歌，从而代代相传。

比如阳宅一支，内容不外乎察看宅院的内外形制和周边环境。《阳宅十书》论宅外形道：“凡宅东下西高富贵豪杰，前高后低绝无门户，后高前低丰足牛羊马。”《宅经》论宅内形则道：“宅有五虚，令人贫耗；五实，令人富贵。宅大人少，一虚也；宅门大内小，二虚也；墙院不完，三虚也；井灶不处，四虚也；宅地多屋少庭院广，五虚。宅小人多，一实；宅大门小，二实；墙院完全，三实；宅小畜多，四实；宅水沟东南流，五实。”凡此种种，随着吉凶判断标准的增加，就出现了很多口诀，如《门向吉凶歌》等等。为了让读者有一个粗略的认识，现抄录一首《何知经》如下，以飨各位。

何知人家贫了贫，山走山斜水返身；何知人家富了富，员峰磊落皆朝护；何知人家贵了贵，文笔秀峰当案起，一山低了一山低；何知人家出孤寡，琵琶侧孤峰斜跨；何知人家少年亡，前也塘兮后也塘；何知人家吊颈死，龙虎头上有条路；何知人家少子孙，前后两旁高过坟；何知人家二姓居，一边有山一边无；何知人家主离乡，一山主窜过明堂；何知人家出军枪，山坐在面前延伸；何知人家被贼盗，一山走出一山钩；何知人家忤逆有，龙虎山关或开口；何知人家被火烧，四边山脚似芭蕉；何知人家女淫乱，水对坑窜有回返；何知人家常发哭，面前有个鬼神屋；何知人家不旺财，只少源头活水来；何知人家不久年，有一边兮无一边；何知人家受孤栖，水走明堂似颠箕；何知人家修善果，面前有个香炉山；何知人家会做师，排府山头有手炉；何知人家出跏跛，前后金星齐带火；何知人家致死来，停尸山在面前排；何知人家有残疾，只因水带黄泉入；何知人家宅少人，后头来肪无气蕴；仔细相山并相水，断祸断福屡如见；千形万象在其中，不过此经而已矣。

早时建城设镇也是需要相地的，这也属于风水术里的阳宅范畴，是一种“大风水”。但是由于这种相地的规模很大，标准很多，对风水师的能力要求也很高，所以后来很少有人能够真正掌握了。不过很多风水家还是可以对“大风水”进行一番解释的。

我们就以南京城为例来简要说明一下。众所周知，南京号称“江南佳丽地，金陵帝王州”，历史上的吴、东晋、宋、齐、梁、陈六朝均在此地建都，所以南京又被称为六朝古都。但有意思的是，这六朝均非大一统之朝代，且各朝存续时间都不算长，这是什么原因呢？清代人吕熊在其小说《女仙外史》中就引用了风水之学进行解释，其云：“江气厚而山气薄，所以六朝柔弱，非大一统所都也。”(见于《女仙外史》第十四回：二金仙九州岛游戏，诸神女万里逢迎)这就是说，“江气”和“山气”不平衡，以致于压制了王气，所以南京“非大一统所都也”。当然，这种说法很难让人信服。

至于阴宅一支，吉凶理论之繁杂较之阳宅，更是有过之而无不及，只是入门的口诀就号称是“九歌十诀”。九歌是十紧要、十不葬、十贫、十富、十贵、十贱、二十八要、二十六怕、二十二好，共九首。因为每首均由十句组成，故称“九歌十诀”。除了“九歌十诀”，其他名目繁多的口诀歌谣还有一大堆，在此择其简明的抄录几首，以供各位玩味。

地十紧要歌：“一要化生开帐，二要两耳插天，三要虾须蟹眼，四要左右盘旋，五要上下三停，六要沙脚宜转，七要明堂开睁，八要水口关阑，九要明堂迎朝，十要九曲回环。”

地十不葬歌：“一不葬祖顽块石，二不葬死鱼滩头，三不葬沟源绝境，四不葬孤独山头，五不葬神前庙后，六不葬左右休田，七不葬山岗缭绕，八不葬风水悲愁，九不葬坐下低小，十不葬虎龙尖头。”

地十贫歌：“一贫水口不锁，二贫水落空亡，三贫城门破漏，四贫水落直流，五贫背后仰瓦，六贫四水无情，七贫水破天心，八贫漏海水笑，九贫四顾不应，十贫孤脉独龙。”

地十富歌：“一富明堂高大，地富实主相迎，三富降龙伏虎，四富朱雀悬钟，五富五山耸秀，六富四水归朝，七富山山转脚，八富岭岭园峰，九富龙高抱虎，十富旗鼓高峰。”

地十贵歌道：“一贵反龙双拥，二贵龙虎高耸，三贵嫦娥清秀，四贵旗鼓园峰，五贵砚前笔架，六贵官诰覆神，七贵园生白虎，八贵颂笔青龙，九贵屏风走马，十贵水口重重。”

地十贱歌道：“一贱八风吹穴，二贱朱雀萧索，三贱青龙飞走，四贱水口分流，五贱摆头摇尾，六贱前后穿风，七贱山飞水走，八贱左右皆空，九贱山崩山裂，十贱有宾无主。”

风水学说理论复杂，绝非三言两句能够介绍清楚的。其中虽然包含了很多神秘成分，但绝不能轻易地把它当作迷信来看。事实上，随着现代人居住科学和地球科学的发展，风水学里的很多理论都被证明存在一定的科学性。倘若抛开其中的神秘色彩，我们会发现传统风水学融会了地质学、生态建筑学、景观建筑学和建筑外部设计学等诸多先进理念，可以说是古人留给我们的一笔财富。希望大家能以客观的态度看待这门古老的学科。

参考文献书目

《沈兼士学术论文集》
《清史陵工档案》
《明显陵80问》
《方术大辞典》
《“淇河、西湖‘对话’白蛇传说”系列之一——女娲神话蝶变白蛇传说》
《管锥编》
《巫与巫术》
《中国民俗大观》
《中国神秘文化》
《世界上最恐怖的巫术》
《江湖丛谈》
《郭沫若全集》
《十八泥犁经》
《谶纬与〈白虎通义〉》
《〈推背图〉的起源与变迁》
《奇门遁甲入门》
《图解奇门遁甲大全》
《房事与养生》
《道家与房中术》
《殷墟文字记》
《美学散步》
《梦的解析》
《梦的迷信与梦的探索》
《神秘的风水》
《中国考古》

本书中凡是用到上述书目的原文和主要观点，都已在正文中注明出处或作者。另外，本书是本人多年读书笔记心得的总结，所以古籍摘引的很多，因此上述书目中未列举诸如《礼记》、《史记》、《庄子》、《说文解字》、《正统道藏》等古代典籍。